U0054104

後現代的認同政治

Postmodern Identity Politics

孟　樊◎著

洪　序

　　這是陳俊榮先生博士論文經過修改精煉之後，出版的一本學術新著，也是華文出版品中首次有關後現代的認同政治之新作。

　　這本從博士論文修改的專書，顯示了作者縝密的思考、廣泛的引用、犀利的分析和系統性的綜合能力。這本專著牽涉的不只有後現代的理解、後現代的認同類型、認同危機、差異政治、認同的論述與運動，更表現了作者高度的企圖心，亦即對後現代認同政治進行巨細靡遺的批判。

　　本書引用資料新穎、豐富而接近周全。其中不乏引用海內外詩詞、文學作品來彰顯後現代認同所滋生的問題。這是作者多年來對文藝、詩詞、戲劇、音樂等敏銳觀察和適當批判所厚蓄的學識與見解有以致之。

　　從這本著作中，讀者將獲得的不只是傳統、現代與後現代對政治的理解，對政治認同與以「人」為中心的觀念之遞嬗演變，更重要的是掌握個人（或群體）在社會環境的權力

運作中，對別人的影響，也受別人的影響，俾建構其認同和身分。在這一方面作者的闡釋或交代是相當清楚明白的。

相信此書的出版，對政治、社會、經濟、文化、思想等諸領域的理論發展有重大的促進作用。作爲一位從文藝批評家轉型爲政治理論家與社會科學教研者的本書作者而言，其學術之潛能必有更進一步的發揮機會，這是本人期盼之所在，是爲序。

台大國發所專任教授

洪鎌德　謹識

二〇〇一年三月三日

自　序

　　序文開筆的此刻，時序正好過了二十世紀。二十一世紀肇始之初，台灣的氣候陰晴不定，冷熱無常，不知這是否暗示即將開始的二十一世紀，未來的思潮亦將波濤洶湧、起伏不定？

　　因為風風光光橫掃二十世紀八、九○年代的後現代主義，做為一種興起波浪、讓人趨之若鶩的思潮，至此已到強弩之末。時代興替、思潮遞嬗，自古以來即為常態，後現代本身也不用對自己太過留戀。

　　縱然如此，但執筆寫這篇序文之際，不知不覺中內心竟也泛起些許的鄉愁感。回顧八○年代中葉，我初初接觸後現代時，真可用「欣喜若狂」四個字來形容。那時後現代剛剛開了一個隙縫滲進台灣，我求知若渴，急著翻找當時的中英文書啃讀。初生之犢難免囫圇吞棗，但我一向就有接受新思潮挑戰的勇氣。

　　然而，任何一種新起的思潮都令人難以捉摸，對後現代

來說尤其如此。或許後現代太難「搞定」，八〇年代末的台灣文化界和學術界，不太有人敢去「碰觸」它。冷嘲熱諷者有之，雞蛋裡挑骨頭者更有之，卻難以看到大開大闔正面探討它的作品，畢竟挑戰它的難度太高了，這是吃力不討好的工作，還是少碰為妙。

但是當初開風氣之先「碰」它的少數幾個人，就倒大楣了，一時之間成了眾矢之的；不知幸或不幸，我在當時也成了標靶之一，不時受到暗箭或冷箭的抨擊。我率先拋出的〈台灣後現代詩的理論與實際〉這顆長達二、三萬字的「超級炸彈」，雖然有不少人叫好，也被「炸」得心甘情願，卻也成了某些人的攻擊標靶。先知難覓，但後見之明者比比皆是。我當然不是先知，只是個膽敢向風車挑戰的傻子，也只佩服第一個比我搶先向風車宣戰的人。俟後現代被後來汗牛充棟的著述揭去當初遮蓋她的那張令人迷濛難辨的面紗之後，原來的「超級炸彈」只好降格成囝仔玩耍之用的「沖天炮」。

後見之明者的批評自屬容易，卻不太容易叫人信服。先驅者往往被批評為造成誤解的罪魁禍首。然則何謂「誤解」？又何謂「正解」？嚴格說來，任何思潮越界跨國地傳佈，只要有語言的柵欄必須逾越，就無所謂「正解」，亦即任何思潮的引進以至於被解讀，本質上都是一種誤解，差別的只是誤解的版本不同罷了。就被引進台灣的後現代思潮來說，亦屬如此。

本書的研究與論述，當可做如是觀。由於寫就之際已逢

千禧年之春，儘管這個課題迄今為止在國內尚未有人做過系統性的探究，但如前所述，於此之際要對任何有關「後現代」的主題著手研究，難度已今非昔比。雖然此時此刻再談後現代已非新鮮事，不過加上「認同」這個在九〇年代被國內外炒得火熱的議題，說真的，可談的東西還真不少，即便是在二十世紀的最後一年以及二十一世紀的頭一年，它仍舊不過時，特別是把它放到國內的政治學界來看，可算是頭一遭。

　　這本書算是我長久以來對於後現代這個課題的探究的一個總結，而我也可以好好安置那些散落一地的從國內外蒐羅而來的中外文後現代書籍了（我花在上頭的錢不算少）。交出這本書的當兒，不是我學術生涯的結束，而是另一個階段的開始，我將珍惜再踏出的任何一步。在此也正式向我的後現代告別。

目　錄

第一章
緒　論

如果摩洛哥少女在阿姆斯特丹舉行泰國拳比賽，亞洲人
在倫敦跳著西方流行舞，愛爾蘭炸圈麵包（bagels）和中
國糕餅在英國生產，印度人在紐約慶祝懺悔的星期二狂
歡節（Mardi Gras），墨西哥女學生穿著希臘寬袍（togas）
模仿鄧肯跳舞，我們該如何評論？
如果布魯克（Peter Brook）把印度神話摩訶婆羅達帶到舞
台上，或者姆努希金（Ariane Mnouchkine）在巴黎太陽
劇院（Théatre Soleil）用日本歌舞伎的風格來導演莎士比
亞的戲劇，我們該如何解釋？（Beck, 1999:124）

上面引自德國社會學家貝克（Ulrich Beck）《全球化危
機》（*Was Ist Globalisierung?*）一書中的這段話，說明了一
個——坦白說，既不新又不舊——文化混合的現象。雖然說
它不新不舊，卻也是當前相當凸顯而且極爲常見的文化現

象，這似乎標誌著另一個不同時序的到來。貝克說這些結合西方與非西方文化潮流的混合物，是當今刻在形成且造成重大影響的全球化現象，而全球化現象不僅在文化上，也在政治、經濟、科技、軍事……各方面產生了相當重要的意義——就此而言，它是新的，新的文化潮流。

這一全球化潮流之下的文化混合現象，已被認為是典型的後現代（postmodern）徵象之一。後現代做為一個涵括政治、經濟、社會、文化、科技……各個層面的籠統的稱呼，初起於在藝術與建築方面造成重大影響的後現代主義（post-modernism），後來才逐漸擴大其領域，開始對現代生活——尤其是針對支持並維繫這樣一種生活方式的知識與價值的形式進行批判（Jenks, 1993:136），進而導致所謂「後現代性」（postmodernity）的全面崛起，以致形成具有革命意味的「後現代的轉向」（the postmodern turn）[1]。社會學家甄克斯（Chris Jenks）在《文化》（*Culture*）一書中針對此一現象特別提醒吾人：

---

[1] 英美學界以「後現代的轉向」為書名探討後現代問題的專著，至少有兩種。其一是 Ihab Hassan, *The Postmodern Turn: Essays in Postmodern Theory and Culture*（Columbus: Ohio State University Press, 1987），本書主要係針對文學與文化層面的探討。其二為 Steven Seidman ed., *The Postmodern Turn: New Perspectives on Social Theory*（Cambridge: Cambridge University Press, 1994），本書探討的焦點則擺在後現代主義與社會學的關係及其問題上，可謂是後現代社會學的論文集。

不管人們對於後現代的關係採取的是哪一種態度,它都不能被忽視;現在它本身就是一個文化現象。後現代已經滲透進學院與媒體內,因此必須予以注意。它可能僅僅被瑣碎化為器物,「一個房間的佈置」,或者是迷你裙搭配軍靴這類事物;要不然也可能被嚴肅地對待,被視為是一種對於「新」事物所進行的理論化的努力。(Jenks, 1993:148)

類似甄克斯所說的「迷你裙搭配軍靴」或者先前貝克指出的「墨西哥女學生穿著希臘寬袍模仿鄧肯跳舞」這種文化現象,本身即涉及認同的問題,而如底下(第二章開始)將要論及的,認同問題係「做為一種政治的後現代」(the postmodern as a politics)主要的關切所在。認同問題是人的問題,而人的問題則可謂是政治理論或政治研究的基礎。

第一節 政治理論的基礎

人的問題──更確切地說,人性(human nature)的問題,是所有政治理論(或政治研究)的基礎,如同政治學者狄勒(Leslie Paul Thiele)在《思索政治──古代、現代與後現代政治理論的觀點》(*Thinking Politics: Perspectives in Ancient, Modern, and Postmodern Political Theory*)一書中所言:「在

政治上我們做什麼以及應該做什麼，都立基於人性的問題。政治理論的傳統可以被理解爲是爲了瞭解這種關聯所做的努力」（Thiele, 1997:31-2）。古往今來的政治理論家，不管他的理論架構如何龐大，見解如何鞭辟入裡、微言要義或者讜論鉅思，都要對於人性有個假定（assumption），然後才能基此假定立論，所謂「萬丈高樓平地起」，即此之謂。

柏拉圖（Plato）在他的代表著《理想國》（*The Republic*）中，率先即以分析人性的表現入手，來構築他的「哲學王國」。他認爲人的靈魂由三種秉賦構成：慾望（desire），有著類如動物的食慾本能；感情（passion），有著類如人類的精神或情感；理智（reason），有著類如神的智慧或理性。慾望、感情、理智雖爲人所共有，但由於秉賦各異，柏拉圖因而據此推論，人可以分成理、氣、慾三種類型，即愛理智者（屬金階級）、重感情者（屬銀階級），以及重慾望者（屬銅鐵階級）；並認爲國家要由最高的金階級統治，蓋後兩個階級性格皆有所偏，若任其發展將致國家於危亂之地，故須賴金階級予以適當節制調和，而金階級理想人物的典型則爲「哲學家君王」（philosopher-king）。

亞理斯多德（Aristotle）在柏拉圖之後建構其國家論時，亦是從人性開始立論，「人天生就是政治的動物」（Man is by nature a political animal）這句名言即出自亞氏之口；而這句名言基本上亦揭示了亞理斯多德關於人性的主張，也就是人類

天性上即具有社會性，有與他人結合的衝動，人不願孤獨而
願群居，這種本能最終促成國家的誕生——此亦即爲何人生
來就是政治動物的理由所在。惟人具有兩種不同的特性或能
力，一種是可以發號施令，一種是服從於人；具有不同的特
性在社會網絡中便佔據了不同的位置，由是彼此也形成不同
的關係，如夫妻、父子、主奴等身分關係，前者具發號施令
的能力，而後者則具服從於人的能力。再者，亞氏所謂的
「人」，不管是具備命令人或服從人的能力，皆係針對自由
公民而言，奴隸則不包括在內，後者是前者的附屬品。

　　到了中古時代，兩位具代表性的政治思想家聖奧古斯汀
（St. Augustine）及聖阿奎納斯（St. Aquinas），他們有關的
政治理論亦是從人性的假設著手。前者認爲人性是惡的，因
爲人天生即有原罪（original sin），這是凡俗世界中之所以有
國家存在的理由。人若只「愛一己而憎上帝」，則只能生活
在凡俗之國中；若能「愛上帝而憎一己」，即可能入上帝之
國。人欲進入上帝之國以獲救贖，必先納入教會接受其洗禮
和教誨。後者則承襲了亞理斯多德的主張，認爲人具有合群
互助的本性，若非如此，國家無由成立。他的這個看法，一
反宗教理論家（如聖奧古斯汀）「人性本惡」的主張，在中
世紀中頗具特色。

　　中世紀結束，揭開文藝復興時期的序幕。馬基維里
（Niccolo Machiavelli）從政治的現實面出發，認定人性爲惡，

自私乃人類普遍的本性;而如果任由人這種自私的劣根性自由發展,那麼脫序、混亂的狀態便無法避免,殘殺爭奪,永無寧日,所以就必須要有一強有力的政府與統治者,以維持社會秩序的安寧。馬基維里的這種悲觀的人性論,到了宗教改革之後由近代另一位重要的政治思想家霍布斯(Thomas Hobbes)更進一步的發揮。

霍布斯是近代以來社會契約論(social contract theories)中第一位具系統性理論的政治思想家。他和另一位稍後亦是社會契約論的代表性思想家洛克(John Locke)關於人性較為樂觀的看法,恰成鮮明的對比。大凡社會契約論,均假定在國家(政府)成立之前,存在有一所謂「自然狀態」(the state of nature),而人首先是生活在這自然狀態之中,但後來由於人性所造成的結果,使得人與人之間有必要彼此訂立共同的契約,脫離自然狀態建立政府成立國家。差別的是,不同的社會契約論者對於人性有不同的認定,霍布斯即假定人是自私自利的,為保存一己之生命,並保護其私產與權益,致使「人人互戰」(the war of every man against every man),自然狀態有如人間煉獄。至於洛克則認為人乃理性的動物,並受理性約束,自然狀態是一種和平共存的生活;只是人的爭端仍難以避免,所以最終仍有訂約成立政府的必要。後來的盧梭(Jean J. Rousseau)以至於當代的新自由主義扛鼎人物羅爾斯(John B. Rawls)等代表性契約論者,莫不從自然狀態中的

人性立論。

　　不只是社會契約論，近代以來包括觀念論（idealism；又被譯為唯心主義）的康德（Immanuel Kant）、黑格爾（Geory W. F. Hegel），功利主義（utilitarianism）的邊沁（Jeremy Bentham）、穆勒（John Stuart Mill），以及社會主義（socialism）的馬克思（Karl Marx）等人[2]，他們的理論儘管有所差異，如康德認為人是理性、自由、平等且自決的，而邊沁則強論人是趨樂避苦的（所以是自私自利的），惟其政治理論的建構，如前所述，基本上皆從人性的假定出發。

　　即便當代的行為主義學派（behaviorists；behavioralists）──不論是心理學的或政治學的行為主義[3]，在研究人的政治行為上，儘管其研究途徑（approach）不盡相同，但都將人本身視為研究的客體，狄勒即指出，其人性觀可追溯到洛克，認為人生來如同「白紙」一般，後來的俗世經驗以知識及氣質銘印它們，個人所思與所行是他被引入環境並與環境互動的方式所導致的結果。人性就像感受性經驗的蓄水池以及接受環境刺激的化應器。這種經驗論的行為主義，目的擬藉此

---

[2] 黑格爾和馬克思有關的主張，請參見第三章第二節。

[3] 心理學的行為主義，英文稱為 behaviorism；政治學的行為主義，英文則稱為 behavioralism──這是政治學者自己的主張，以便與前者區分。但一般社會科學上的行為主義學派，並不主張予各學科以嚴格的分界（華力進，1983:30;34）。本書在此對於心理學和政治學的行為主義學派亦不做劃分。

創設一門「人類行爲的科學」（science of human behavior），
希望能預測個人在接收不同刺激之時反應的方式（Thiele,
1997:95）。

政治的研究，如上所述，不論任何門派、任何主張，基
本上都要從「人性」這塊地基打起；然而，真有人性這回事
嗎？人性是否能像行爲主義所認爲的那樣可做爲科學研究的
基礎？盛行於行爲主義之後的後現代理論對此提出質疑：首
先，任何有關人性的論述，基本上都是一種李歐塔
（Jean-François Lyotard）所說的「大敘事」（grand narrative）
或「後設敘事」（metanarrative），大敘事係一種包含所有的
觀點以創製出使自身合法化並藉此宣稱知識有效性的故事或
敘事，而後現代則對這些後設敘事深表懷疑（incredulity toward
metanarratives）（Lyotard,1984:xxiv）[4]。其次，「人性是什麼？」
這是個普遍性的問題，對於這個問題的設定，本身即具普全
主義（universalism）及本質主義（essentialism）的色彩，而後
現代則拒斥普全主義及本質主義，賀林格（Robert Hollinger）
即認爲，站在後現代的立場來看，「我們不能假定人性是受
到具決定論性的自然的普全律（natural universal laws）所支配」

---

[4] 後設敘事（或大敘事）常常是有關於「精神辯證法、意義詮釋學、理
性主體或勞動主體的解放、財富的增長」等的敘事。依李歐塔的看法，
這類敘事為自身製造出使自己地位合法化的論述（discourse）──這
種論述就被稱做「哲學」（Lyotard, 1984:xxiii）。

（Hollinger,1994:116），在後現代看來，要問「人性是什麼？」不如改問「人是什麼？」，因爲後現代認爲人性和人的認同一樣具可塑性，兩者都是社會的建構，但如強調前者（如行爲主義）則有可能對人形成壓制，削弱人的抵拒能力，尤其是對於多樣性的壓抑——人不全是都一樣的（Thiele, 1997: 95）。

所以，重要的是「人是什麼？」的問題，而這等於在問「你是誰？」；「你是什麼樣的人？」；「你想成爲什麼樣的人？」，簡言之，亦即人的認同的問題。人的認同是相當具體的問題，這與現代以前歷來的政治理論（如上所述）從具抽象意味的人性觀出發立論顯著不同，爲邁來趑趄不前的政治研究打開了另一扇窗。後現代政治理論試圖從認同的問題著手研究，一開始便從對於「人」的假定採取了與現代政治理論不同的進路，饒有興味。本書第二章即從一般政治學研究的起點（即關於「政治」的界定）出發，換言之，也就是從「人是什麼？」——人的認同開始，逐步試圖探究後現代認同政治的底蘊及其意義。惟在進入研究的正題之前，本章底下先處理後現代與認同等幾個基本概念的涵義，並對相關的文獻做個簡略的回顧與檢討，最後再交代本書研究的動機、方法與目的。

第二節　後現代及認同的涵義

　　從後現代的立場出發來探討認同以及認同政治的問題，對於這個研究課題，首先須予以辯明的是「後現代」（postmodern）與「認同」（identity）這兩個迭有爭議的關鍵性字眼。後現代學者何柏帝（Dick Hebdige）即曾借用韋廉士（Raymond Williams）在《關鍵字》（*Key Word*）一書中的說法，認為「一個字如果越加複雜、細微、矛盾，越加可能成為具有歷史重大意義的討論焦點」（Hebdige, 1988:182）。「後現代」或「後現代主義」（postmodernism）以及「認同」正是這樣的字眼[5]；再者，這兩個複雜的關鍵性字眼，從政治的角度來看，彼此更具有密切的關係，政治學者湯普遜（Simon Thompson）便認為，後現代（或後現代主義）政治所具有的四個特質（four strands），其中之一即為「對於認同政治的背書」（Thompson, 1998:144）[6]，也因此令「後現代的認同政治」此一研究課題更具「歷史重大意義」，而這兩者（「後現代」與「認同」）複雜的涵義在此也亟須加以釐清。

---

[5] 關於「認同」一詞本身內在的矛盾性（尤其與「差異」之間所顯現的緊張性），可參閱第五章第一節的討論。

[6] 相對於它對認同政治的支持，後現代拒斥了階級政治、政黨政治及國家政治。參見第二章第三節的分析。

一、後現代的涵義

　　什麼是後現代？或者什麼是後現代主義與後現代性？它們之間的關係又如何？

　　基本上，後現代本身是拒絕被定義的，要對後現代界說便會變成是反後現代的，如同庫馬（Krishan Kumar）所說的，定義是現代主義的作法（Kumar, 1995:104）。惟如何定義它（們）涉及本書的研究立場、範圍，以及主題設定（subject setting），是故一開始對此詞彙（概念）的界定也就無法逃避。然而，真正要對後現代一詞下定義（亦即指出其涵義）卻不免令人躊躇再三，倍感困難。

　　首先，可以發現「後現代」與「後現代主義」兩個詞彙，往往被混用，且前者多被後者所取代，即以柏騰思（Hans Bertens）在《後現代的理念──一則歷史》（*The Idea of the Postmodern: A History*）一書中的用法為例[7]，該書開宗明義首章便破題指出，後現代主義與後現代、後現代性（還有後現代主義者）等都是「令人喘息不安的字眼」（exasperating term）。這些字眼既然那麼「沉重」，除了確定其涵義之外，

---

[7] 後現代被後現代主義取代後，仿若缺少獨立地位似地，常以修飾語的姿態出現，而和另外的其他詞彙連用，如柏騰思（H. Bertens）在底下所舉該書中的用法：postmodern architecture, postmodern fiction, postmodern politics, postmodern condition 等不一而足。

更應釐清彼此之間的關係；但是出人意表的是，柏氏接下來對於「後現代」、「後現代主義」二詞的使用，令人難辨東西，莫名所以，亦即其對於它們的意義及援用，並未嚴格區分（Bertens, 1995:3）。

其次，不論是後現代、後現代主義或後現代性，可以說都是多義的，不同的人有不同的用法，因而也就有多種不同的定義。誠如華德（Glenn Ward）所說，這是因為它（華德在此用的是「後現代主義」的字眼）本身嚴格而言並不是一門學派的思想，也不是具有明確目標或觀點的統合性知識運動；它更沒有一個具支配地位的理論家或發言者。它雖被各個學科（discipline）所採納，但每一位使用者均以其自己的術語來界定它，往往「在某一學科中它所意味著的什麼，在另一個領域內未必就可以相容」（Ward, 1997:3）。易言之，其涵義可謂言人人殊。

即以「後現代主義」與「後現代性」二詞為例，甲說的後現代主義（如華德）（ibid., 4-5），意義可能就等同於乙說的後現代性〔如胡山（Wayne Hudson）〕（Lassman, 1989: 138-40），顯見兩者的用法易被混淆。此其一。然而，這兩者的關係究竟如何？異或者同？主張後現代性和後現代主義有所區別者如紀登斯（Anthony Giddens）便認為，前者指涉一種社會發展的狀況，即從現代性的制度（the institutions of modernity）脫離而朝向一新的且獨特的社會秩序型態；而後

者則指謂文學、繪畫、造型藝術與建築方面的風格或運動，它關涉的是在現代性本質上美學反映的層面（Giddens, 1991a:45-6）。主張這兩個概念難以區別者如庫馬雖言，如上所述，有人傾向主張後現代性是較偏重社會及政治的一種概念，而後現代主義係和文化等同；但他則強調，「並不存在我們可以往回追溯的傳統，使得我們能持續地予以區別這兩個概念的差異」，所以在目前的使用上，多半的場合在分析上都拒絕對它們做明確的區別（Kumar, 1995:101-2）。此其二。

　　事實上，如同胡山指出的，後現代性與後現代主義二者彼此之間由於關係密切，所以常常是異文融合（conflates）的（Lassman, 1989:138）。因此，本書基本上贊同上述庫馬的說法，不特別區分後現代主義與後現代性兩者的差異，並以後現代做爲對於後現代性或後現代主義的泛稱——亦即如果後兩者仍有所區別的話，後現代的概念仍包括這兩者。然則本書指稱的後現代意義究竟爲何？

　　華德認爲後現代主義——在此，他並不區分後現代、後現代主義、後現代性，甚至是另一詞彙「後現代理論」（postmodern theory）之間的異同——可以有下列四種涵義：

(1)一種社會實際的事物狀況。
(2)一組試圖界定或解釋此一事物狀況的理念（思想）。
(3)一種藝術的風格，或一種事物做成（making of things）

的取徑（approach）。

(4)一個被用在很多不同的脈絡裡的字詞，用來涵蓋上述
那三種不同的面向（Ward, 1997:4）。

這四種涵義如果要嚴格區分，那麼大體上可以說第一種
指的是後現代性，第二種指的是後現代理論[8]，第三種指的是
後現代主義，而第四種則指泛稱性的後現代。就如華德本人
並不對此做嚴格的區分[9]，本書如上所述，對於前述三種用法
基本上亦未予清楚劃分，惟在行文上則以後現代主義及後現
代為主，換言之，後現代主義一詞可指涉前三種中的任何一
項，而後現代一詞則指謂第四種涵義，亦即涵蓋前三項意思。

綜合來看，後現代對於現代的進步（progress）和理性
（rationality）提出質疑，它抱持比較悲觀主義的態度，並認
為現代所主張的絕對知識的理念是一種幻想。簡言之，後現
代相對於現代反映的是「反啟蒙」的精神，同時對所謂的「大

---

[8] 依另一位學者布盧克（Peter Brooker）氏的意見，後現代理論是和後
現代主義、後現代性有所區別的。後現代理論是做為一個時期的後現
代性的產物，而且是後結構主義（post-structuralism）更為確切的一套
主張（a more precise set of arguments），其中以兩位當代的法國思想
家李歐塔及布希亞（Jean Baudrillard）為後現代理論的代表（Brooker,
1999:175）。

[9] 華德雖指出（如同紀登斯的見解），技術上來說，後現代主義指涉文
化及藝術的發展（音樂、文學、藝術、電影、建築等等），而後現代
性則和社會狀況以及這些狀況所產生的「心境」（mood）有關；然
而，目前後現代主義一詞有逐漸傾向涵蓋這兩個面向的趨勢，有鑑於
此，他亦傾向用後現代主義去描述這兩個特性（Ward, 1997:12）。

敘事」表示不信任；表現在文學藝術上就變成一種形式的自
我意識性顯著的展示（the conspicuous display of a formal
self-consciousness），並跨越類型（genres）從其他文本（texts）
和風格（styles）借取東西，結果遂造成一種自我反諷式的折
衷主義及精明性（a self-ironic eclecticism and knowingness），
也運用了諸如混合模仿（pastiche）、諧擬（parody）、循環
（recycling）、抽樣（sampling）等技巧，在這一方面，後現
代本身即是遊戲性的和暗示性的（playful and allusive），因而
它的作品就頗有自我參照的（self-referential）和互文性的
（intertextual）味道（Brooker, 1999:174-5）[10]。總之，後現代
可說是後工業社會在文化上的產物[11]。

---

[10] 具有自我參照性及互文性的文學創作，最典型的莫過於所謂的「後
設小說」（metafiction）了——可參閱渥格（Patricia Waugh）的《後
設小說——自我意識小說的理論與實際》（*Metafiction: The Theory
and Practice of Self-Conscious Fiction*）（1984）一書。類似的後現代
自我參照式或自我意識性的創作還有後設建築（meta-architecture）、
後設電影（meta-film）等。

[11] 李歐塔在他的代表作《後現代狀況——關於知識的報告》（*The
Postmodern Condition: A Report on Knowledge*）一書中即謂：「我們
的工作假設是：當社會進入了為人所知的後工業時代，而文化進入
為人所知的後現代時代，知識的地位便也改變了。」他並且認為這
種過渡最晚從二十世紀五〇年代末就開始了（Lyotard, 1984:3）。此
外，馬派（Marxists）學者諸如卡里尼克斯（A. Callinicos）、佛南克
爾（B. Frankel）、哈維（D. Harvey）、拉許與尤里（S. Lash and J. Urry）
以及詹明信（F. Jameson）等人，咸認為後現代主義支持、誇讚並加
重了後工業與晚期資本主義結合的傾向（Hollinger, 1994:131-2）。

二、認同的涵義

認同一詞，英文稱為 identity，國內學界有譯為「認同」、「身分」、「屬性」，或者是「正身」者[12]；事實上，這些譯名「各執一端，各有所本」，但各自都很難完全傳達出原文的涵義，比如譯為「屬性」，若把它再還原為原文，可以變成 belongingness、features、characteristics 等等，原意似乎保留了，但卻已經變形（單德興、何文敬，1994:154）。而若譯為「身分」（或「正身」），雖然「也不會差太遠」（見註12），卻有意猶未盡之感，原因在「身分」或「正身」本身未能顯現出其動態的意涵，正如梅舍（Kobena Mercer）指出的，identity 這個概念已出現危機的訊號，而變成一個問題了，那是被認為確定、連貫且穩固的事物，已被懷疑的經驗和不確定性給取代了（Mercer, 1990:43）。從後現代來看，identity 本身變得既不確定、多樣且流動，正需要有一「認同的過程」去爭取。換言之，身分（或正身）來自認同，而認同的結果

---

[12] 參見廖咸浩在〈混聲合唱──台灣各族裔作家對談紀實〉（座談會紀錄）中開頭的說明（《中外文學》1992 年 12 月，21 卷 7 期）；另亦見陳長房在「文化屬性與華裔美國文學座談會」上的發言，座談會紀錄收入單德興、何文敬主編之《文化屬性與華裔美國文學》（1994:154）。此外，錢永祥在〈社群關係與自我之構成：對沈岱爾社群主義論證的檢討〉一文中，則將 identity 譯為「正身」（陳秀容、江宜樺，1995:297）。

也就是身分的確定或獲得（「驗明正身」也有此意）。

　　固然，identity「這個字在不同的語境裡面，譯出的中文可能不一樣」（見註 12），惟由於上述原因，本書原則上取「認同」而捨「身分」、「屬性」、「正身」以為 identity 一詞之譯名。identity 原有「同一」、「同一性」或「同一人（物）」之意，譯為「認同」較能保留此意。此外，中文「認同」一詞可兼做動詞（「身分」、「屬性」、「正身」只能當名詞用），如上所述「認同」（名詞，此時有「身分」或「屬性」之意）來自認同（identify，動詞），這個過程當中會有變異性（variety）的存在，有可能是不確定的，認同不一定即為「身分之確鑿」；因而以兼有動詞之義的「認同」（可涵蓋另一具動態之英文字 identification）為譯名[13]，從後現代的立場來看，較能保留原意。或因此故，學術界（包括台、港、大陸）多以「認同」為名。惟為避免「身分」等意之流失（雖然「認同」一字多少含有「身分」之意，但中文字本身畢竟不夠傳神），本書視行文語境之所需，會加註或選用「身分」等他

---

[13] 國內政治學者江宜樺即認為「認同」一詞有三義，除了第一義有「同一、等同」以及第三義有「贊同、同意」之意外，其第二義則指涉「確認、歸屬」（identification, belongingness）之意。「確認」即是動詞詞性的「認同」，江宜樺的解釋是：「指一個存在物經由辨識自己的特徵，從而知道自己與他物的不同，肯定了自己的個體性。」（江宜樺，1998:8-12）拉克勞（Ernesto Laclau）則認為 identity 一詞為 identification 的客體，後者是建構前者的一種過程，故具有動態之義（Laclau, 1994）。

字以彰其義。

名詞既定，那麼什麼是認同呢？亦即認同的涵義為何？[14] 如同泰勒（Charles Taylor）所說的，認同問題經常同時被人們用這樣的句子表達：「我是誰？」，但在回答這個問題時一定不能只是給出名字和家系，簡言之，知道我是誰就是瞭解「我立於何處」（Taylor, 1990）[15]。「立於何處」指的是個人所在的位置（personal location），關於這點，韋克斯（Jeffrey Weeks）下面這段話說得更明白：

> 認同乃有關於隸屬（belonging），即關於你和一些人有何共同之處，以及關於你和他者（others）有何區別之處。從它的最基本處來說，認同給你一種個人的所在感（a sense of personal location），給你的個體性（individuality）以穩固的核心。認同也是有關於你的社會關係，你與他者複雜地牽連。（Weeks, 1990:88）

---

[14] 梅舍指出，「認同」做為當代政治的一個關鍵字，已經有太多不同的涵義，同樣一個詞，但很多人講的卻是不同的意思。如同上文中所說的，認同不只變成一個問題，而且發生危機。從這個角度看，急切地想談論認同——這本身可說就是當代政治的後現代困局的一個象徵（Mercer, 1990:43）。

[15] 泰勒在另一篇論文〈承認的政治〉（"The Politics of Recognition"）中說得更具體：「認同一詞在此表示一個人對於他是誰，以及他做為人的本質特徵（fundamental defining characteristics）的理解。這個命題是說，我們的認同部分地是由於他者（others）的承認（recognition），或者是由這種承認的缺席（absence）所造成的，而且往往是由他者的誤認（misrecognition）所形成的。」（Taylor, 1994:25）

如果我們進一步分析，韋克斯所說的認同可分為兩個層級，即個人的認同（personal identity）和社會的認同（social identity），而如同布拉德萊（Harriet Bradley）所言，前者為心理學的研究領域，後者則係社會學關注的問題。個人的認同指的是自我的建構，即我們對自己做為獨立個體的自我感，以及我們如何認知我們自己與我們認為別人如何看我們自身。社會的認同則涉及做為個體的我們如何將我們自己放置在我們所生存於其中的社會的方式，以及我們認知他者如何擺置我們的方式；它衍生自個人所參與其中的各類不同的生活關係。後現代或後現代主義政治著重的是這一層級的認同問題，惟在其眼裡，不如以「文化的認同」（cultural identity）這一和社會的認同相關的詞彙稱呼來得更為恰當（Bradley, 1996:24）；而文化的認同則使研究的範圍從社會學跨入文化政治（cultural politics）的領域（後詳）。

文化的認同指涉一種「歸屬一特定文化──過去或現在」之感，文化研究（cultural studies）的代表性人物霍爾（Stuart Hall），即以他自己在建構「一種加勒比海人的認同」（a Caribbean identity）（霍氏為牙買加裔黑人）時切身所遭逢的複雜的過程強調，文化認同不是固定的，而且總是在演化之中：

　　文化認同係「成為」（becoming）以及「存在」（being）

之事，它屬於未來和過去。它不是那些已經既存的事物，
它跨越地方、時間、歷史及文化。來自某地的文化認同
雖有其歷史，然而，也像任何有歷史的事物一樣，它也
在持續的轉型。它並未永久地固定在某一本質化的過
去，而是屬於不斷的歷史、文化與權力的遊戲。（Hall,
1990:225）

這種變動式的後現代認同觀，係植基於下述三個特性
（characteristics）[16]：

(1)認同是關係性的（relational）── 意即認同不是來自
個人內在的發現，它是根源於個人與他者之間的關係
（見韋克斯上述之說）。按此觀點，要詮釋一個人的
認同或身分，就必須指出他與他者之間的差異，而個
人係藉此（與他人的）差異系統建構其自身的認同。
(2)認同是敘事的（narrative）── 意即認同不在我們之內
存在，它是以敘事的方式存在。依此看來，說明我們
自己是誰，也就是在訴說我們自身的故事。申言之，
就是依據敘事的形式規則來揀選能夠顯現我們特徵的

---

[16] 底下前面二個特性，係依據庫里（Mark Currie）在《後現代敘事理論》
《Postmodern Narrative Theory》一書中的說法（Currie, 1998:17）；
第三點則係筆者擷取安德森（B. Anderson）的意見加入的見解。從
這三個認同的特性來看，顯然不無受到後結構主義的影響。

事件並組織它們，就像在談論他人一樣，爲了自我再現（self-representation）的目的，把自己外顯化（externalize ourselves）。非但如此（如(1)所示），我們也從外在、從他者的故事、特別從其他角色的認同過程中，學得如何自我敘事（Currie, 1998:17）。

(3)認同是想像的（imaginary）—— 意即認同多少雖有其物質性基礎（某些共同特性，如血緣、語言、性別、年齡……）爲其依據，但主要還是依賴個體的想像；沒有想像，認同即無法做爲被訴求歸屬的對象。如安德森（Benedict Anderson）所說的，像民族做爲一種認同的對象，就是一個「想像的共同體（或社群）」（imagined community）（Anderson, 1991），所以區別不同的共同體（亦即認同）的基礎，不在它們本身的真實性或虛假性，而在它們被想像的方式[17]。

韋克斯指出，由於我們生活在充滿矛盾的認同的變異性

---

[17] 例如貝克即指出，以吾人口中所說的「非洲」來說，非洲根本不是一塊大陸，它是一個概念，而此一非洲概念在世界上許多地方（在加勒比海、曼哈頓的貧民區；在美國南方各州；在巴西的嘉年華會；甚至在倫敦舉行、歐洲最大的街頭化妝舞會中）上演。但是「整個非洲大陸沒有一件事物能符合在倫敦街頭上演的非洲」；「非洲」是一個願景、一個觀點，從這個願景、觀點可以導出一種黑人美學標準。若站在英國人的立場，此則可爲英國的黑人建立、促成、更新一種非洲民族認同。因而，此一英國的（反）非洲，在嚴格的意義上，是一個想像出來的社群或共同體（imagined community）（Beck, 1999: 39-40）。

世界裡，往往為了求取一個忠誠的認同（對象），比如男性或女性、黑人或白人、異性戀者或同性戀者、健全者或行動不便者（able-bodied or disabled）、「英國人」或「歐洲人」……要付諸抗爭的行動；認同的隸屬對象可能是無窮盡的，哪一種是我們認同的焦點所在，則端視那些影響的因素。然而，無論如何，我們與他人或想與他人共享的價值，則是認同的中心所在。

三、認同政治的涵義

認同的涵義既涵括不確定的因素，如前所述，為了求取一個忠誠的對象（以為認同），個人以至於團體往往要付諸抗爭的行動。當認同本身不是與生俱來唾手可得，而在建構的過程中（由想像產生認同並出以敘事的形式），須採取行動以便掌握權力（支配或反支配），為自身覓得一適切的位置，那麼此時認同政治便出現了。反過來說，如果認同（天生）早已確定——像前現代（pre-modern）時期一樣（Kellner, 1992:141），那麼也就不需要認同政治的存在了。

然則從認同又如何發展為認同政治呢？如上所述，認同可分為個人認同與社會認同，就後現代所著重的社會認同——更確切的說是文化認同來看，布拉德萊又把它分成三個層次（Bradley, 1996:25-6）：

(1)被動的認同（passive identities）——被動的認同是一

種潛藏式的認同（potential identities），就這個意義而言，它係源自一些個人所參與的生活的關係（階級、性別、族群等等），不過他們並不為此採取行動。個人不會特別感受到這種被動的認同，正常情況下也不會由他們來界定他們自己，除非有會將這些特定關係帶到他們跟前的事件發生。對大多數人來說，在二十世紀末階級就是一種典型的被動的認同，像多數的英國人就不會用階級的字眼想到他們自己，即便他們承認仍存在階級不平等的現象。

(2)主動的認同（active identities）—— 主動的認同則個人可以感受得到，並為他們的行動提供基礎。儘管我們未必會從任一獨特的認同（身分）不斷地想到我們自己，但是在個人自我的認同過程中，主動的認同則係一種積極性的因素，例如就女人來說，在她們的生活中，會有很多場合讓她們清楚地知覺她們自己是「身為一個女人」（as a woman）：當她們在大街上被吹口哨的時候；當月經不預期地來的時候。一旦這些情況發生，個人很可能即以「身為一個女人」的方式回應這樣的狀況。主動的認同通常發生在為防衛他人的行動，或者是當他或她感到被人用負面的方式來界定他或她時。所以被（人）差別待遇（或歧視）的經驗，往往會促發主動的認同。

(3)政治化的認同（politicized identities）──政治化的認
同發生在那些認同本身可以爲行動提供一持續性基礎
的地方，以及個人能不斷地從一種認同（身分）的角
度想到他自己的地方。換言之，只要主動的認同持續
採取行動，爲確立其身分奮鬥不懈（不是一曝十寒），
那麼即跨入所謂政治化的認同的領域內。政治化的認
同是經由政治行動而形成的，並予集體性組織（不管
它是防衛性的或肯定性的）以行動的基礎。

所以，何謂「認同政治」？簡言之，即爲了政治化的認
同而採取行動予以達成，這就是認同政治（identity politics;
politics of identity）[18]。如果依布氏的定義來看，認同之所以是
政治化的認同（這似乎有「從被動的認同歷經主動的認同到
政治化的認同」的進化味道），是因爲採行了認同政治之故；
換言之，認同政治是手段，而政治化的認同則是目的。布氏
認爲認同政治在二十世紀末的社會是頗爲平常之事，蓋因各
式各樣的政治團體於此際大量冒出爭取其特定的利益之故
（ibid., 26）；韋克斯更指出，認同政治一開始即由二十世紀
六〇年代末初興的新社會運動（the new social movements）所

---

[18] 認同政治一詞，英文有稱爲 identity politics，亦有稱爲 politics of
identity，如學者蕭特（John Shotter）自己便混用（Shotter, 1993）。
也可參見第五章註釋 2 的説明。

界定（Weeks, 1990:88），可以說認同政治係落實在新社會運動上。關於此點，第七章將有進一步的討論。

第三節　相關著作的回顧

後現代（後現代主義、後現代性）做為一個被關注的研究焦點，可說是自二十世紀的六〇年代（以下指謂的任何年代，若未特予表明，均指二十世紀）肇始，柏騰思即指出，介於 1963 年及 1967 年之間在西方學術界所掀起的辯論熱潮（主要係針對文學、藝術和建築方面反現代主義者的回應），乃後現代主義真正起飛的階段（Bertens, 1995:23）。隨後有關的各種討論和研究，簡直「如雪片飛來」，到了八、九〇年代更蔚為大觀。尤其在 1983 到 1984 年這段期間，由李歐塔、羅逖（Richard Rorty）、詹明信（Fredric Jameson）以及布希亞（Jean Baudrillard）等人引發的對於後現代的論辯，讓多數人有了底下這個共識——那就是後現代主義及後現代性已經確確實實的來臨了。

但是柏氏也指出，關於後現代政治的討論，則要遲至八〇年代下半葉，相關的著述始陸續出現。柏騰思指出的這些論述有：《後現代主義與政治》（*Postmodernism and Politics*）（Arac, 1986）；〈後現代性與政治〉（"Postmodernity and Politics"）（Brodsky, 1987）；〈後現代主義與政治〉

（"Postmodernism and Politics"）（Aronowitz, 1987）；《普全性的放棄？——後現代主義的政治》（*Universal Abandon?: The Politics of Postmodernism*）（Ross, 1988）；〈後現代政治〉（"Postmodern Politics"）（Ryan, 1988）；《後現代政治狀況》（*The Postmodern Political Condition*）（Heler and Fehér, 1988）；〈後現代主義——根源與政治〉（"Postmodernism : Roots and Politics"）（Gitlin, 1989）；〈後現代的分期與政治〉（"Periodization and Politics in the Postmodern"）（Turner, 1990）；此外，還有一些雖未冠有類似「後現代（主義）政治」的標題但卻討論到此一主題的著述，包括《後現代理論——批判的質疑》（*Postmodern Theory: Critical Interrogations*）（Best and Keller, 1991）；以及《後現代主義及其批評家》（*Postmodernism and its Critics*）（McGowan, 1991）等（Bertens, 1995:185）[19]。

---

[19] 柏騰思列舉的有關書目僅只於 1991 年；事實上，九〇年代以來相關的討論更不在少數。如題目直接或間接和「後現代政治」有關的專書或論文即有：瓦林（Sheldon S. Wolin）的〈後現代主義論述中的民主〉（"Democracy in the Discourse of Postmodernism"）（1990）；貝茲（Hans-Georg Betz）的《後現代政治在德國》（*Postmodern Politics in Germany*）（1991）；懷特（Stephen K. White）的《政治理論與後現代主義》（*Political Theory and Postmodernism*）（1991）；貝哈日（Peter Beilharz）、羅賓遜（Gillian Robinson）及藍德爾（John Rundell）三人合編的《在極權主義與後現代性之間》（*Between Totalitarianism and Postmodernity*）（1992）；包溫尼克（Aryeh Botwinick）的《後現代主義與民主理論》（*Postmodernism and Democratic Theory*）

　　儘管有關的「後現代政治」論著相繼出現，然而遺憾的是其中有關「認同」的主題（指以「後現代的認同政治」為名的著述）卻百不得一，誠屬鳳毛麟角，即以 1998 年唐恩（Robert G. Dunn）一本討論後現代認同的專著《認同的危機——後現代性的社會批判》（*Identity Crises: A Social Critique of Postmodernity*）書後所開列的參考書單為例，在將近五百本（或篇）的相關著述裡，幾乎無一本（篇）以此為題的專書或論文。只有一本凱爾涅（Douglas Kellner）的《媒體文化——現代與後現代之間的文化研究、認同與政治》（*Media Culture: Cultural Studies, Identity and Politics between the Modern and the Postmodern*）（Kellner, 1995），庶幾近之（Dunn, 1998:259-79）。惟此書也不專談「後現代的認同政治」問題。

　　事實上，有關認同問題的研究與討論，自八〇年代以來

（1993）；赫柏（Honi Fern Haber）的《超越後現代政治——李歐塔、羅逖、傅柯》（*Beyond Postmodern Politics : Lyotard, Rorty, Foucault*）（1994）；狄勒的《思索政治——古代、現代與後現代政治理論的觀點》（*Thinking Politics: Perspectives in Ancient, Modern, and Postmodern Political Theory*）（1997）；史華茲曼德爾（John Schwarzmantel）的《意識形態的時代——從美國革命到後現代時代的政治意識形態》（*The Age of Ideology : Political Ideologies from the American Revolution to Postmodern Times*）（1998）；以及紀賓斯（John R. Gibbins）與雷默（Bo Reimer）的《後現代性的政治學：當代政治與文化導論》（*The Politics of Postmodernity: An Introduction to Contemporary Politics and Culture*）（1999）。至於題目未標明但探討的內容涉及「後現代政治」的課題的專書或論文，更不在少數。

如同後現代（主義）一樣，也形成了文化界與學術界熱門的課題，有關認同主題的著述，可以「汗牛充棟」一詞來形容，這和時代氛圍的轉變有關，蕭特（John Shotter）即言，在六、七〇年代時我們談論「人」（persons）的主題，到了現在（八、九〇年代）則要改談「認同」和「歸屬」（"identity" and "belonging"）的課題了（Shotter, 1993:187）。這中間後現代居有舉足輕重的地位，因為它改變了原先（現代主義時期）對於「人」的看法，而如唐恩所說的，認同問題係後現代關注的核心所在（Dunn, 1998:2），因此，晚近所討論的認同問題，亦多和後現代有關，此類著述自是不勝枚舉（可參閱本書後面所列的參考書目，茲不贅）。

然而，若以政治學的角度來討論後現代的認同或認同政治的問題，如上所述，誠屬有限——雖然從後現代（主義）的觀點來談認同政治者所在多有，惟多半不成系統，此其一；而且多為單篇論文，此其二；再者，政治學者幾乎不碰觸這個主題（多由文化學者、社會學者，尤其是文化研究學者如霍爾等人為之），此其三。以政治學角度探討後現代認同問題者，晚近乃以政治學者狄勒（任教於佛羅里達大學）於1997年所出版的上舉該書為代表，為此，本書借助該書不少論點。

至於國人迄今尚未見有關此一課題（「後現代的認同政治」）之系統性論著，雖然關於認同、認同政治或後現代的認同的討論文章或專著仍可見之。即以新聞學者林芳玫的〈認

同政治與民主化：差異或統合〉一文為例，文中其實援用了
後現代主義的批判觀點（如「解構自由主義之『人類共通性』」
一節之討論），但行文中始終不明說（林芳玫，1997:126-9）。
國內探討認同（及認同政治）問題之系統性專書，可以政治
學者江宜樺的《自由主義、民族主義與國家認同》（1998）
及石之瑜的《後現代的國家認同》（1995）二書為代表[20]。從
政治學的立場來看，江宜樺該書可謂為現代（主義）政治學
的認同理論之作，尤其著重討論了自由主義的認同主張，惟
並非後現代主義的理論論著。至於石之瑜上書，雖然涉及後
現代的認同政治問題，惟其只談後現代（與後殖民主義）的
多重認同，而其所謂「多重認同」針對的則主要是國族認同
尤其是國家認同的問題，並花費不少筆墨在國際政治與兩岸
關係上，對後現代相關的理論較缺乏討論——這可從其援引參
考的書目中即可見之，一者相關的後現代著述只有數冊；二
者當今後現代的代表人物諸如傅柯、布希亞、李歐塔、詹明

---

[20] 石之瑜另有一書《政治心理學》（1999），其第六章〈認同與死亡〉
中亦談及後現代的認同問題（第四節），但篇幅不及兩千字（石之
瑜，1999：183-7）。另外，在〈國家認同〉一節中提到「後現代認
同心理學家處理的政治課題，首先是國家認同」一說（同上註，187），
與後現代認同政治的主張其實是有所違背的。國家認同並非後現代
認同政治的主要訴求。因而，張茂桂等人合著的《族群關係與國家
認同》（1993）涉及的亦非後現代認同政治所關注的範圍。至於歷
史學者盧建榮的《分裂的國族認同：1975-1997》一書（1999），情
形亦同。盧氏該書嚴格說來乃屬於小說文本（text）的分析著作，非
為理論的建構；且其本身並非政治學者，不以政治學理論建樹。

信等人的理論或主張,更乏引述,足見作者自身的「演繹」成分頗濃。總之,國內政治學者幾乎不談「後現代認同政治」這個課題。

第四節　認同問題與文化政治

　　如前所述,當代的政治問題,已非傳統政治學從人性論的立基點著手研究能予以解決的——甚至連解釋也顯得不足,因為現在不再問:「人性是什麼?」,而是更具體地問:「你(們)是誰?」(或者「我(們)是誰?」),這個關於認同的問題,不論是在國內或國外,受到全球化潮流的影響,在政治上已成為極為敏感、迫切而又棘手的課題,不容吾人忽視。

　　這個政治上敏感、迫切而又棘手的認同問題,之所以不容吾人忽視,乃是基於:

　　首先,就國際上來看,原先在冷戰時期,國家之結盟或不結盟,基本上除了依照它們的安全利益以及對於國際均勢的估計之外,還以其意識形態的偏好來做選擇。然而,在後冷戰時期,如同杭廷頓(Samuel P. Huntington)所指出的,取而代之的是文化的認同,文化認同才是決定一個國家敵友的核心要素:

> 一個國家雖然可以避免冷戰的結盟，卻不能沒有認同。
> 過去問：「你站在哪一邊？」如今要改口問更根本的問
> 題：「你是誰？」每個國家一定要有個答案，答案在其
> 文化認同界定了國家在世界政局中的地位及其敵友關
> 係。（Huntington, 1997:165）

　　九〇年代爆發的全球危機，幾乎我們所見到的每個地方，人民都在問：「我們是誰？」「我們屬於哪裡？」以及「我們不是誰？」。屈指數來，激辯民族定位的國家就有：阿爾及利亞、加拿大、德國、英國、印度、伊朗、日本、墨西哥、摩洛哥、俄羅斯、南非、敘利亞、突尼西亞、土耳其、烏克蘭、美國以及中國大陸（*ibid.*, 166）。認同問題看來似乎是福山（Francis Fukuyama）所說的「歷史終結」（the end of history）（Fukuyama, 1992）之後一個取代社會主義令人頭痛的對手。

　　其次，從國內來看，原先在兩位蔣故總統的時代未能解決的憲政與民主的問題，到了九〇年代的後蔣時期，例如動員戡亂時期臨時條款的廢止、資深中央民代的退職、政黨政治的日漸成熟……（歷次修憲結果，如何評價在此不論），顯然不再是重要的問題了，現在反倒是有關國家認同、族群認同的問題才是大家關切的所在，「你（們）是誰？」或者「你（們）隸屬於何處？」已成了政治辯論的焦點，而這樣

的問題在晚近歷次的選舉，均一再被人提起，使得每一位對政治保持關心的人士都無法迴避。

有鑑於此，活生生的認同問題，自然也就成了學界關注及研究的主題。然而，如前節所述，對於從後現代的角度來研究認同及認同政治的問題，迄今國內尚未見有系統性的論著；而且如本書底下將要述及的，生存在台灣的我們（廣及華人或華裔）亦有後現代的認同問題，從上述對於相關文獻的檢視中，可以瞭解國人對於這個課題的探討普遍不足，亟待開拓及補充，尤其在理論的建樹上。本書的出發點即出於這樣的考慮。

後現代的認同問題，如上所述，其實就是一種文化的問題，所以後現代的認同政治本身即是一種文化政治，然則什麼是文化政治？喬丹（Glenn Jordan）和魏登（Chris Weedon）二位學者在此下了一個精簡扼要的界說：

> 哪種人的文化是正統的？哪種人的文化則是臣屬的？什麼樣的文化會被認為值得展示？而哪些則需要隱藏？誰的歷史要被記憶？誰的又要被遺忘？什麼樣的社會生活形象要予以規劃？而哪些則須被邊緣化？什麼聲音能被聽到？而哪些則須保持緘默？誰可以代表人？其代表又基於何種基礎？凡此種種均是文化政治的領域。（Jordan and Weedon, 1995:4）

　　文化政治涉及支配與被支配的權力關係，基本上決定了社會實踐的意義以及哪一個團體或個人有權去界定其意義；因此，文化政治關涉到主體性和認同，蓋文化在我們建構我們自己的意義中扮演了一個核心的角色（ibid., 5）。如此說來，文化政治主要的也就是認同政治，那麼關於認同政治的分析，就必須從文化著手；而文化最淺顯也最爲基本的地方即是透過文學（小說、散文和詩）與藝術（如電影、音樂、繪畫、建築等）作品表現出來，甚至可以直截了當的說，文藝作品本身即文化，廣義而言，它們也是傅柯（Michel Foucault）所謂的論述（discourse）的一種（見本書第六章），從後現代主義的角度言，它們更是一種文本。因此之故，本書既在探討認同政治，就沒有理由不對諸如小說、詩、電影（以至於電腦的遊戲軟體產品）等文化產品進行文本分析（text analysis）。更且，就後現代主義而言，它本來就反對現代主義向來將文化和社會（政治）分開的作法，而要試圖恢復美學及所有文化活動被壓抑的政治面（Connor, 1997:251），所以要談後現代的認同政治，也就無法避免做文本分析[21]。

　　在現代主義的範疇內，政治理論的位置，如同賀林格所

---

[21] 本書所舉例分析的文本，除了國外的例子（如瑪丹娜的 MTV、美國影片等）之外，儘量以台灣本地的作品爲例說明。此意味國內也有後現代的認同問題。

說，不過從無政府主義和社會主義移動到自由主義、保守主義，以及法西斯主義。社會科學（尤其是政治學）受到這些政治理念的影響，但政策科學（policy sciences）並不只是這些神魔決戰的場域。後現代主義則相信政治本身必須重新加以思考，對諸如社群、正義、情誼、權威、自由、知識、權力、真理、理性、認同……這些關鍵性的理念重加排列、探索（Hollinger, 1994:176）；而誠如唐恩所強調的，其中認同（理念或問題）乃是後現代最為主要的關切所在（Dunn, 1998:2）。本書擬探究此一立基點與理論主張迥然不同於之前各式各樣的現代政治理論的後現代主義，對於政治學產生何種影響？其對於向來政治學的研究將造成什麼樣的衝擊？後現代主義涉及的政治面向廣泛，但如上所述，認同政治是其核心所在，是故本書乃以此著手，也是因為它是方便之門。

此外，更具現實意味的是，認同政治到了八、九○年代，不僅不是方興未艾，更是如火如荼的一種社會運動，重要的是它對政治本身產生了深遠的影響，政治學者甘伯爾（A. Gamble）即指出：

> 政治逐漸被界定為……包含像性別、種族及階級的社會
> 生活的其他層面。政治逐漸以涵蓋所有社會關係的面向
> 來理解，而非以政府的各種制度為中心的各項活動。
> （Gamble, 1990:412）

　　這樣具有重要影響力的——讓政治逐漸以涵蓋所有社會關係的面向來理解——認同政治，它的內涵以及理論依據為何？顯現在文化（文本）上是如何的光景？它又以何種面貌實踐？具有何種意義？而後現代主義對於認同的看法則又與現代主義有何不同？它們存在的背景如何？以至於對政治學的影響為何？政治學的研究最終獲得什麼啟示？凡此種種均是本書擬探究的所在。

　　最後仍要再強調的是，與江宜樺上書從現代（主義）政治學理論出發來探究認同及認同政治不同的是，本書是從後現代的理論出發的，而如前所述，後現代理論各家各派極為駁雜，因此筆者的論述策略，基本上也是集各家之長，以為我用。筆者堅信後現代主義對於政治學的研究與理論的開拓有所裨益也有所啟示，但極端後現代主義那種趨於「理論無政府主義」的態度，並不為筆者認同，否則本書即無立椎之地。

第二章
現代政治及其認同危機

　　當代政治的演變，有目共睹，而認同作爲一種政治問題，已經躍入爭議的核心；不論政治形貌如何地變，是現代的或後現代的都好，討論認同問題，無法不從最根本的前提—— 亦即政治的本質（the nature of the political）—— 談起，而政治的本質爲何則涉及吾人如何界定「政治」的問題。蓋認同涉及政治的行爲者——人（human），而不管「政治」一詞如何被界定，人始終是其間最基本也最爲重要的因素。

　　姑且不論當代政治哲學的沒落是否導致政治日趨衰敗的一個因素 [1]，對於政治本質探討的再度出現，已成了爭論的主

---

[1] 穆爾幹（Geoff Mulgan）在《反政治時代的政治》（*Politics in an Antipolitical Age*）一書中認爲，現代政治的時代，肇端於大規模再概念化（a full-scale reconceptualization）的崛起，再概念化指的是「政治如何被看待」的理論主張，它帶來了有關人類進步的「偉大故事」（the great stories），並取代了在此之前的關於救贖與判斷的較爲古老的宗教故事（the older religious stories of redemption and

題，而這是當代政治哲學一個顯著的特徵。促成此一探討風潮的原因諸多，依歐蘇利文（Nöil O'Sullivan）的見解，這主要包括三種理論的興起，即後現代理論、激進女性主義（radical feminism），以及多元文化理論（multicultural theory）；其中又以後現代理論居最重要的地位（O'Sullivan, 1997a:739-40）。後現代理論所提出的問題，之所以被歐蘇利文視爲是最具完全性的形式（the most stark form），是因爲決定「政治」概念意涵爲何的問題，必須能適應於當代西方生活的那種極端的多樣性，這種極端的多樣性則是當代西方生活中主要的特徵（ibid.）。

極端的多樣性使得政治研究更爲複雜，更爲困難，也更具問題叢結（problematic）；然而，無論如何，政治問題的研究，起始點仍然是和如何界定政治有關，不管研究者（或理論家）是有意識的還是無意識的，必然有其對政治概念的假定[2]。非但如此，對於政治概念的界定，其實也是政治研究（或

---

judgement）。這些眾多的偉大故事，促使政治成爲核心要角，爲新社會提供了一決戰的場域；簡言之，政治哲學爲政治供給一種新的燃料，作爲政治行動者向大眾訴求的後盾。然而，當代以來，大多數的哲學越來越不像話，不再願意提出「大計策」（the grand schemes），只寧願分析、解構或揭穿那些「額外的要求」，它們彷彿要「保持距離，以策安全」似地，堅守自己那冷酷的、通常且是敵意的批判性，而那樣的道德則不過是被化約爲對他人世界觀的容忍罷了。雖然有些政治思想家亦倡言道德，思以補救政治哲學的沒落，但看來似乎於事無補，因爲現在連道德本身也被侵蝕了（Mulgan, 1994:23-5）。

[2] 雖然政治學者易薩克（Alan C. Isaak）指出，當代的政治學家大多數

政治哲學）的終點，研究的結果或與原先（顯然或隱然）的假定相符，或與之相衝突，或僅有部分不一致，那麼原來抱持的概念，也就需要予以確認、放棄或修正，政治概念的疆域是否應予維持、調整或重劃，這就是政治研究的一種檢驗，起點也即終點，但終點未必就等於起點。從現代政治到後現代政治，經由認同問題的研究，對於政治本身的劃界，是不是有所變化？如果政治內涵起了變化，那又是什麼樣的變化？政治的定義又如何重寫？底下就讓我們先從現代政治的起點開端。

第一節　當代政治的定義

當代政治學的研究，在尚未遭到晚近後現代的挑戰之

都同意毋須刻意去為政治本身做界定的工作，只管「埋頭研究」：「或者不去擔心政治學的範圍或界限，或者讓自己的研究成果來劃定政治學的界限」；但他真正的用意其實在強調，無論任何一位研究者，要得出一個「獨一無二」的精確的界說，幾乎不可能，因為「任何現有的政治界說都有人反對，理由也很充分，換言之，任何界說都有人不滿意」（Isaak, 1975:22）。研究者即使不明確為政治下定界說，並不表示他心中就完全沒有對於政治本質的概念，那只是「不說」而已。「不說」並非等於「沒有」。易氏曾援引另一學者夏茲奈德（E. E. Schattschneider）的話說：「有些學者覺得定義是不必要的，這實在有點奇怪。如果一門學科沒有定義，就一定沒有研究的焦點，因為我們很難觀察沒有界定的東西。不能界定自己研究對象的人，就不知道自己在找些什麼，而如果他們不知道自己在找些什麼，就算找到了，又怎麼說得出來？」（ibid., 14-5）。

前，一直是以現代政治的觀點及立場為代表的。有關政治的
界說，如同政治學者易薩克（Alan C. Isaak）所說的，雖然現
代政治學者對此似不感興趣，惟政治學界一直存在不少眾說
紛紜的界說。依他的歸納，這些複雜紛歧的定義基本上可以
分為三類（Isaak, 1975:16-21）：

1.政治即政府

　　政治與政府同義，即表示政治是在國會、部會、縣市政
府和議會內發生的事，如政治學者葛拉齊（Alfred de Grazia）
便說「政治」係「包括了發生在政治決策中心四周的事件」
（Grazia, 1965:24）。此說的缺點在它能適用的範圍有限，譬
如壓力團體影響政府決策，但壓力團體被排除在政府部門之
外，那麼壓力團體的活動可否劃入政治的範圍內？又如部落
社會沒有政治制度（政府），卻有部落酋長及長老做基本的
決定，那麼他們的決定「行為」算不算政治的活動？

2.政治即權力、權威、衝突

　　政治即權力或權力衝突的說法，可以另一位政治學者布
魯姆（William Bluhm）的論調為代表，他說：「把政治化約
為共通的要素，則政治是一種社會的過程，其特徵是行使權
力時，有對立的活動，也有合作的活動，在替團體做決策時，
這種活動就達到了高潮。」（Bluhm, 1965:5）此說之弊病在
於它涵蓋面太廣泛，蓋日常生活中涉及權力或權力的衝突事

件太多了，家庭中父女的衝突，學校裡師生的對立，公司行號內主管與部屬的爭鬥……在在都有權力關係（團體內）的存在，但它們都是「政治」嗎？

3.政治即權威性的價值分配

此說是政治學者伊斯頓（David Easton）的主張，他認為政治體系是在「替社會做權威性的價值分配」（the authoritative allocation of values for a society）（Easton, 1960:129）；這個界說不像第二個那樣要「大小通吃」，也不像第一個那樣「劃地自限」。政治雖然指涉權力關係或權力衝突，但這並不是說所有的權力現象都包括在政治體系之內，亦即政治體系不是以所有的權力情境或決策場合為範圍的，伊斯頓的主張是「只有『替社會』做的『權威性決定』，才與政治學有關」。至於什麼才是「權威性」？也就是「當政策適用的對象或受政府影響的人，認為自己必須遵守或應該遵守這個決策時，這個政策就是權威性的」；當然，並非所有的權威性決定都在政治體系裡完成，不過只要從其是否「適用於社會全體」加以判斷，就可清楚地標示出政治與非政治的界限。此外，所謂「權威性」背後是以「合法的鎮制」（legitimate coercion）為其基礎，此意即「人之所以服從或遵守其決策，是因為如果不這樣的話，會受到合法武力的懲罰或制裁」。

在易薩克看來，上述第一說是狹義的定義，第二說則是廣義的定義，雖然第三說本身亦有缺陷[3]，惟因其概念指涉範圍較為適中，「使政治學的範圍不致太窄，也不致太廣」（Isaak, 1975:20-1），似較值得採信。不過，易氏也進一步指出，如果吾人多加思考，就會發現伊斯頓的界說和從權力角度（第二說）所下的界定沒有太大差別，二者都假定了一個價值稀少而慾望無窮的政治世界。所以政治的基本問題便成了──價值如何分配？或者用與伊斯頓同享盛名的另一位政治學者拉斯威爾（Harold Lasswell）的話說，亦即「誰得到了什麼東西？什麼時候得到的？如何得到的？」（"Who Gets What, When, How？"）（Lasswell, 1958）。伊、拉二氏這兩種界說，差別只在重點不同，前者把焦點放在政治體系運作的整個過程上，而後者則注意誰對分配過程的影響力最大，也就是注意掌權的人（Isaak, 1975:21）[4]。

事實上，拉斯威爾上述這個在政治學界膾炙人口的界說，較伊斯頓的定義來得盛行，名政治學者達爾（Robert A.

---

[3] 採此一界說，固然不必界定「政治」一詞，卻必須界定「權威性的」、「價值」、「分配」、「社會」等好幾個詞；因此，此一界說儘管明確，也被它本身所增加的幾個複雜的概念給抵銷了（ibid., 21）。

[4] 拉斯威爾此一界說，除了易薩克外，學者德歐斯（Ton DeVos）在《政治導論》（Introduction to Politics）一書中，亦認為和伊斯頓上述的界說相近，而且他更認為其說較伊氏更具優點，它除了避免使用一些（像伊氏）專門術語因而更能擴大其適用性外，其適用性也不僅限於社會層面（DeVos, 1979:8）。

Dahl）在《現代政治分析》（*Modern Political Analysis*）一書中開宗明義即引用拉氏的定義（Dahl, 1963:9）[5]。按照拉氏的定義來看，政治是一種權力的運用，以便決定誰依據什麼樣的過程，在有效的時間內得到他能要到的利益。由於資源（價值）短絀，個人爲保有或追逐這些稀少的資源，競爭及對抗的情況就無法避免，這就涉及資源如何配置的問題，此時一個管制式的政府就因應出現了。對拉斯威爾來說，「政治即關於政府權力的運用，以便去管制社會的互動，並且分配稀少的資源」── 這一見解，學者狄勒認爲主要係建基在個人主義（individualist）及自願主義（voluntarist）的理論基礎上（Thiele, 1997:74）。

　　如上所述，「誰得到了什麼？什麼時候得到的？如何得到的？」，主要涉及權力的運用，而權力的運用旨在影響人們去追求一些特定的目標或採納某些規範，以指導或整頓他們集體的生活。這樣的觀點之所以是個人主義的，是因爲它把個人視爲主要的分析單元，個人運用權力，同時也是權力運作的對象；而它之所以又是自願主義的，是因爲它假定運用權力的個人所從事的總是一種自願的行爲。個人不是做爲權力的施行者便是權力施行的對象，他被視爲一個獨立的行

---

[5] 德歐斯在上書中即認爲，拉斯威爾的定義，是個可接受的界說：「這個界說足夠幫助我們去發現通則（generalizations），而且可以從多方面去認識政治的特性」（*ibid.*）。

為者,而且是擁有自我證明式利益(self-evident interests)的自主性道德的能動者(autonomous moral agent)。

這種依據個人主義與自願主義的觀點所瞭解的權力,按狄勒的說法,主要導向三種關切:一是特定個人所擁有的權力的本質與程度(例如對總統、總理、其他政治領袖或菁英的研究);二是那些分配及管理個人權力的政治過程與制度本身的本質(例如對選舉、政府各部門的研究);三是個人應該運用到權力運作上以及運用到由他者使用的權力抵抗上的道德和理性的標準(例如對於公民權利與義務、正義和自由的本質,以及其他規範性政治理論所關心者的研究)。然而,不管上述關注的研究領域是哪一種,它們均有一共同的特徵,也就是其焦點都放在做為自主的權力施行者或抵抗者的個體行為人身上(ibid., 73-4)。人是權力的起點與終點,權力的過程也在人身上展開,既然如此,政治的設想便要落在人身上。

假如我們進一步看,上述典型的現代「政治」觀,如同狄勒所指出的,其實是有所不足的。政治不只是關於在資源有限的世界中個人的需求如何獲得滿足的事,它在決定這些需求如何產生、如何表達,以及環繞在其間的是哪種關係形式上,亦扮演了重要的角色,政治影響了我們對我們自己特定需求的看法,也影響我們如何看待自己特有的權利。政治進行而且也超越稀有資源的分配及個人利益追求這樣的事,

因為它關注的是「我們如何界定並理解我們的資源、我們的利益、我們的關係，以及最後是我們做為個體的自己的方式。」狄氏在此做了一個比喻，政治不僅僅是有關餡餅如何分配的決定，它也是一種持續的辯論和抗爭，辯論和抗爭我們要「變成什麼」的方式，即我們要把我們自己認定為是餡餅的製造者、切割者還是食客（ *ibid.*, 74 ）？

政治關注的重點如果是狄勒所說的那樣，那麼政治要問的問題就要變成社群主義（communitarianism）理論家麥金太爾（Alasdair MacIntyre）所說的，要回答這個問題：「我應該做什麼？」（ "What ought I to do？" ），其實應該先要回答：「我是誰？」（ "Who am I？" ）這個問題（ MacIntyre, 1966: 187 ）。一個人要什麼、做什麼，多半是他「怎麼瞭解自己」的產物。所以，「政治不只是『做你想做的、要你想要的』的問題，它也是『你是誰？以及你變成你是誰？』的問題。政治不僅是『效勞於某些特定利益的行動』的問題，它同時也是認同的問題」（ Thiele, 1997:75 ），而回答「我是誰？」這個問題，正是後現代政治主要的課題。

即便不管「我是誰？」這樣的問題，回到拉斯威爾的「誰得到什麼？什麼時候得到？如何得到？」這個典型的現代政治界說，「誰」的問題依然逃避不了，what、when、how 的問題最初及最終都要落到 who 的身上。who 可能是個人或群體（團體），而群體或團體也是由個人組成（成員）或代表

（菁英、領袖），因此政治學的研究—— 不論是現代政治或後現代政治，便無法不從「人」的假定開始，也即對於政治的界定，無論持任何立場的研究者，也無論他從哪種角度著手，如第一章開頭所說，都要基於他對「人」的瞭解，人是理性、自主、道德的嗎？還是一架慾望的機器？抑或只是一組飄浮不定的符號？「人」的假定，構成「自我及認同」的研究範圍，這也是後現代政治學關切的所在。

在進入後現代政治認同的主題之前，有必要先檢視現代政治的認同問題，因為後現代關於認同的主張，首先是基於其對現代認同觀的質疑，如有關的現代性意識形態（ideologies of modernity）對於「人」的看法，包括「個人做為行為的理性且是自主的主體」（the individual as a rational and autonomous subject of action）以及「集體行動者做為解放政治的載體」（a collective agent as the bearer of emancipatory politics），一開始便遭到後現代性的挑戰（Schwarzmantel, 1998:3）。後現代對於現代認同觀的詰難，實係肇因於現代認同的危機；而現代認同觀之所以遭到困難與挑戰，則是現代政治的轉變以及因此轉變所帶來的危機有以致之。

第二節 現代政治及其認同觀

現代政治（politics of modernity; modern politics）[6]以現代性的崛起爲背景；然而，通常一提到現代性，我們心中想到的便是科技、經濟的發展……甚至是戰爭與傳播的形態，穆爾幹（Geoff Mulgan）在《反政治時代的政治》（參見本章註釋1）一書中特別指出，如果沒有政治，那麼所謂的「現代性」是不可想像的（Mulgan,1994:8）。現代政治初起於距今約二百年前的西方社會，那個時代還靠著書信往返，注重家庭手足之情，仍是「紡織機、步槍和絕對主義君權」的時代（in the time of the spinning jenny, the musket and absolutist monarchy）。後來藉由理性主義（rationalism）與啓蒙運動的孕育，拒絕傳統社會那種固執式的忠誠和順從，人對於解決自己問

---

[6] 若從較嚴格的意義看，現代政治指的應該是「現代性的政治」（politics of modernity），而不是「現代的政治」（modern politics），這是因為現代政治的背景係來自現代性及由現代性所推動的社會（現代社會）。這也是為什麼學者史華茲曼德爾用的是 politics of modernity 一詞（以免和 politics of modernism 混淆）（Schwarzmantel, 1998: chap.1）。惟本書不嚴格區分 modern politics 與 politics of modernity，如同第一章緒論所言，modern 及 postmodern 可做涵括 modernism、modernity 與 postmodernism、postmodernity 的泛稱，且連西方學者一般習慣也用 modern politics 指稱現代政治，所以本書也照通常用法稱之。以下的「後現代政治」（postmodern politics； politics of postmodernity）稱法亦同。

題的能力越來越深具信心。從那時候之後，人的成就一一出現，例如現代電影、消費商品、電視、噴射機……不僅如此，它的所謂「行動主義的世界」（the world of activism）還包括下列這些「產品」：人權宣言、組織性政黨、大眾選舉、各類宣示（主義學說）、國會、憲法以及專業的政治人士，已廣泛地擴及每一塊領地（ibid., 8）。

一、現代政治的特徵

現代政治既以現代性為前提，現代性則為近二百年來歷史的發展創造了一個所謂「市民社會」（civil society；或譯為民間社會、公民社會），可以說市民社會為現代政治提供了它的溫床。史華茲曼德爾（John Schwarzmantel）有如下進一步的描述：

> 在十八世紀結束之時，由美國及法國革命打開的這個紀元，係源於「市民社會」的一個新形態的社會……。現代性的時期也就是市民社會的時代，市民社會脫離了舊政權的掌控，是一個個人主義與自由的社會，它應許其成員在這個世界而不是在下一個時代——進步、自由而且幸福。（Schwarzmantel, 1998:17）

市民社會對於現代政治來說，最可貴之處乃在它為大眾提供了一公共意見（public opinion）自由、公開發表及交流的

空間[7]。由於公共意見的存在，人們彼此之間不僅可以交換意見、理念，並且可藉此形成一種監督政府的壓力，功利主義鼻祖邊沁便曾大力稱許「公共意見法庭」（the pubic opinion tribunal）存在的重要，它可做為政府防堵並包容潛在性危機的一種工具；邊沁甚至認為只要有人想要削減「公共意見法庭」的影響力，那麼他就是自由及公眾的敵人（Parekh, 1973:215）。

　　在現代政治中，公共意見的表達往往透過哈伯瑪斯（Jürgen Habermas）所謂的「公共領域」（public sphere）來進行。公共領域指的是市民（或公民）在其間可以自由表達並溝通意見，以形成民意或共識的生活領域，其要件是所有市民應有相等的表達機會，並且參與者是由一群私人身分的個人自主性的聚會所形成的公共團體，討論的主題則以「批評」國家政府及與公眾利益有關的公共事務為主，因此純粹私人事務或商業的個別集會則不算是公共領域（Habermas, 1989:136；張錦華，1994:203）。

---

[7]　public opinion 一詞國內學界有譯為「輿論」者（可參閱蔡佩君譯，Charles Taylor 原著，〈現代性與公共領域的興起〉一文，收入廖炳惠編，《回顧現代文化想像》；台北時報文化事業公司，1995，頁60），輿論一詞按字典的解釋係指「眾人的意見」，惟適來素有「第四權」之稱的大眾媒體力量過強，輿論一詞常成為傳媒操縱的替罪羔羊（報紙社論的意見也自稱為輿論），輿論是否真為「眾人的意見」，不無令人生疑。public opinion 不如譯為「公共意見」，反較「輿論」更能直指本意。

　　不過，現代公共領域的興起與發展，還需要有大眾傳播媒體的配合，所以穆爾幹即言：「現代政治其實被妥切地限定為公共意見的時代—— 這必須已是傳播媒體的時代：首先是報紙，後來則是廣播和電視。」（Mulgan, 1994:10）社群主義另一位健將泰勒也認為「公共領域的興起還有其他下層結構條件，如印刷讀物的生產及流通」（廖炳惠，1995:61）。穆爾幹甚至認為傳播媒體所構成的現代政治，包括下列這些傳播的建制：政黨或工會、教堂和聯盟、報紙和雜誌，以及各類文化（Mulgan, 1994:11），這些建制形成了現代政治的底層結構（infrastructures）。

　　以上述那樣的底層結構為前提，現代政治顯現出底下三個主要的面向（或特徵）：

1.階級政治（class politics）

　　在現代社會，階級是形成社會關係的基石，它決定了個人生活的機會（life-chances）以及政治衝突的結構，就現代兩大社會思想家馬克思及韋伯（Max Weber）來說，階級係一種植基於私有權制與市場關係的因果性機制（causal mechanisms），它在社會－文化的（socio-cultural）以及社會－政治的（socio-political）集結（articulation）過程中，扮演了關鍵性的角色（Crook et. al., 1992:142）。不論是在創造市民社會中居重要地位的布爾喬亞階級（bourgeoisies），或是

在民主擴展的背後具有決定性因素的勞工階級，階級在現代
政治中已成為歷史發展的行動體（agent）[8]。尤其就馬克思而
言，無產階級（或普勞階級，proletariat），乃是社會改革的
力量，社會與政治的革命要由它來完成（洪鎌德，1999）。

2.民族國家政治（nation-state politics）

　　現代政治基本上是以一個國家的疆域組織起來而運作
的，其焦點擺在在劃定的邊界範圍內國家權力的掌控以及主
權的統治上。它循著民族國家的崛起步步發展，而要求族國
的一種特定的認同，並使人民感到其命運與族國的認同相
連。做為一種政治及文化單位的民族國家，它的基本理念乃
「一個民族，一個國家」（one nation, one state），一個國家
的公民可經由共同的公民精神（common civic spirit）而被整

---

[8]　agent 一詞指涉人類行動者——可能是個人，也可能是團體——所扮
演的一種角色，這種角色在歷史中具有引導或有效干預的作用，在中
文很難找到一個對等的名詞。社會學者洪鎌德將之譯為「行動者」或
「行動體」（洪鎌德，1998:124），茲援用之。自由主義及馬克思主
義對 agent 有很不一樣的見解。前者將之視為一具統合且自我決定
（self-determining）的主體，因此在形塑自己的生活及一個更一般性
的社會身分（social identity）時，多少是一個不受侷限的行為者。後
者則認為社會及經濟的「決定性」的影響超越了個人自身，因而人本
身是受到限定的，馬克思的名言是：「人決定他自己的歷史；但不是
在他自己選擇的情況下決定的」，所以，像普勞階級即是一個被拒絕
的行動體，他只有透過由階級意識的激發對經濟及社會關係進行革命
式的改變，在這世界才能扮演做為行動者（actor）的角色（Brooker,
1999:3-4）。

合，並且同享民主的權利；這樣的理念也爲經濟統合、文化同質性以及政治的保護提供了基礎（Schwarzmantel, 1998:158）。

3.意識形態政治（ideology politics）

從 1776 年美國獨立革命及 1789 年法國大革命首揭現代政治的扉頁開始，當時的政治對抗即被形容爲左派及右派的衝突。左派與右派分居意識形態的兩端所形成的政治光譜，長期以來即爲現代人提供了各種不同的「追求美好社會」的觀點：自由主義與社會主義、保守主義與民族主義、共產主義與法西斯主義……它們各自以一種普全價值（universal value）的眼光（民族主義另當別論），建立一種判斷世界的模版（a template for judging the world），它們被當成標籤，以因應不同的政黨與政治運動揮舞旗幟去實現其目標。簡言之，意識形態政治也即「左派與右派的政治」（the politics of "Left" and "Right"），而誠如柏畢歐（Norberto Bobbio）所言：「『左派』與『右派』這兩個相互對照性的詞彙，被習慣性地用來做爲不同意識形態與運動之間的對比，已經超過二個世紀了，這些不同的意識形態和運動則劃分了政治思想與行動的世界」（Bobbio, 1996:1）。

二、現代政治的理念

　　雖然現代政治如同史華茲曼德爾所說的那樣，從左到右存在不少各不相同的意識形態，然而這些現代政治的意識形態，大體上係植基於下列三項假定（Schwarzmantel, 1998: 168-9）：

(1)社會應該是基於一組基本的、連貫的原則建構而成的；而且原則上就理性的與被啓蒙的公民來說，他們有可能對這些原則達成共識。

(2)沒有不能克服的障礙的存在，而能阻止基於這些原則對社會本身的轉型與改造。

(3)存在有一行動體（agency）—— 一種或一組力量，一個主體——亦即有足以適合於社會轉型工作的行動體，而且這種社會轉型的工作是可以實踐的。此一主體係依據意識形態的問題而被不同地建構，不管這個主體是社會主義的普勞階級，或者是自由主義的理性而自利的個體，又或者是民族主義意識形態中的那個「民族」。

　　現代社會基於共識的基礎而被建構，並且被認爲是可以轉變以至於進一步發展的，當中行動體做爲歷史實踐的主體，被視爲具有舉足輕重的地位。現代政治這種稍嫌樂觀的

理念,其實是和另一更為基本的哲學信念有關,此一信念強調理性的力量,並認為理性的力量可以形塑並改造政治及社會的全然結構。涂蘭尼(A. Touraine)即闡釋道:

> 西方最具力道的現代性概念,也是已具有最深遠效應的,可以斷言是理性化(rationalization),它要求所謂的傳統的規約、感情、習俗和信念予以瓦解;這個現代化的行動體並非一個特定的範疇或社會階級,而是理性本身以及正在為其勝利鋪路的歷史的必然性(the historical necessity)。(Touraine, 1995:10)

簡言之,現代政治(社會)的歷程,也就是一個理性化的歷程——這也符合了韋伯的看法。如果我們進一步追根究柢,理性化的根源係來自「理性的個人」的假定,而這一理性的個人則又基於一種主體性(subjectivity)的理念。人具有主體性並因而享有個體的自由,這一理念形成了現代政治揭開新秩序時代的基礎,也因而給予了個人的自由,這一點是被哈伯瑪斯譽為「開展清晰的現代性概念的第一位哲學家」的黑格爾所認為的現代這一新紀元的首要特徵(Habermas, 1987:4; Schwarzmantel, 1998:18)。主體性的個人可以自由地運用他批判的能力,採取行動並為其行動負責,而社會與政治秩序則係來自人的行動,現代社會與政治也因此而展開。

依據湯普遜的分析,此一擁有特定價值觀及信念的理性

的個人，背後其實具有更深刻的哲學根源，此即爲再現
（representation；或譯爲表述）、符應（correspondence）以及
基礎主義（foundationalism）三個觀念。簡言之，再現觀認爲
真實（reality）本身可以被確實地描繪出來，所以我們所使用
的語言（做爲一種溝通、表述的工具）是世界被真確地反映
出來的一種中介物。這樣的哲學觀則又依賴於符應的觀念。
依符應論之說，如果一個陳述或表達（statement）能夠相符於
事實，那麼它就是真的（例如，如果這個房間內放了三把椅
子，那麼「這個房間有三把椅子」這句陳述就是真的）。至
於基礎主義則認爲（政治）價值本身只有在它們立基於普全
的、永久的且是絕對的基礎上，才能被證實或辯明。因此，
政治理論如果要主張人們應該用某種方式予以對待，事先就
要對人性有一完善的說明以做爲分析的基礎，例如主張凡人
生而自私、暴力、貪婪，始能進一步要求制定嚴格的法律以
及組織一強而有力的國家（政府），以阻止由這種惡性所生
的行爲（Thompson, 1998:145）。

三、現代政治的認同

　　基於啓蒙時代而來的理性的信念，人在理性的基礎上，
具有符應的表述能力，能將事實呈現出來，一方面促進科技
的發展，帶動經濟的成長，一方面也可使民主政治更趨於穩
健，這種進步的信念、樂觀的態度，使現代政治的面貌相較

於以往（前現代時期）煥然一新。

誠如前述，現代政治的定義基本上是從人開始的，而政治的界說又如何從人開始？這得從人性或人的本質的假定談起。現代性的個人不再是社會和自然循環式運動中一個微不足道的齒輪或卡榫，他試圖縮小他做為人類和世界（自然）週遭的距離，相信自己具有社會科學的操控能力，以及掌控物理的自然世界持續不斷改進的科學技能，一言以蔽之，即「人定勝天」。人定勝天的主體是前現代社會中所不曾出現的新的主體，即霍爾所稱的「啟蒙運動的主體」（Enlightenment subject）（Hall, 1992a）；而此一啟蒙運動的主體是以個人主義為中心的，也擺脫了個人對傳統的靜態依附。過去的傳統對於人的性質有神聖式的規定，人的身分及其歸屬感通常為出生所決定，人的身分與地位被固定在「偉大的存在之鏈」中，其主權個體（soverign individual）的意識因而被掩蓋。現代啟蒙的主權個體的出現，則宣告了和傳統的決裂（ibid.；陶東風，1998:198）。

那麼此一「主權個體」的身分觀念或主體（自我）觀念則具有何種特徵？湯普遜認為它具有底下六個特性（Thompson, 1998:148）：

(1)同質的（homogenous）——所有現代的主體都享有一些共同的基本特性。

(2)統合的（unified）── 個人的主體本身不會有內在的衝突或矛盾。

(3)理性的（rational）── 主體具有意識的理性的力量。

(4)自主的（autonomous）──主體可以運用自己的理性以便自我管理（self-governing）。

(5)穩定的（stable）── 個人的認同不會因時間而變遷。

(6)個體的（individual）── 個人仍擁有其獨特的特質與能力（雖然不是不同的基本特性），這樣才能和所有其他的人區分開來。

　　主體的特性其實也就是「人之所以為人」那個所在，那個「所在」也就是認同所要尋求的歸屬，在現代性來說，認同的問題乃在於「我們如何建構、認知、詮釋，以及呈現我們的自我給我們自己或他人」（Kellner, 1992:143）而此則涉及我們對於主體的看法：「自我是一個怎麼樣的主體？」，亦即「我如何認同自我」，最先和最終都要看看那個主體是何種模樣，所以凱爾涅指出，有些理論家便認為認同係在發現和確認什麼是「決定我是誰？」的內在本質（ibid.）── 亦即認同的主體的特性。

　　凱爾涅分析道，現代認同的理論主要來自黑格爾及米德（G. H. Mead），他們從相互承認的觀點來找出認同的特性，個人的認同依賴他人的承認以及自我對於這種承認的確認。

個人因為和他人的關係使得其認同來自一些被劃定的角色和規範，例如一個人可能是一位母親、女兒、教授、社會主義者、天主教徒、女同性戀者……；然而，她的認同則還是相當地固定、限制，雖然一些可能的認同、新的認同的疆界有在持續地擴大，畢竟她的認同已無法再像前現代社會那樣，靜態地也命定地預先被一個民族、部落所決定。個人在現代社會中儘管可以選擇、決定，甚至再決定自己的認同，但凱氏也指出：「現代性增加了他者導向性（other-directedness）（筆者按：即受到自己與他人關係的影響）；然而，在可能的認同數目增加之時，一個人必須要獲得承認以保有一種穩固的、被認定的認同」（ibid., 141-2）。換言之，現代政治固然因為打破了傳統僵固的認同關係，個人開始有多種可能認同的選擇，但是他仍希望在其中尋求一穩固的認同，那個認同的主體如前所述，不是浮動的、多元的、分歧的、易變的，而是統合、理性、自主與穩定的。

這一啟蒙的主體的認同，如同霍爾所說，頗具個人主義色彩，學者蕭特在《日常生活的文化政治》（*Cultural Politics of Everyday Life*）一書中即特別指出，這個現代政治的認同觀，顯現出一種他所謂的「約翰·狄洛情結」（John DeLorean complex）。當約翰·狄洛在八〇年代的美國因藥物買賣的罪名被控，他的妻子在法庭為他辯護時說道：「約翰並沒做錯什麼，他總是相信美國夢的說法，也就是你可以成為你所想

要的任何人——如果你實在想要成爲那個人的話。」換言之，個人擁有決定自我的權利，這個「美國夢」讓你可以自由地選擇要變成誰，但也要爲自己的抉擇擔負全然的責任（Shotter, 1993:190）。只是這個擁有狄洛情結的現代主體，他的認同，到了後現代時期已顯現出極大的危機。

第三節　現代政治的危機

　　1999 年 7 月 24 日那一期的英國《經濟學人》（*The Economist*）周刊，刊出題爲〈空心管〉（"Empty Vessels？"）的一篇報導，報導中指出過去三十年來，政黨一直持續在沒落，例如黨員佔全體選民數的比例，在幾個主要的民主國家從五〇年代以來每下愈況。政黨認同的比例也一直在下降，以英美爲例，前者在 1964 年時，有 44％的選民強烈地表示他們屬於某一政黨，但到 1997 年，此比例已降爲 16％；後者的選民自認爲忠誠的民主黨員或共和黨員者，1960 年時比例有五分之二，到了 1996 年時則降爲不到三分之一的比例[9]。無

---

[9] 英國《經濟學人》周刊該篇題爲〈空心管？〉的報導專文，沒有作者的署名，該文指出的四個影響政黨趨於沒落的變遷的徵象，包括：(1)人們的行爲越來越私人化（上網的時間都不夠，那有心情去參加政黨？）；(2)政治越來越世俗化（政黨的忠誠度及認同度降低，政黨更不敢再墨守成規死守自己原來那塊意識形態的標籤，所以像英國新工黨就不再將自己描繪爲勞工階級的政治軍隊）；(3)大眾傳媒取得了眾

獨有偶,同年的 8 月 30 日台灣《中國時報》社論,同樣也指出,國內的政黨政治的運作似正陷入前所未見的危機,例如循黨外獨立身分候選者(宋楚瑜、許信良)的出現,宛如 1992 年美國總統大選的獨立候選人裴洛(Ross Perot)的翻版[10],以超黨派的訴求爭取民眾的認同(宋楚瑜選前在興票案未發生前所做的民調都一直維持三成以上的民意支持度,高居第一;宋雖然落選,卻囊括近四百七十萬張選票,超過國民黨的連戰甚多),其中有近半數的選民表示不在乎候選人是否一定要有政黨提名,此現象「所顯示的不僅是政黨圖騰褪色、政黨認同的解構,甚至預示了政黨的分合重組將提前在台灣發生」。所以該社論呼籲要「正視政黨衰微的徵候與警訊」(《中國時報》,1999,8,30:3)。

政黨政治的日趨沒落,已是政治學界公認的現象(The Economist, July 24th, 1999:55),可說是現代政治最為典型的危機,賀勒(Agnes Heller)和費荷(Ference Fehér)兩位學者在《後現代政治狀況》(The Postmodern Political Condition)

多資訊功能,取代了政黨原先扮演的角色(政客不必再依賴黨工去敲選民的門,而直接訴諸於媒體和民眾溝通);(4)利益及壓力團體的成長(選民平時即有壓力團體在政府部門遊說、活動,以保障、維持或爭取其權益,又何須在大選時去注意政黨那種大批發式的政策?)。這幾個徵象或多或少與下文所討論的現代政治的危機,有若合符節的地方。參見 The Economist, July 24th, 1999, pp.55-6。

[10] 裴洛在民主及共和兩大黨的夾殺下,仍獲有 19%的選票,實力可觀(ibid.,56)。

一書中即指出，現今政治重要性的比例已經在轉變，也即從政黨轉向（社會）運動（Heller and Fehér, 1988:8）。政黨沒落的因素不外乎：主要政黨的分裂、投票一致性傾向的下降、對於傳統上代表階級利益的政黨的忠誠度及認同度的降低、以往階級—政黨聯盟之間的對立的減輕等等（Crook *et. al.*, 1992）。

當然，現代政治出現的危機尚不只政黨沒落這一端，舉其犖犖大端，尚有如下數樁：

1.國家政治的衰微

國家向來是政治思想家研究的重心所在，如自由主義便主張公民要擁有相當的權利，免於國家活動的侵犯；而社會主義者則多半視國家為一有力的變遷的行動體；其他政治學說不管其側重的是自然狀態、上帝（神）和宗教的角色、經濟階級的影響……最終一定得告訴我們有關國家的看法，否則這些主張沒有太大意義。

然而，曾幾何時，國家的統治能力已逐漸在衰退，當它要為日益惡化的社會秩序、棘手的經濟危機，以及複雜的跨國性商業與政治問題等負更大的責任時，反而顯得左支右絀，更為貧乏無力——尤其在國家的賦稅上（Guéhenno, 1995:10-1）。「節約」（austerity）似乎變成社會民主黨及保守黨二者共同的主要的政策工具，而經濟的穩定卻要以低工

資及縮減社會福利為代價，左派右派對此都同樣顯得力不從心，手足無措。所以阿羅諾維茲（Stanley Aronowitz）即言：「這些主要的政治力量，既無法為廣大的多數人應允改變社會，也無法為他們做經濟富裕的承諾」（Aronowitz, 1988:48）。

在晚近新起的政治思想（當然包括了後現代主義）之所以不把國家置於理論的唯一中心[11]，其研究對象甚至轉向地方社群、宗教建制、自願結社、公司行號、跨國性組織……，除了上述國家能力衰退的因素外，也因 1968 年以後，新社會運動的崛起，其影響社會的變遷，不曾借助多少國家的力量，以國家為要角的傳統政治思想並未予其太大的奧援，反倒是這些新起的政治思想，如女性主義、後現代主義、環保主義等提供其不少助益（Lent, 1998:9）。也因為如此，國家做為集體認同的對象，開始大打折扣。

2.族國政治的減弱

傳統的族國觀點認為（尤其在法國革命以後的民族主義），每一個民族應該擁有自己的國家，以便管理自己的事務 —— 經濟的、文化的和政治的，亦即這個民族主義者著名

---

[11] 這些晚近崛起的新的政治思想，按政治學者連特（Adam Lent）所主編的《新政治思想導論》（*New Political Thought: An Introduction*）一書中所論及的包括：當代自由主義、民主社會主義（及社會民主）、新右派、基督右派、伊斯蘭政治思想、社群主義、後馬克思主義、後現代主義、女性主義、綠色政治思想等十種（Lent, 1998）。

的口號：「一個民族，一個國家」，已如前述。然而，當今世界不論是在思想上或在現實上都對此種族國主義的主張提出了挑戰，這可從下述兩方面來看：

首先，從國家的內部而言，由於民族主義本身即承認多種種族形式（ethnic form）的存在，其結果要形成民族的同質性（national homogeneity）就顯得困難重重（尤其在多種族及多族裔社會的中歐及東歐）。因此，族國主義者想要藉由文化同質性的提倡以及共同教育的實施以造就公民對族國的忠誠感及認同感，並不易克服，在有不少少數種族存在的地區更倍感困難。在一些提倡多元文化主義（multiculturalism）的國家，已可看出其內部或隱或顯存在的衝突危機。

其次，從國家的外部而言，如第一章所述，全球化（globalization）如今已是一股不可逆返的潮流，它意味著經濟產品對於全世界的擴散，並形成很多的中心，導致族國政府失去對生產過程的掌控，也無法對人民的福利及就業遠景做出完全的承諾。當初現代主義者對於由一中心的行動體（如民主的族國）操控其人民生活的主張，現在看來顯得窒礙難行了。此外，現今諸如歐盟（European Union）等超國家組織的出現，對於族國的存在更是嚴重的挑戰。

「現代性所描繪的社會，在這個社會中，人們生活在文化上是同質的、政治與經濟上是自我決定的民族國家裡，並結合了公民聯盟的象徵。這樣的雄圖被全球市場、內部的分

裂、文化的多樣性，以及持續增長的反公民的、民族主義的
種族拉力給粉碎了」（Schwarzmantel, 1998:159）。有鑑於此，
所以史華茲曼德爾下結論道：「現代政治，雖然以民族國家
爲其主要的柱石之一，但它已遭到所謂『混合化』
（hybridisation）的挑戰，此一挑戰係來自全球化潮流及民族
特異性（national particularities）的矛盾關係」（ibid.）。這樣
的發展，不禁讓我們質疑：現代的民族國家可以再做爲人民
的認同標的嗎？

3.階級政治的退位

　　階級做爲一種歷史發展的行動體（如同馬克思所主張的
那樣），其重要性顯然已經改觀。馬克思主義及社會主義者
習慣上將階級視爲其理論的核心，階級鬥爭具有解放的潛在
力量，歷史因它而發展，這成了現代政治重要的政治思想之
一。如今後現代性所帶來的社會轉變，使原來階級的劃分不
再有太大的意義，這可從底下二點看出來：

　　其一爲後福特主義（post-Fordism）的出現。現代性的生
產過程被稱爲典型的「福特主義的生產」（Fordist production）
（洪鎌德，1997a:358），即由同質性的普勞階級以大規模的
單位作業方式，在裝配線上大量生產，個人只在階級內部因
技術及工業不同的需要而做階層式的劃分。但是後現代的高
科技所催生的後福特生產模式，則是一種劃分爲許多小規模

的彈性的生產方式，它是為了因應市場多元化的發展，生產過程可以分化為好幾個中心。多國公司乘勢而起，它的資金市場的運作不僅超越族國的疆界，而且對勞力的運用更具彈性又離心化。生產過程分裂又離心，原先統合的、同質的階級認同豈能不遭到挑戰？

其二為階級衝突做為政治核心的情況已不復見。布拉德萊在研究當代不平等的模式時曾指出，從階級分析來研究社會不平等的問題的黃金時代已經過去了，現在的研究焦點勢必擴大到諸如性別、種族、族裔、年齡……這些認同的問題上（Bradley, 1996:13-4）。勞工上街頭遊行不再是當代政治最重要的特徵，而其他有關認同的抗爭（如性別、性傾向、族群、宗教及文化團體等），不像階級認同那樣要跟經濟的生產掛鉤。所以像一些社會／民主政黨的領袖（如英國新工黨的布萊爾），便以訴諸不同的聯合關係及認同的標準的方式，來取代他們對階級語彙的使用。顯然這種新的政治的論述，已經侵蝕了現代性這根「階級」的中心柱石（Schwarzmantel, 1998:165-6）。法國馬派健將郭茲（André Gorz）說得好：

> 現代的工資賺取人無法再經由對於他們工作及其工作角色的認同，而得到證明，證明他們創造「具有潛力以改變社會的力量」的要求。那是做為公民、住民、父母、老師、學生或做為失業者，是他們在工作之外的經驗導

致他們對資本主義的懷疑。（Gorz, 1994:42）

4.左右翼之分的泯滅

　　以往政黨認同多半和階級認同結合在一起（如勞工及中低階級多支持工黨或社會民主黨），如前所述，在政黨與階級認同日趨沒落之際，它們二者的連結也跟著鬆動，同時伴隨著的是政治行動範圍與種類的擴大，各種不同形式的行動主義（activism）──被冠稱爲「新政治」（new politics）或「市民政治」（citizen politics）的崛起，如生態的、女性主義的、和平的、動物權的……各種「行動形式」（forms of act），展現一種非傳統且具象徵性的政治表達方式，它們拒絕傳統的政治的制度化風格，這種以運動爲導向的新社會運動難以被傳統政治學歸類，祈切特（H. Kitchelt）遂以新名詞「左的自由派」（left-libertarian）稱之（Kitchelt, 1990）。

　　此一左的自由派卻很難在現代的政治光譜上找到適切的位置，因爲他們像傳統左派那樣，對於市場機制及大企業深表懷疑，卻又像自由派那樣，痛恨集中化和官僚體制。此外，他們也拒絕老左派那種意識形態式的實踐承諾──包括訴諸階級利益、支持平頭化政策，以及接受革命的策略等等（Crook et. al., 1992:140）。這種左右翼不再壁壘分明的現象，深得後現代的垂青，蓋後現代即拒絕爲其貼上左右翼不同的標籤（Rosenau, 1992:139）。再以自由主義的女性主義（liberal feminism）爲例，在政治光譜上，它到底要靠右還是靠左一點？它可以安穩地靠在新右派和基督教基本教義派（Christian fundamentalism）的旁邊嗎？

　　就以美國總統柯林頓（Bill Clinton）爲例，1996年10月7日的《時代周刊》（*TIME International Magazine*）在一篇題爲〈第一位後現代總統〉（"The First Postmodern President"）的專文中指出，柯林頓從宣布「大政府時代已經結束」，到接受共和黨提出的「預算衡平法案」，再到誓言維護社會福利制度的完整性，讓人很難把他歸類爲民主黨人或共和黨人，也許誠如該文作者所言，他既是左翼又是右翼（Joffe, 1996）。政治立場的模糊化 [12]，使得現代政治的實質產生了相當的變化：我們到底要認同左翼還是右翼？

5.公共領域的萎縮

　　公共領域，如前所述，是市民社會的基石，它提供不同的個人、團體表述其意見與利益，並積極參與政治的空間。但是這塊領域由於公民自覺及公民參與的下降，已經日漸在縮小。市民社會缺少公民的涉入（civic involvement），不僅

---

[12] 左右不分的模糊化政治立場，據《時代周刊》上文所言，不獨柯林頓爲然，像德國前總理柯爾（Helmut Kohl）及後來膺任英國首相的工黨黨魁布萊爾，作法均很類似（Joffe, 1996）。其他像李登輝總統在國家認同上所採取的「左右通吃」的模糊化立場，亦庶幾近之（張佑生，1996:86-7）。

使得公共領域萎縮，更影響到已臻成熟的民主政治本身。打個比方，公民的投入（參與政治）如果被看成是一種「社會資本」（social capital），資本投入既少，何來「漂亮的產出」？巧婦難為無米之炊，民主這架機器的運轉自然會有問題。

學者朴特南（Robert Putnam）研究美國政治時發現，美國社會「公民參與網絡」（networks of civic engagement）（讓民眾學習民主政治如何施與受的地方）已出了紕漏，例如個人玩保齡球遊戲的比例明顯超過團隊，而且比例差距還一直在增加，朴氏認為這是「社會資本」及社會參與降低的訊號，也是市民社會正在衰弱的象徵（Diamond and Plattner, 1996:292）。以言台灣，情形亦同。八〇年代末與九〇年代末兩場由國大代表擔綱的不同的「荒謬演出」，人民的反應有憤怒及冷漠之別。八〇年代末資深國代在陽明山演出加薪、政治勒索的「山中傳奇」時，曾爆發台灣有史以來最大規模的學生運動，近萬名學生聚集廣場抗議，社會大眾也受感染而拚命捐款。但是九〇年代末，當國代在陽明山中山樓通過自肥的延任案時，樓外抗議的僅是數十名滿面風霜的老人（他們甚至被標籤為新黨的群眾，稱不上人民的代表）（林照真，1999:3）。民主政治不只是在選舉時才展現出參與的熱情，平日公共領域就已乏人問津，民主政治早晚要關門大吉。

史華茲曼德爾於是借用巴博（B. Barber）的說法，將此一公共領域萎縮的狀況稱之為「瘦弱的民主」（thin

democracy）（Barber, 1984）。在瘦弱的民主裡，政治不過是個人及團體表達其利益的事罷了，什麼批判的理念、理想與行動、意識形態討論的基本關懷等等，統統付諸闕如（Schwarzmantel, 1998:163）。顯然現代政治正瀕於變成「瘦弱的民主」的危機。

上述出現的這些危機，已促使現代政治面臨轉型的關鍵時刻，而這也是後現代政治崛起的時候。後現代政治的「後」不必一定是指「時間的後」（儘管它出現之時是在現代時期之後），它雖然有和現代政治對立的一面，但若干徵象亦延續現代政治而來；不管它是要反對或超越現代政治，抑或是現代政治發展出極致的一種「變態」，後現代除了面對現代政治所出現的危機之外，更有它有別於現代的視角及主張。現代政治出現的這些危機，使社會更具分裂性，分裂的特性則挑戰了現代性那種較具結構性與穩定性的認同，而認同的問題也從現代轉向後現代。然而，在談論後現代的認同問題之前，我們有必要先看看現代的認同到底出現了何種危機。

第四節　現代認同的危機

學者華森（Nigel Watson）在論及後現代主義的生活形態及其認同關係的一篇文章，曾舉了一個例子，足以說明現代

認同所出現的危機（Watson, 1997:55）。之前的英國產業由重工業所支配，大部分的工人階級，如煤礦工人、船塢工人及工廠作業員，他們社會生活的基礎不外乎他們與生產過程的關係，他們的將來由他們和工作以及他們與煤礦、船舶或棉花的生產關係所界定，「他們個人的、集體的以及文化的認同係植基於環繞其工作場所的地方上，以及建立在他們工作勤奮的價值上」。這個時期英國（重工業）工人所建立的認同關係，基本上是穩定的、單一的，也不至於有如何選擇（認同）的困擾。

　　幾十年後「景物不舊，人事亦非」，原來被用來蓋廠房及挖煤礦的土地，搖身一變，上面不僅工廠不見，還蓋了大型購物中心，像蓋茲黑德（Gateshead）的地鐵中心（Metro Centre）或雪菲耳（Sheffield）的梅鐸商場（Meadow Hall）即為顯例，緊靠河流旁邊的土地，已被改建為休閒步道、主題公園和史蹟博物館。史蹟博物館展示了另一種「取代的真實的形式」（a form of substitute reality），以懷舊（鄉愁）的方式重造過去。「外來的礦工」（ex-miners）則被僱用來權充解說員，為我們訴說當年他們並不在場生活的煤礦歲月，真正的採煤現場已經不再。我們付錢藉由消費第二手的經驗——那些經驗曾經是別人社會生活的基礎——來獲得娛樂。這意思也就是說，在我們的文化中，我們變成的是觀光客的角色。「周日不再意味著走到教會或教堂去（做禮拜），而是去消

費主義的大教堂觀光」。

　　華森認為，如此一來，我們不必再固守於老舊的職業文化傳統中；相反地，我們可以選擇自己的生活形態或生活風格。大量生產、大量消費的時代，強調的是一致性和相似性（福特主義時代），如今已被無窮無盡的選擇以及瞄向特定市場的各種不同的消費物品所取代。我們的認同來自於我們對消費產品的選擇，而如何選擇消費方式也決定了我們如何選擇自己的生活形態。華森強調，我們對生活方式的選擇是自願的，而不只是流行的祭品：「我們認同的形態是我們想要看到的最好的呈現方式」；此時所謂的權力指的是「擁有花費的能力，以便去發現自己所想望的生活形態的表現方式」（ibid., 55-6）。

　　問題是如何選擇我們的認同並不是一件容易的事。在前現代時期，個人的認同是固定的，他不必為自己應該扮演誰而傷腦筋；但在現代時期，固定的角色框框已被打破，他可以有較多選擇的機會，也因而開始有「我是誰？」的焦慮。不過此時期要解決認同的問題並不棘手，社會因為階級而劃分為資產與無產二個階層；女性依然臣屬於男性；異性戀的角色由男與女扮演；族裔（或種族）即使歧異，仍能統合在所謂的「民族國家」名義之下。所以，「我是誰？」並不太難找到答案。

　　然而試想，三十年後當初的（英國）煤礦工人退休了，

他那牛津大學畢業的兒子平步青雲進入國會（英國前首相梅傑不就是出身於勞工家庭嗎？），成為下院議員的父親的他，變成了觀光客，「舊地重遊」，一時之間「我是誰？」的問題恐怕還不能馬上斷定。但這個假設例子畢竟稍嫌單純，實際的情況遠比這個假設複雜多了── 妳父親是福佬人，母親是原住民；未婚生子；單親家庭；贊成同性戀；支持中國統一卻投票給民進黨總統候選人陳水扁；在客家地區謀生講客家話；投資股票卻無意中大賺一把……「妳是誰？」這個認同的問題，自然要比妳在三十年前是一位煤礦工人的妻子這種單一的認同來得複雜多了。

當無產與有產階級的劃分不再那麼絕對；當階級的歸屬已不再是標誌社會身分的唯一或主要的依據；當所有的政黨引不起你效忠的興趣；當成為某一社團成員的重要性要大於只是一個政黨的黨員；當你隸屬某一種族的意義要大於身為一個國家國民的意義；當你在私人領域（private sphere）所扮演的角色更甚於在公共領域發言的利益──當上述這些情況發生之時，你的認同開始喪失焦點。簡言之，現代認同的危機實肇因於現代政治的危機，亦即當政黨政治褪色、國家政治衰頹、族國政治減弱、階級政治退位、左右之分泯滅、公共領域萎縮，原來被認定為同質的、統合的、理性的、自主的、穩定的和個體的個人（做為主體），跟著出現「我是誰？」的認同焦慮（anxiety of identity）。

　　認同的焦慮其實意味的是原來植基於普全結構（universal structure）的單一認同觀已經無法再立足了。以言尼采（Friedrich Nietzsche）的觀點主義（perspectivism），觀點主義拒絕承認永恆的實體，不存在本質的事物，現實爲一變動的動態關係系統，尼采即堅信：「只有一種觀點的觀看，只有一種觀點的『知道』」（"there is only a perspective seeing, only a perspective ' knowing' "）（Nietzsche, 1967:119），而觀看的觀點（角度）涉及觀者所處的特定的社會脈絡，不同的社會脈絡和位置，自有其不同的觀點（或視角），那麼他所知道的及其所認同的，也就不可能是普全的、統合的與單一的；多元的觀點就有多元的認知，而多元的認知就會有多元的認同。

　　從個人的內在而言，認同本身也並非全然統合的，佛洛依德（Sigmund Freud）即認爲，我們的認同（身分）、性別和慾望結構，是在心理與符號的潛意識過程中形成的。而人的自我（ego）其實不只一個，它還包括另外兩個攣生手足：本我（id）和超我（super-ego），前者由潛意識所控制，服膺於快樂原則，它是一個慾望的火藥庫，隨時可能被點火引爆；後者由社會的道德及行爲標準所制約，它以理性和良知支配著自我，並鼓勵和指導自我去壓抑本我。然而，人往往受到潛意識非理性本我的影響，也因而發生認同的失諧。佛氏的潛意識之說，可謂破除了具有固定與統合的認同的主體觀。

　　上述尼采與佛洛依德的論點，已經很明顯地質疑了現代的認同觀，如同狄勒所說，施展其權力以追求其所選擇的利益的人本身，不僅沒有不變的本質，連同形塑人行為的社會結構，也不具有不變的本質；人的認同（身分）在一特定的社會環境中，是持續不斷地被建構及被爭論的。認同是在社會環境中——更確切地說，是在多元的社會環境中形成的：「我們深陷在一多樣性的環境裡，藉著同時限制也促進我們經驗的方式來界定我們是誰，影響我們的感覺、信仰、瞭解和作法。就後現代主義者來說，甚至是基本的個人慾望和意願，都較少是個人自主性的商標，較多的倒是社會環境的建構物」（Thiele, 1997:84）。

　　狄勒說得沒錯，由社會脈絡所建構的多元性的認同問題，已非現代政治所能解決，這個課題是後現代所要面對的，而且更是後現代政治的主要問題。

第三章
後現代的自我及認同

　　現代的自我，如同霍爾所說，是一個啓蒙的主體，擁有自由意志與理性能力，可以選擇其生活的目標以及達成目標的手段，只要不受到外在社會的壓制（external social coercion），譬如政府法令的約束和限制。此一具有統合性的自我，在外在環境的限制之下，以自利的角度界定其目標，並追求它的最大化利益。學者費居遜（Ann Ferguson）將此一現代自我稱爲「理性的最大化者」（rational-maximizer）── 此一自我觀係承襲自諸如洛克和傑佛遜（Thomas Jefferson）等古典的自由主義者，一直以來爲當代西方人，尤其是美國人所接受（Ferguson, 1993:102-3）。

　　這個統合的自我，如前章所述，還是一個同質的、理性的、自主的、穩定的主體；然而，在現代性屢遭挑戰之後，頻頻出現的政治危機，使得原先這個統合的、穩固的主體開始浮動，甚至分裂，以至於搖搖欲墜。浮動的、分裂的主體

和社會的日趨多元化有關，多元化的社會使其變得較以往更為分裂，人置身其中難免不受影響，主體被吸納進由相互鎖定的社會團體構成的更為複雜的網絡之中，他的自我角色及其認同便難以倖免於分裂的困擾。布拉德萊便認為社會的分裂是和自我的分裂連結在一起的，並引述另一位學者穆爾（Stanley Moore）的話說：「要再說個體或自我是自主的且是連貫的單一體不是容易的事了；相反地，我們得到的瞭解是，我們是由一大塊矛盾的碎片構成的，而且我們的生活也像一團矛盾的碎片」（Moore, 1988:170; Bradley, 1996:23）。

《虛擬化身──網絡世代的身分認同》（ *Life on the Screen: Identity in the Age of the Internet* ）一書的作者雪莉‧特克（Sherry Turkle）在該書中便以自己切身的例子，說明這種因認同的分裂所產生的困擾。特克在她初進大學後，由於母親驟逝，讓她感到非常不安，不知何去何從，最後輟學，隨即離美到歐洲旅行並在巴黎住下，在學習歷史與政治學之餘，從事各種打工工作，包括清掃房屋及權充英文教師。此時她發現「說法語的我」與原來「說英語的我」有些不同。前者的她對自我充滿自信，勇敢且機智，尤其當她法語越說越流利之後；後者的她，怯懦且獨立性不足。這是因為「當說英語的雪莉〔特克的名字〕對她能否照顧自己的事毫無信心時，說法語的雪莉根本沒有其他選擇，必須照顧自己」（Turkle，1998:291-2）。

　　特克由於身處不同的社會（英語社會和法語社會），因著使用語言的差異，使她原來單一的自我面臨分裂成「說英語的自我」與「說法語的自我」的情境，這雖然是幾乎所有的留學生可能遇到的狀況，不獨後現代社會為然；然而，事實上當代社會的後現代狀況遠比此一「法國雪莉」的例子更為複雜（詳見第四章），尤其是在全球化的今天，個人遭逢跨社會、跨國度、跨區域、跨洲際的機會，所在多有，已不是新鮮事了。個人的自我及其認同也將因此一全球化的影響，面臨分裂與解構的命運。

第一節　後現代自我及認同的源由

　　面臨分裂與解構命運的後現代自我及其認同，自然不是憑空杜撰而來，它的由來，依布盧克的說法，係肇因於二個重要的發展，一個屬於政治的層面（布氏則稱為社會的發展），另一個屬於經濟或科技的層面，而這兩個層面又均屬國際性因素（Brooker, 1999:109）。此外，尚有兩個屬國內性因素的社會層面[1]。第一項因素指的是發生於 1989 年的東歐解

---

[1] 這兩項因素是筆者的見解，惟學者布拉德萊亦持類似意見（第三項），惜未予深論（Bradley, 1996:23）。前兩項屬社會（政治）和經濟發展的因素，布盧克氏亦同樣未予深入探討；但布氏該書屬專科辭典性質，未能詳論實屬當然，其揭櫫之說法仍可參酌，不因其辭典故。

體事件，第二項因素係指涉前所述及的全球化趨勢，第三項
因素即爲國內社會日趨分裂的多元化現象，已爲上述布拉德
萊所指陳。至於第四項因素則和消費主義的昌盛有關，此點
擬放在第四章申論，本節不贅。

一、東歐解體的衝擊

　　1989 年 9 月 9 日，作爲冷戰（Cold War）標誌的柏林圍
牆終於被拆卸；九〇年代以後，在前蘇聯共黨韁繩控制之下
的東歐，紛紛鬆綁，蘇聯本身跟著解體，冷戰因而正式劃下
句點。對於後現代主義者來說，東歐及其共產體制的崩潰，
最富意義的是，它所帶來的族群對立及區域衝突的景象，例
如前蘇聯、捷克和南斯拉夫，均因此導致國家瓦解並產生許
多新興族國。

　　這些因素頗爲複雜，黑武德（Andrew Heywood）指出這
至少有三點：首先，雖然共產主義政權自認爲經由「社會主
義人」的塑造而化解了「民族主義問題」，顯而易見地，這
只不過是將族群與民族忠誠硬生生地壓住罷了；其次，族群
與宗教的民族主義在此無疑成了表達反共產主義或反蘇聯主
義的輪軸；再次，共產主義瓦解時所投下的不穩定政治及不
確定經濟，正好讓提供「有機式」集體認同感的政治形式，
獲得完整的宣洩。然而，這些新興的民族本身均受制於深層
的族群敵對的緊張關係。俄羅斯的車臣叛變，以及南斯拉夫

的波士尼亞共和國進一步分裂成回教「族群淨化區」
（"ethnically pure" Muslim）、塞爾維區（Serb）和克羅亞特區
（Croat），都紛紛呈現出來了（Heywood, 1997:135）。

　　不論是民族、族群或是宗教本身，當共產主義的護身符
不再具有效力之後，如何尋求其認同的支柱力量便成了當前
迫切的課題，原來在共產主義羽翼或箝制之下的認同已崩
解，復甦的民族或族群開始以其自己傳統的民族或族裔身分
爲其政治的訴求（如前南斯拉夫中波士尼亞的塞爾維亞人及
克羅埃西亞人），如果再加上不同的宗教信仰因素，則使得
政治認同的問題更形複雜，光是在波士尼亞，回教徒和信奉
東正教的塞爾維亞人因爲宗教認同的差異，打了一場血腥慘
烈的戰爭，又與信仰天主教的克羅埃西亞人發生其他暴力衝
突。東歐的解體爲當代的認同問題丟下一顆隨時會引爆的「不
定時炸彈」。事實上不僅族群蠭起的東歐如是，包括中東、
印度、印尼、前蘇聯、非洲大陸，以至於加拿大和北愛爾蘭
等等，都出現攘攘不安的族群認同問題——這一點是布盧克
所忽略的。

　　族群認同之所以會變成後現代的形態，主要原因來自於
認同的分裂與歧異，並從統合走向多元化及分散（如一個捷
克就因認同的分化於 1993 年分離成捷克及斯洛伐克兩個國
家），族群認同的分化如果加上語言、宗教信仰不同的交叉
因素（如同族群卻有不同的宗教信仰），將使認同的本質更

具不確定性，而這更加助長後現代認同的形成。

二、全球化的影響

「全球化」一詞始自八〇年代才被大量引述使用，雖然社會學家貝克指出，此一詞彙常被誤用（而且也很少被下定義），但基本上指涉的是「全球距離的消失」，而且個人經常是非所願地被捲入未被理解的生活形式中，它涵蓋的面向不只是經濟的，還包括溝通技術的、工作組織的、生態的、文化的和市民社會的（Beck, 1999:26-30）。以紀登斯的觀點言，所謂全球化，一言以蔽之，即「不受距離（表面上分離的民族國家、宗教、區域、各大洲）限制的行為和（共同）生活」（引自 *ibid.*, 30）。

距離消失的後果是——世界的空間矩陣首次沒有了空白處，這顯示在政治上的意義是：過去社會和國家被想像、組織成疆域的、彼此分隔的單位，如今已不復存在了。一件名牌時裝，款式設計或出自英國倫敦或來自法國巴黎名家之手，卻交由泰國某家工廠縫製，然後在倫敦的哈洛茲（Harrod's）百貨公司或巴黎香樹里舍大道的櫥窗中出現，同時也在台北及上海的精品店展售（當然也回銷泰京曼谷）。布盧克即指出，資本主義在世界體系的運作早已越過國家的界限，資金及資訊的流動遠勝於集中化的經濟或政治的控制。在他看來，經濟的發展才是全球化的首要力量，同時更

加促成後現代主義的勃興（Brook, 1999:94）。在這種情況之下，類似《魯賓遜漂流記》（*Robinsonade*）中魯賓遜（Robinson）那樣的英雄人物，在現在看來，實在顯得可笑（Beck, 1999:30-1）。

　　為什麼不是魯賓遜呢？在當今世界中已不可能有這麼獨立、自主的英雄人物的存在（也不會有這樣的環境）。在全球化的影響之下，不僅世上不再有像小說家筆下那種遺世獨立而面目清晰可辨的英雄，而且如同布氏所指出的，由於國與國間移民的經驗，改變了西方和其他文化之間的關係，也因而改變了那些將自己的生活跨過邊境的人們所擁有的認同感——就像說英語和法語兩種不同語言和經驗的雪莉。香港導演羅卓瑤的電影《浮生》最能驗證布盧克上述的說法。

　　《浮生》中的主角慧冰（二姊）從香港移民澳洲，胼手胝足在澳打拚多年，好不容易才打入白人社會。此時她的父母年屆退休，也攜同兩位弟弟移居澳洲，投靠慧冰。慧冰管教弟弟甚嚴，不准他們在家說廣東話，且對父母中國式的生活習慣嗤之以鼻，強迫其放棄，雙方也因此時而發生齟齬，最終迫使兩老決定遷居，搬離慧冰家。在家庭糾紛越演越烈之際，遠嫁德國的大姊慧茵不顧德國丈夫的反對，攜女兒飛赴澳洲探望兩老。然而，紛爭並未解決，慧冰要求二位弟弟留下，否則不再負責他們在澳的生活。結局雖以喜劇收場，片中人物卻到處流露「認同（身分）失調」的焦慮和困擾。

片名「浮生」（Floating Life），其實暗含著「浮動的生命（認同）」之意，不管是由於移民（二姊慧冰、父母及二位弟弟）抑或婚媾（大姊慧茵）的關係，劇中人對於他（她）們到底是中國人（香港人）、澳洲人或是德國人，都難以確認，而其彼此之間緊張的關係也是由此而起（詳見第四章）。這是典型的「後現代認同的分裂」。

三、多元化社會的促進

現代化高度發展的結果，促成多元化社會的興起；多元化社會立基於多元主義（pluralism），其特徵是社會權力的分散——所以它帶有反菁英主義的味道。權力既是分散的，那麼，首先，它必須容忍差異（difference），接受多樣性（diversity）；其次，它允許並鼓勵競爭，在自由和民主的基礎上，促進彼此之間的論辯及瞭解。就此看來，市民社會通常須有「多元化的土壤」以爲滋養。

多元化社會允許並承認不同團體的存在，如工會、教會、職業團體、婦女團體……，包括少數族裔或弱勢團體，不同的團體且擁有其獨立自主的權利。從這個角度來看，多元化社會鼓舞了團體政治，在團體政治之下，個人大部分透過加入組織化的團體來反映他的利益，也藉參與團體尋求其認同，最典型化的代表即爲晚近興起的新社會運動（詳見第七章）。

　　新社會運動多爲弱勢族群（如女性、同性戀、原住民、少數民族、行動不便者、動物權團體、環保人士……）代言，更爲其尋求自身的集體認同，這些團體是多元的，其權力如上所述也是分散的，因而並沒有團體可在任一時期獲得支配性的地位，然而誠如達爾所說：「所有積極而合法的團體，在決策過程的重要階段，都能使它們的聲音被注意到。」（Dahl, 1956:145）發出聲音並被注意到——這對弱勢團體來說，尤具意義，在新社會運動初興之前，它們不是沉默便是聲音被壓抑。

　　多元化社會的形成往往在於權力中心的分解，或者至少是權力控制的鬆綁，以言我國，原先中國國民黨所統治的台灣地區，遷台以來一直採取一元化的統治形式，直到八〇年代中葉開始一連串的「鬆綁措施」：解嚴、黨禁與報禁解除、開放人民赴大陸探親、動員戡亂時期臨時條款廢止……間接直接都促使社會進一步的多元化；而有關國家認同的議題也隨之加溫，八〇年代中葉詩人劉克襄的一首名爲〈福爾摩莎〉的詩，即率先透露出長久以來被掩蓋的國家認同的困惑情感：「第一個發現的人／不知道將它繪在航海圖的那個位置／它是徘徊北回歸線的島嶼／擁有最困惑的歷史與最衰弱的人民」（劉克襄，1984:24）。

　　當然，這並不表示之前台灣人民沒有國家認同的困擾，如同現代性的時期並非全無認同問題的存在，而是在權力中

心開始分解而多元化社會日益成形之際，關於認同問題，不論是以往被隱藏的或者是新近出現的（例如同性戀者的認同），很容易變成一個眾所關注的議題，甚至議題本身可再被「分化」（如原住民的女同性戀）；而將分裂的認同（亦即認同的困擾）予以政治化，正是後現代政治所期待的。

第二節　後現代自我及認同的理論

從霍布斯、盧梭、黑格爾到馬克思，我們所看到的關於人的「自我形象」——儘管這些「偉大思想家」的論證方式不盡相同，但誠如政治學者康諾利（William E. Connolly）所指出的——人是具有「自我認識」（self-knowledge）的個體（Connolly, 1988:148）。現代政治思想家認同的就是這位具有自我認識能力的人；而他們所認同的這樣一位具有自我認識能力的人，是和後現代的理論家們有很大的不同。底下試著勾勒幾位代表性的理論家或思想家關於後現代自我及認同的主要看法。

一、從黑格爾、馬克思到尼采與海德格

依據黑格爾的主張，具有自我意識（self-consciousness）的自我，擁有調整並認知行為目標的能力，可以擴大且完善我們倫理生活的準則，將我們內在生活所欲追求的主題，也

即「內在生活的主題化」（thematization of the internal life），
和社會經驗聯繫，使得原先因模糊不清的動機和目標而產生
的行動本身，變成具有意識性目的的產物，人的行動變得更
具自主性，更像是一個反思性主體所做的決定，而不是無知
的源由所造成的效果。「自我本身變得更統合與連貫，在此
意義下，慾望、目的和原則逐漸採取一種統整的外形，而其
行動現在則彼此相互支持與聯合，而不是互相對立和掣
肘……自我變成一個自由的主體。」（ibid.）

人的自我形象在馬克思那邊，也是具有統整的意義的，
甚至如洪鎌德所說，還帶有浪漫主義的色彩（洪鎌德，
1997b:4-5）。雖然人的自我因資本主義在剩餘價值邏輯的運
作下被其生產體制予以壓制因而造成他的異化（alienation），
人的異化也即人與其自我的分離；然而如同沙特（Jean-Paul
Sartre）、弗洛姆（Erich Fromm）、柯希克（Karel Kosik）、
沙夫（Adam Schaff）等人所指出的[2]，異化說是馬克思批判資
本主義的主要論據，他的目標恰恰是要使人從經濟需求的壓

---

[2] 這些人均被劃歸為「人本主義的馬克思主義者」，這一陣線的開創者
咸認為是匈牙利裔的盧卡奇（Georg Lukács），他的《歷史與階級意
識》（Geschichte und Klassenbewusstsein）一書，率先強調人在社會
歷史中的中心地位，突出人的主體性。依據奚廣慶、王謹及梁樹發主
編的《西方馬克思主義辭典》的說法，屬於這一陣線的有：法蘭克福
學派、存在主義的馬克思主義，以及包括實踐派、華沙學派、布拉格
學派、布達佩斯學派和布洛赫（Ernst Bloch）在內的東歐「新馬克思
主義」（奚廣慶等，1992:8）。

迫下解脫出來，使自我本身成為具有充分人性的人，亦即其旨在「克服異化，恢復人的本質」，俾彌補人的分裂——人本身的分裂，人與人之間的分裂（同上註，4）。在馬克思看來，人的本質應該是他自我選擇的結果，而所謂「人的本質」也就是人的自我能動性；所以人的異化不是常規，而是脫軌。就上述諸人看來，馬克思是「一個道道地地的人本主義者（humanist）」。

　　前述黑格爾、馬克思諸人的「自我」觀點，可謂是現代自我理論的典型代表，如上章所述，現代的自我是一具同質性、統合性、自主性、穩定性及理性的主體；然而，這樣的「自我形象」到了開後現代認同理論之先河的尼采手中，完全不是那麼一回事。在尼采看來，做為主體的自我，並不具備霍布斯、盧梭、黑格爾以至於馬克思那種「自我認識」的能力——這種能力假定人的內在生活（身體的衝動、感受、性向、騷動和不安等等）可藉由「表達」（articulation）呈現出來，亦即「內在生活」和「公共的語言資源」、「慾望結構」和「表達的邏輯」，彼此之間可以契合。尼采則認為這種整合的需求，其實是一種社會的壓迫，而人的內在驅力（an inner drive）也無法等同於任何世界的本質或可能性。人使用的語言本身是社會的產物，想要更完美的表達（藉由語言）其內在自我，這種努力不啻就是將社會性的指令與標準慢慢地旋進他那更為穩固的自我的內裡。往往在所謂的自我的真

實、獨立、自主的名義下,「群體」(herd)已不知不覺地內化為自我的一部分,「並沒有任何的蜘蛛可以保證有一社會的語言之網,不用損失或壓抑,就可以呈現、表達或完善我們身體的網絡」(Connolly, 1988:148-9)。

「自我認識」的說法,如同康諾利所認為的,它背後其實假定著:自我的本身具有實際的或潛在的透明性(the actual or potential transparency of the self to itself)——正因為自我的透明,所以才可以被認知(ibid.)。尼采駁斥了這種論調,主張自我已經不再單純,它充滿了各種不同的迷思(myths)(例如自由意志等),可以被社會所穿透;「所以我們必定是我們自己的陌生人,我們無法理解我們自己,我們必定誤解我們自己;對我們來說,『每一個人都遠離他自己』這條律則,永久適用於所有的人——關於我們自己,我們並非『知識之人』」(Nietzsche, 1956:15)。

顯而易見,尼采不再相信現代那個「有思想、有情感、合邏輯地與因果地進行推理的主體」的存在,自我既不曾透明,那麼所謂「確定性的、實質性的自我」的確令人懷疑,自我的主體根本是「自欺的、缺乏覺悟的、意氣用事的、伺機報復的和追逐權力的東西」(Nietzsche, 1979:79-97);簡言之,尼采認為所謂的自我或主體不過是一個虛構(the subject is a fiction)(Laffey, 1987:93; Rosenau, 1992:44)——這個觀點是他的「人的終結」哲學的核心論點(Schrift, 1988:131-4)。

我們可以說，尼采早已料到後現代的主體之死，率先提出了「全面消解自我、個性或主體的觀念」的主張（ibid.）。

在尼采為後現代的自我及認同開了反人本主義理論的先河之後，另一位被視為後現代思想啟蒙大師的海德格（Martin Heidegger），由於提出「我在，故我思」的主張，一舉推翻了以笛卡兒（Ren'e Descartes）為首的「我思，故我在」的現代主體觀，似乎亦為後現代認同的理論加了一把勁。海德格如同其他存在主義者主張「存在先於本質」，亦即人的本質並非先天上便已命定，而是可由其存在或存有（being）的方式予以決定，既如此則人的本質就有無限的可能性，申言之，即人的本質是不確定的。然而，誠如賀林格在《後現代主義與社會科學》（Postmodernism and the Social Sciences）一書中所言，在海德格的代表著《存在與時間》（Being and Time）裡（Heidegger, 1962），強調的仍然是現代主義那種「本真性」（authenticity）或「本真的個體」（authentic individual）的觀念，本真的個體決定成為一個獨特的自我，以統合其生命旅程，做成他或她自己的未來（Hollinger, 1994:112）。海德格曾以《聖經》〈創世紀〉篇上帝和亞當二人對話的例子，說明人必須為其「不負責任性」負責（《舊約》〈創世紀〉篇「人違背命令」一節）：

　　那天黃昏，他們聽見上帝在園子裡走，就跑到樹林

中躲起來。但是上帝呼喚那人〔指亞當〕：「你在哪裡？」

　　他回答：「我聽見祢在園子裡走，就很害怕，躲了起來；因為我赤身裸體。」

　　上帝問：「誰告訴你，你是光著身體呢？你吃了我禁止你吃的果子嗎？」

　　那人回答：「祢給我做伴侶的那女人〔指夏娃〕給我果子，我就吃了。」[3]

　　代表人的亞當在上帝質問他之際，將偷食禁果的責任推給夏娃，分明是出賣妻子的行為，顯然有害於他在世的「共同存有」（Mit-sein），海德格要找出這種人的「不負責任性」，旨在要求人能為自己負責——這是一種人本主義的主張。雖然人的本質儘管事先未被命定，但人的存在終究是要去追尋他的本質，這也是為自己負責的意義所在。於是，我們可以這麼說，海德格的「後現代自我」並不夠徹底，亦即他仍遺留有現代本質主義（essentialism）的若干痕跡。

　　從現代啟蒙的主體轉向後現代開放的、碎片化的後現代主體的身分，在尼采反人本主義的主體理論之後，當代西方主要有四大有關的社會理論對後現代的自我及認同觀產生深

---

[3] 〈創世紀〉篇該節中記載，不僅亞當推卸責任說禁果是夏娃教他吃的，當上帝轉問夏娃時，夏娃同樣也推說是蛇誘騙她吃的。這顯示，創世紀伊始，男人和女人都一樣，不敢為自己承擔責任。

遠的影響[4]，底下進一步分述之。

二、精神分析理論

　　如前所述，精神分析理論的鼻祖佛洛依德認為，在人的自我底下還隱藏著一潛意識的本我，本我係慾望、（性）驅力之流，它們隨時藉由日常生活中的做夢、講笑話、說漏嘴等各種方式，伺機衝破自我意識的管制——如此說來，人的自我就不再是統合、整全及理性的了，當潛意識衝破自我的掌控之後，自我已不再理性。佛氏的學說都和臨床實驗有關，這些精神病患的「自我」，卻和現代主體的認同無關。

---

[4] 依霍爾的見解，二十世紀對笛卡兒式現代主體的觀念造成致命的衝擊的理論，除了以下討論的四種外，還包括馬克思主義理論——嚴格地說應該是阿圖舍（Louis Althusser）的結構主義的馬克思主義。阿圖舍反對人本主義的馬克思主義，主張用結構主義的方法來研究馬克思主義，此時人本身不再是社會理論的中心了，個體當然不是歷史發展的能動者或行動體，社會的理論中心是社會關係，或者用阿圖舍的話說是「社會形構」（formation sociale），在他看來，馬克思否定了西方現代哲學中兩個關鍵性的假設：首先，人具有普遍的本質；其次，此一本質就是做為自己真正主體的每個獨特個體的屬性（陶東風，1998:199）。但筆者的看法和霍爾稍有差異。阿圖舍此種反人本主義的馬克思主義，雖有若干和後現代的認同理論若合符節之處，惟後者受前者的影響實有限，相關的後現代理論家較少人（如賀林格）去談阿圖舍的理論，更少見其有借鑑阿圖舍之處。另外，本章底下四種理論對後現代認同觀的影響的說法，除霍爾之外，其他諸如華德、羅森瑙、賀林格等人，亦分別提供了類似的看法，詳見援引參考書目。有關的重要理論當然不只上述數種，例如消費主義理論對後現代自我及認同也有很大的影響，這點留待下一章討論其認同類型時再補述，茲不贅言。

　　然而，如同海德格的人性或自我理論不夠後現代化一樣，佛洛依德的自我及認同學說的後現代化也不夠徹底，蓋他雖然承認人的自我可能分裂，精神狀態會發生衝突，但基本上是可以尋求解決的；之所以具有此一信念，或許因為佛洛依德本身是位醫生之故。自我有裂縫，並非是人的常態而是病態。在此，拉岡（Jacques Lacan）有了更進一步後現代式的看法。

　　在拉岡看來，衝突和碎裂根本無法從人的精神中清除，因為它們恰恰就是精神本身。本來佛洛依德具有的潛在的激進主義思想，就因為他經常把永久性的、普全性的驅力視為精神困擾基本的動因，以致被堵塞了；於是，拉岡將其研究的焦點從佛氏所強調的自然的動因（如性驅力）轉移開來，並主張精神分析學要在文化上採取人類學的關懷，因為生物學沒法告訴我們太多有關人的精神問題。潛意識被定義為「無法知曉」（unknowable），只能用語言予以「重構」，病患的字彙在分析上不像窗戶那樣可以看透到潛意識的深層裡面，精神分析師與其說是要看穿病患的語彙，不如說是在解讀（由病患以語彙所描述的）夢境的想像，或者是一連串語彙的連結，這情形如同他或她在閱讀任何其他創作一樣。就拉岡來說，潛意識所展現的就像無法運作的語彙一般，而病患事實上只是讓這種潛意識現形而已（Ward, 1997:134-5）。

　　然則人如何認同自我的形象？與佛洛依德「奧底帕斯情

結」（Oedipus complex）的理論大異其趣的是，拉岡提出了
所謂「鏡像階段」（the mirror-stage）的說法。在嬰兒呱呱落
地後初生的幾個月，一直處在無序的狀態，無法掌控自己的
生理機能，感覺自己像一串無法適用的備用零件。但嬰兒到
了六至十八個月也即其所說的鏡像時期，透過鏡中影像的反
映（從大人、其他小孩及其鏡像），初次瞭解到自己是一個
完整的個體，學習到對自我的辨認，這個鏡像讓他很快完成
對自己身體的統合。他認同這個鏡像，並感到自己是一個獨
立體，而一個「支離破碎的軀體」（拉岡稱為 *homelette*）也
因此誕生了。但是，不可否認，這樣形成的自我基本上即受
制於一個「外來的」影像。換言之，人一開始所尋求的自我
認同，其實是形成於一種他從外面初次看到自己的狀態裡，
甚至如蓋洛璞（Jane Gallop）所說，對於鏡像本身的認同即是
根植於一種虛幻的錯覺中，亦即一種誤認（Gallop,
1986:80-1）。對拉岡而言，這意味著：人生一開始，異化及
區分（division）已深植他的認同中（Ward, 1997:136），所以
人是一個分裂的主體（a split-subject）。

　　自我認同的形成受到外界的影響的觀點，在拉岡兩大弟
子德勒茲（Gilles Deleuze）和瓜塔里（Felix Guattari）那邊有
了更進一步的發展。德、瓜二氏認為，佛洛依德將家庭視為
既定的、普全的範疇（著重嬰兒與其父母的三角關係），而
階級、地位和種族等因素全不被納進來分析，所有家庭有關

潛意識的行為基本上都是同樣的方式，和社會狀況與歷史均無關係——就佛洛依德而言，他的這位「父親」是礦工、銀行行員也好，是工會職工、失業者也好，都沒太大關係；這個家庭是生活在貧民窟或豪宅巨院，也沒什麼要緊；他並不管父母本身是否來自不同的族群或宗教背景。如果佛洛依德再世，他大概對家庭成員看什麼電影、聽哪類音樂或讀哪種雜誌，不太感興趣。一言以蔽之，佛氏將政治與文化驅離家園之外。

德勒茲和瓜塔里則認為，對於個人認同的分析，必須把侷限於「媽咪、爹地和我」的狹隘範圍推到外面世界來，使它進入一個更為廣泛的社會領域。我們必須瞭解社會角色、政治和公共事件對我們不同精神層面的影響，雖然它們不見得就會滲透進我們潛意識的核心裡面；潛意識是會影響我們，但它本身無法觸摸。事實上，我們的潛意識持續地受到社會與歷史的「改寫」，經由與外在世界的直接接觸不斷地重製（*ibid.*,139）。自我的認同也因而經常要被迫改觀。

三、結構主義與後結構主義語言學

凡是結構主義（structuralism）與後結構主義（post-structuralism）都有一個主要的特徵，此即「人的死亡」（the death of man）和「主體的去中心性」（the decentering of the subject），而此一論點也為後現代主義所吸收。賀林格認為，這個「人

的死亡」（或「人的終結」）的理論日程主要是從結構主義
語言學家索緒爾（Ferdinand de Saussure）而來（Hollinger,
1994:86）。在索緒爾看來，我們並非我們的陳述（statement）
的「作者」，也不可能是語言的「作者」。語言是一個符碼
或形式的體系，它和語言之外的現實的連結是武斷的和約定
俗成的（arbitrary and conventional），每一個詞彙在語言體系
裡係從它在全體中的獨特位置而獲得其意義──亦即從它和
系統中所有其他可能的位置的差異之中尋求意義，例如「夜
晚」之為夜晚，是因為它不是「白天」（可依此類推），差
異關係決定了語言或符號的意義，而意義並非來自它所對應
的外在真實的世界。

　　如此看來，人的身分的界定也不是來自實存的個體，那
也是一種語言或符號的差異關係。我之所以為我，不只是一
個符號而已，它還只能從與我所不是的他者（the other）──例
如「母親」的關係中，才知道「我」（I）是誰。所以賀林格
認為：「就索緒爾而言，穩固的、確定的意義係產生於系統
的符號之間差異的相互作用；認同因而是差異的產物，穩定
也是變遷的產物」（ibid.）。

　　索緒爾「差異」的語言符號學理論在後結構主義思想家
德希達（Jacques Derrida）那裡有更進一步的推論。德希達認
為，自我認同或自我身分（self-identity）和存有（being）、
顯在（presence）三者，長期以來支配了西方文化；西方文化

所追求的真理（truth）旨在捕捉這個「顯在」，而所謂「非在」
（absence）則因而被壓抑了。存有即顯在、言說（speech）而
不是非在、書寫（writing），前者可以讓我們看到顯在總是在
那兒，而後者不能。既然如此，我們追求自我的認同，就是
訴諸於存有純粹的顯在，相對而言，非在或匱乏（lack）則是
負面的。然而，在德希達看來，這種對自我認同及顯在的追
求是無法被連貫性地表述出來的，遑論是想要達到了。

　　顯在為何始終無法被企及？在此，德希達提出一個法文
字 *différance*（延異）的概念來加以說明。我們所表達及使用
的符號（按照符號學的觀點，所有事物均可被視為符號來對
待）──當然也包括我們自我的認同──可以分成意符
（signifier，或能指）和意指（signified，或所指），前者指的
是符號的外表（它的組成、形狀……），後者則係符號的內
在，也即它的內涵義。*différance* 在法語裡有兩個意義，一是
區分、區別（to differ），即「異」的涵義。「異」是空間性
的概念，它暗示符號體系是由空間分佈的區別性（差異性）
關係構成的，一個詞的意義是從這個詞與其他同時存在的詞
相互之間的區別當中產生的。索緒爾只看到這一點。一是延
遲、延擱（to defer），即「延」的涵義，由於 *différance* 這個
法文字中的 a 是不發聲的，所以聽起來就和 difference（區別）
無異，在長期以來由語音中心論（phonocentrism）支配的西方

文化中[5]，這個字的音義（即「區別」）被凸顯出來，而讀不出來的另一個「延擱」的詞義便被忽略掉。德希達不僅看到這一點，而且更特別重視此義（Derrida, 1976）。

「延」是時間性的概念，它表明了語言或符號的意符到意符所假定（或指定）的意指是一個時間的過程，而這個過程則是顯在無止盡的拖延過程[6]，意符追尋它的意指，意指本身又是個意符，還要繼續追尋它的另一個意指，如此追蹤下去便永無止境，意符始終追不到意指，因而其意義也就永遠不能確定，我們所能看到的只是意符追尋意符所留下的「蹤跡」（traces），顯在終究是不會出現（孟樊，1998:252-1）。由於 différance 不斷的延擱，自我認同的存有或純粹存有的顯在（presence of pure being）就必須從與非在或否定（negations）有關係的地方，以及它想取代或支配的他者蹤跡（the traces of

---

[5] 語音中心論的主張，簡言之，即認為話語或言說（speech）較書寫（writing）享有優越的地位，這也是西方理體中心論（logocentrism）的一種。言說在場可以為人所聽到，具有真實性，而書寫則缺臨場感，它不在「那兒」（there），所以遠遜於言說的真實性，它變成「空缺」（lack）。德希達於是認為，完全的言說（the full speech）「懸置並且壓制了所有有關書寫起源與地位的自由的反思」（Derrida,1976:43）。

[6] 例如，「白」這個意符表示什麼？是某種「顏色」（即其意指），但這某種「顏色」本身已經是一個意符或符號，於是我們還要進一步再找尋「顏色」這個意符的意指。而「顏色」又是什麼呢？翻開字典，它至少有四種不同的解釋，哪一個才是它真正的意指？這些意指本身又是意符，如此下去，意符尋找意指的過程便永無止境。

otherness）中來加以界定。所以，顯在事實上是依賴於它所「欠缺的什麼」，有鑑於此，吾人要找尋的自我的認同，必定持續地被拖延，根本就無法實現。杜斯（Peter Dews）甚至認為，德希達對顯在不抱任何存在的幻想，顯在並沒有源頭，認同也沒有源頭；既如此，何來找沒有源頭的源頭（non-originary orgin）（Dews, 1987:26）？

四、傅柯的後現代主體理論

　　關於自我及其認同的問題，傅柯採取了和德希達不同的進路；相較之下，傅柯的後現代進路更具現實性，也更具政治意味（參閱第五章以下）。更具現實性是因為他考察了歷史脈絡，以其所謂「系譜學」（genealogy）的方式，爬梳了現代歷史轉變中對於主體控制的問題，這涉及到很多的支配性建制，例如全景監控式監獄（panopticon）；更具政治意味是因為他也考察了權力的論述策略，從權力的角度來看待及處理自我或主體的問題。正因為如此，傅柯的理論對後現代認同政治的問題最具啟發性。

　　對於人的自我——也即主體的問題，傅柯從歷史的角度切入，他想要知道的是：為什麼人——自我被視為一個獨立、自由、理性、自覺的個體會在（文藝復興）那個時期出現？他們（人）來自哪裡？他們又如何與社會的權力分配相關？用傅柯自己的話說：「我的目的……是去設想一種歷史：在

我們的文化中，如何在各種模式下將人們塑造成主體」
（Foucault, 1982:249）。

根據傅柯的觀察，自十七世紀以來，人的個體已陷入一
個複雜的、規訓的（disciplinary）、常態化的、全景監控的
（panoptic）的權力牢籠裡，他們的每一個動作都受到調查、
判決、測量和矯正，社會中並沒有「基本的自由空間」，權
力無所不在，「我所關注到的事實是，每一種人類的關係在
某種程度上都是一種權力關係。我們活動於一個永久性的策
略關係中」（Foucault, 1988:168）。此一說法不得不讓人聯想
到歐威爾（George Orwell）的名著《一九八四》（1949），
小說中所描述的極權社會，套用傅柯的話說，正是他所設想
的「全景監控式的社會」（panoptic society），人的一舉一動
都無法免於被監控的命運。

這樣的人，這樣的自我，已經不再只是一個主體，在傅
柯看來，主體同時也是客體，蓋如上所述，現代的自我已隸
屬於所謂的「規訓化的社會」（disciplinary society）（Foucault,
1980a:109-33），並為知識與權力所穿透，他並非被壓制，而
是在「科學－規訓的機制」（scientifico-discipliary mechanisms）
母體中被積極地模塑而成形，他是「依據一整套力量的與身
體的技術……而被仔細地織造而成的」（Foucault,
1979a:217）。知識結合權力以「特有的技術」模塑人的自我，
進而支配人的主體，通常以論述（discourse）的方式進行，監

獄、醫院、軍隊、學校、教會……都是論述的「共謀者」（詳
見第六章）。

　　如此看來，人做為一種主體似乎所剩無幾（到處被監
控），貝斯特（Steven Best）和凱爾涅二氏在《後現代理論——
——批判的質疑》（*Postmodern Theory: Critical Interrogations*）
一書中於是認為，現代理論所假定的「一種既定的、統一的、
或是一種先於所有社會運作的、不變的人類本質」，就傅柯
來說，是有很大的問題的；而所謂「自我認識」的說法（參
見前面），說穿了不過是「權力的策略和效果」。傅柯不僅
無法接受現代理論的假定，他甚至進一步倡議要驅除主體、
瓦解主體，並認為這是關鍵性的政治策略（Best and Kellner,
1991:50-1）。為了完成這項任務，主體必須「被剝除它的創
造性角色，並當做一種複雜多變的論述作用（function of
discourse）來分析」（Foucault,1977:138）。看來，傅柯似在
宣告：他為現代主體的死亡已經立下了墓誌銘。

五、女性主義的批判性理論

　　女性主義（feminism，或譯為女權主義）由於其派別眾多
[7]，對於自我的看法因而亦極為紛歧，她們對後結構主義的幾

---

[7] 依董恩（Rosenmarie Tong）在《女性主義思潮——一個綜合性的引介》
（*Feminist Thought: A Comprehensive Introduction*）一書中的分類，女
性主義的派別包括：自由主義女性主義、馬克思主義女性主義、激進

位代表人物諸如德希達、傅柯等人的思想或承襲或批判，惟不論如何，其對「自我與認同」之主張與強調都責無旁貸，可以說它是所有女性主義思想的核心。正因為女性主義派別眾多，代表人物（Julia Kristeva, Luce Irigaray, Andrea Dworkin, Kate Millett, Michele Barrett, Mary Daly……）各立山頭，只有當紅人物，沒有「當令人物」，在此，不特別以某人或某些人的理論為代表來說明。

從表面看來，女性主義對後現代似乎表現出欲拒還迎的曖昧姿態，對一些女性主義者如羅菲邦（Sabina Lovibond）來說，現代啟蒙運動對於人的價值的肯定應該繼續予以發揚光大，現代化所開啟的有關人的解放、人的理性、平等等思想不應捨棄，像尼采及其後的後現代理論的同道，之所以淪為非理性主義的俘虜，主要原因在他們對現代主義的社會運動——尤其是邁向性別平等的運動，感到嫌惡（Lovibond, 1989:19; Best and Kellner, 1991:209）。後現代主義諸君（如上

女性主義、精神分析女性主義、社會主義女性主義、存在主義女性主義，以及後現代主義女性主義共七種（Tong,1989）。國內由顧燕翎主編，而由林芳玫等九人合寫的《女性主義理論與流派》一書，則將女性主義劃分為：自由主義女性主義、烏托邦社會主義／馬克思主義女性主義、存在主義女性主義、激（基）進女性主義、精神分析女性主義、社會主義女性主義、後殖民女性主義、生態女性主義及女同志理論等九種（顧燕翎，1996）。這些不同的流派對現代（與後現代）自我及其認同的觀點與態度不盡相同，然而誠如顧燕翎在該書〈導言〉中所說：「各流派女性主義在歷史淵源、分析方法和主張上固然有基本差異，但……其目的都在批判、改造父權文化」（同上註，VIII）。

所述）對於現代主體的抨擊不遺餘力，主體不是分裂、空缺，就是要被取消，但婦女亟需的是自我主體的建立，捨此何來認同？女性的自我，不是欲蓋彌彰，俯仰由人，而是要頂天立地，不愧不怍。貝特絲比（Christine Battersby）即言：「後現代主義宣布作者（主體）已死，但作者必須曾經活過，才能死去。女性作者（主體）才剛剛孕育，當下即予以否定，則不僅不能顛覆陽具中心霸權，更會把剛開腔的女性聲音給壓了下來。」（Battersby, 1989:207）

　　主體，對後現代思想家來說—— 包括上述諸家的理論，似乎是男性特享的權利，對女性來講，主體本就不存在，那麼「女性（主義）如何能去解構一個根本未曾存在過的（女性）主體」呢？（Wolfe and Penelope, 1993:2）在此，連德希達、傅柯這兩位「後現代大師」也未能倖免於被女性主義開刀。費芙德（Margaret Whitford）即坦言，像德希達的「解構論（deconstruction）……根本不關心女性。它關心的是：既然（男性）主體的位置建基於虛幻的統一身分之上，（他們）如何能繼續說話？……『身分』或許虛幻，但現實上男性仍然說話，霸佔了女性的位置，（甚至自稱）爲女性說話。」（Whitford, 1991:137）至於傅柯，他也從沒考察主體的性別成分，他研究了「性」（sexuality），卻忘了「性別」（gender）（周華山，1995:173），所以他所說的主體也只是個「二分之一的主體」——這叫女性如何去認同那不是她自己的另一半

的主體？

　　基本上，女性主義者承認男女有別——這就是所謂的「差異理論」（difference theories），女性和男性無論是在人格或技能上都是有差異的，這些差異是因爲內在天生如此，或是來自嬰兒時期一開始的社會化的作用，都有她／他們不能改變的認同對象，女性和男性有其不同的認同標準，她或他的自我價值感（sense of self-worth）基本上係視其是否能使自己去適應或符合那些性別關聯（gender-related）的準則而定，所以女性的自我價值感的實現不是去模仿男性或是採行男性的目標和技能。關於差異理論的主張，由於著重點的強調有別，又可分爲生物決定論派（biological determinist school）和社會派（social school）[8]。

　　生物決定論派認爲，男性的特徵及其自我感天生就不同於女性，男性荷爾蒙使男人較女人更具侵略性，而女性則由於具再生的生物性能力，不僅擁有令男性嫉羨的子宮，而且在與他人的關係裡更富教養及愛心。男性擁有支配女性的動機，他的人格技能也具有這樣的能力；反之，女性則具有更多和小孩而非男性，以及女性彼此相關的動機。戴蕾（Mary

---

[8] 生物決定論派的代表人物有戴蕾（Mary Daly）、歐柏蕊恩（Mary O'Brien）、何麗黛（Laurel Holliday）等人；社會派的健將則有蕭德蘿（Nancy Chodorow）、戴娜絲坦（Dorothy Dinnerstein）、紀麗岡（Carol Gilligan）及魯蒂克（Sara Ruddick）諸人（Ferguson,1993:105-6）。

Daly）即強調，女性主義者應採取分離主義的解決辦法（a separatist solution），將她們視爲是從女性分離出來的一個種屬（Daly, 1984），她們應藉由像朋友和愛人那樣建立彼此的關係，來學習尊重自己本真的自我，爲其他更自由生活的女性，提供一個更和女性中心價值同調的範本，摒棄並因而挑戰支配性的父權文化（Ferguson, 1993:105）。

社會派則主張男女兩性人格上的差異，雖然難以改變，而且也是個人認同的中心，但並非是由於生物學的原因而來；相反地，它們是經由性的勞力的分工而被社會地建構的，尤其是在父職與母職身上。性別的區分讓女性比男性更具愛心和「關係性的自我感」，男性則更具敵對性與自主性，因而也更富競爭及自利性的自我感。魯蒂克（Sara Ruddick）因此提出「不同的道德之聲」（a different moral voice）的主張，認爲母職（mothering ）爲女性創造一種母性的思想，讓她以生命的保存、成長及照顧孩子爲價值的優先，並因而發展出更具關懷傾向的倫理觀，較男性更關切和平與具體生命的維護。男性則經由其性別認同，訓練出抽象的技能，以便在競爭性的男性團體及職涯中不落人後，他們傾向於一種「合理化戰爭、武裝種族及其他生命的－及種性的－冒險活動（life-and species-endangering activities）」的軍事性思想（ibid., 106-7）。

人既然有男性和女性之分，對於自我及其認同的訴求就

不能再採取普全主義及本質主義的立場，後現代反普全主義
及本質主義，並強調多元性、差異性及他者性（otherness），
這些主張和女性主義基本上並不衝突，尤其女性在父權文化
下變成男性的他者，這正是後現代必須正視的也因而可以批
判的地方。至少女性主義爲後現代理論提醒了一點：自我不
只是那個男性而已，還有另一個女性的自我，認同因而亦有
性別之分。如果我們再進一步推到同志理論的話，那麼這自
我的形象將更爲分裂，因爲性別之分更爲模糊之故，當然，
自我的認同也因而變得更爲複雜。

第三節　後現代自我及認同的特徵

　　性別的模糊與錯亂，在當今看來已不是新鮮事了。在一
本名爲《性》（Sex, 1992）的寫真攝影集中，你可以看到一位
當紅的搖滾女星藉由擠防曬膏和噴水金魚的諧擬方式，模仿
男性射精和小便；在片名《流行時尚》（Vogue）的ＭＴＶ中，
看到她盜版好萊塢多位知名女星的服飾、裝扮和姿勢，並唸
出一連串她們的名子：嘉寶（Gketa Garbo）、哈露（Jean
Harlowe）、黛德區（Marlene Dietnich）、夢露（Marilyn
Monroe）。她有時是男性的麥可·傑克森（Michael Jackon），
有時是已逝的一代尤物瑪麗蓮夢露，有時更是不男不女的陰
陽人。

一、百變瑪丹娜

不管你接不接受、欣不欣賞，這位女星就是——赫赫有名的瑪丹娜（Ciccone Madonna）。瑪丹娜在表演生涯及演出內容上的「變男變女變變變」的萬種風情，除了掀起成千上萬「瑪丹娜迷」（wanna-be）的崇拜熱潮外，其驚世駭俗之表演更成爲學術界（尤其是文化研究與性別研究）熱烈討論的課題[9]，造成所謂的「瑪丹娜現象」（Modonna phenomenon）。

依據華德的分析，瑪丹娜的表演生涯粗略可分爲三個階段。第一個階段爲 1978 至 1986 年，剛出道的她給人的印象是：判逆的、騷首弄姿的、公然賣弄性感的；滿身東拼西湊的混合衣飾和打扮：黑色蕾絲、黑色長統靴、短裙、鏈條、鈕扣、皮帶、短襪、半統襪、蝴蝶花結、假珍珠、十字架等等，讓人感覺她是十幾歲少女，既廉價又容易被年輕女性模仿。第二個階段從 1986 到 1989 年，這時的她則予人一種遒勁有力的形象，在ＭＴＶ中，我們可以看到她故意混合男性和女性的服裝符碼及肢體語言，迥然不同於第一階段。到了

---

[9] 國內性別研究者張小虹在《性別越界》一書中即指出，以美國為例，哈佛大學、普林斯頓大學、加州大學洛杉磯分校等，都有瑪丹娜的研究專題或相關課程，以瑪丹娜為研究對象之學術論文更多如過江之鯽，不僅有豐富多樣以影像文本（text）為主的政治與文化社會分析，更有配合著各種音樂形式之探討及閱聽人研究。張小虹舉了不少有關的研究書目，在此不一一列舉，可參閱該書（張小虹，1995:42;57-61）。

第三階段,即從 1990 年迄今,她的造型顯然又有了不同的轉變。就像在《為愛辯護》(*Justify My Love*)MTV 中你所看到的虐待及被虐待狂的性變態、同性戀幻象及雙性戀情節,她越來越將性及性別玩弄於股掌之中,節目中性的內容一直在增加,搭檔的演出者不時出現高潮狂歡及自慰取樂的畫面(Ward, 1997:118-9),奇裝異服、古怪配備,令人匪夷所思——難怪會贏得「百變瑪丹娜」的封號。

百變瑪丹娜這種錯亂的後現代性別表演,不僅踟躕於性別禁區之間,同時亦遊走於種族、階級、年齡及性傾向諸多的戒律之間(張小虹,1995:52-3),當中所提供的已非單一的意義,她的這些諸多不同的形象,隨時變換身分,也讓人跟著改變他的自我認同,華德即下結論道:

> 瑪丹娜她那掠奪性及性別的再現(representation)傳統以及因此顯示出這些傳統(或規約)只是人為的社會構造物的才華,令人激賞。換言之,她將性及性別「反自然化」,並且鼓勵我們用任何我們可以遊樂的方式,和這些構造物玩在一起。瑪丹娜透露的訊息是,當今文化所提供的角色的變異性,容許認同(或身分)變成如你所願的多樣和具玩樂性。瑪丹娜的所有動作將有關認同政治的問題推到一個更為廣泛的公共場域,這種方式很難由前衛藝術或高蹈派理論所完成。(Ward, 1997:120)

二、多元與分裂的認同

　　「百變瑪丹娜」這樣一個後現代的文化現象，對於認同問題究竟有何啓示？如同史華茲曼德爾所指出的，伴隨著後現代政治出現的多元性觀點，使得如今只強調一種單一的認同的理論，已難以再適用於充滿著差異及多樣性認同來源的後現代社會（Schwarzmantel, 1998:173）。就以階級爲例，在後現代社會中已不再只被劃分爲資產與無產這樣簡單的二分群體，如上章所述，後福特主義已把他們分化爲許多不同的社會階層，因而也就有多種不同的生活形態，他們並集結在特定的地理社群內，各自擁有自己不同的符碼，當然也就有各自不同的認同。

　　階級如此，其他如性別（男性、女性）、性傾向（異性戀、同性戀、雙性戀）、族群（福佬、客家、原住民）、種族（漢族、朝鮮族、蒙古族……）、年齡（銀髮族、中壯年、青少年……）、地區（江南、東北、黃河流域、黃土高原……）等等，存在太多認同（身分）的可能性與選擇性，況且這些不同的認同領域或範疇，彼此之間又可能交疊，或協和或衝突，或互補或互斥，這個「認同萬花筒」確實令人眼花撩亂。弔詭的是，這正是後現代的魅力所在，「變男變女變變變」的瑪丹娜，便讓很多人「驚艷」！布拉德萊於是認爲：

後現代主義主張認同已變得頗具自由漂流性（free-floating），它已經從過去被認為是在限制它的社會結構的基礎中脫離；我們現在更有能力去揀選各種不同的我們想變成「我」的那些「被提供出來的你（多數）」（"yous on offer"）。（Bradley, 1996:23）

布拉德萊在《破碎的認同──變遷中的不平等模式》（*Fractured Identities: Changing Patterns of Inequality*）一書中特別指出，在二十世紀末可以看到的更大程度的「認同的繁殖」（proliferation of identities），是一種後現代認同的分裂（上舉瑪丹娜即為典型的例子），而認同的分裂則源於社會本身的分裂，蓋因「我們來自以及我們的生命也活得像是『一團矛盾的碎片』（a mass of contradictory fragments）」（*ibid.*）。

這裡，後現代的認同包含了兩個概念（也即其特性），一是史華茲曼德爾的「多元的認同」（plural identity）或「多元主義的認同」（pluralistic identity）；一是布拉德萊的「分裂的認同」或「碎片的認同」（fragmental identity）。這兩個概念是互補的，即認同之所以是分裂的，往往是因為認同的多元化之故；反之，由於存在多元性的認同，認同往往不再統合，因而出現分裂。就個人而言，多元性認同與分裂性認同是一體的兩面，我們可以在瑪丹娜身上看到這種情況，百變瑪丹娜（多元的認同和身分）讓我們無法以單一的、統合

的眼光看她：她是聖女？是妖精？是鄰家女孩？是阻街女郎？是良家婦女？是浪蕩淫婦？或許這些都是答案，或許全都不是。

三、建構主義的認同

再順著「百變瑪丹娜」的認同問題追問，多元的和分裂的認同何以致之？如上所述，布拉德萊說是來自分裂的社會（也是多元化社會，見本章第一節）。人的自我和認同如同第一章所言，具有與他人（或群體）互動的關係性，這就脫離不了特定的社會脈絡（social context），瑪丹娜驚世駭俗的表演方式，即無法抽離出特定的歷史與社會脈絡來看──性倒錯的畫面（Sex, 1992）也只能在九〇年代以後出現。後現代的認同本身脫離不了它的社會性，所以社會分裂，認同也才跟著分裂，華德即言：「開展後現代認同的故事有很多面，但是假如當中有個中心主題的話，那麼它就是──自我基本上是社會的（the self is fundamentally social）。」（Ward, 1997:105）

華德指出，自我或認同是社會構造物的主張，基本上有下述兩個觀點（ibid., 124）：

(1)取代「由出生所奠定的一種特定的本質」的是，透過植基於一連串社會因素的行為，我們變成了「我們是

誰」。我們是由社會建構的,而且最終也由它決定。

(2)我們或多或少可爲我們自己自由地組織我們的認同;
關於如何呈現(或再現)我們自己,我們可以有某種
程度的選擇。

這兩個建構主義(constructionism)的觀點,彼此有相當
程度的緊張性,因而使得有關後現代自我的主張往往以哲學
論爭的方式重複了「自由意志對決定論」(free will versus
determinism)長期以來的對立。華德認爲我們大可不必去蹚
這灘混水;我們堅持的觀點應是:個人認同的形成,係來自
於這兩個對立觀點的張力(tension)中,在我們進入不同的(社
會)情境時,這種張力或緊張性本身可以用不同的方式表現
出來;因此,華德認爲:

> 真正的後現代的研究取徑,必定拒絕任何一種對於單
> 一、統合及普全的自我理論的嘗試,而且取而代之的是,
> 要看看依據我們變遷中的社會情況,有關自我建構的決
> 定論及自由論的觀點,如何彼此互動及相互影響。(ibid.)

顯然華德在此採取的是一個折衷主義的建構論立場;然
而無論是不是折衷主義,後現代理論總是視認同爲一個社會
的構造物,如凱爾涅即言:〔後現代〕認同是來自於可得到
的社會角色及物質的一種建構與創造」(Kellner, 1992:143);

狄勒亦謂：「認同是在社會環境中形成的，或者更確切地說，是在多元的社會環境中形成的……對後現代主義者來說，甚至個人的慾望與意願都較少是個人自主性的商標，更多的倒是社會環境的建構」（Thiele, 1997:84）。

後現代認同為何由社會建構而成？理由很簡單，因為如果不是由社會所建構，它就可以變成一個不受外在環境影響的獨立、自主（因而也會是統合甚至是理性）的自我——這就是現代性的自我，也是本質主義的認同。因此，後現代的認同既由社會建構，那麼它的另一特徵也是反本質主義的。

四、反本質主義的認同

誠然，「人的認同（身分）不僅不是與生俱來和固定不變的，而且是被建構的，有時甚至就是被製造出來的」——但是這樣的觀點，後殖民主義（postcolonialism）理論家薩伊德（Edward W. Said）卻指出，竟為大多數人所拒絕（Said, 1994:332）；而它之所以被大多數人所排斥，是因為他們恐懼這樣的命題：「人類現實處於不斷的建構和解構之中，一切貌似穩定的本質的東西，都會持續地受到威脅。」（ibid., 333）。正因為此故，薩氏在他的成名代表著《東方主義》（Orientalism）一九九四年版增補的跋文中，語重心長也不無慨嘆意味地指出，本來旨在反本質主義的本書，卻被那些執迷於「恆定本質」的愛國主義者、民族主義者及沙文主義者

所誤解，尤其被伊斯蘭（回教）的民族主義者用來建構另一種新的本質主義，以為「東方主義」是在為伊斯蘭做辯護的，結果《東方主義》變成了反殖民主義批判的標竿[10]（ibid., 331）。

　　薩伊德在跋文中特別強調，他在該書中所說的「像『東方』與『西方』這樣的詞彙沒有與其相對應的做為自然事實而存在的穩定本質；況且，所有這類地域的劃分都是經驗和想像的奇怪混合物。」（ibid.）因此，不論是就東方人或西方人而言，「東方」和「西方」只是一種經驗與想像的混合物，它們也是被社會脈絡建構的產物，但此一建構物並沒有穩定的本質，這正是後現代的認同的主張——雖然薩氏認為後現代主義本身不無隱藏有歐洲中心論的味道（這也是它和後殖民主義在交疊之外差距的所在）（ibid., 349）。

　　政治學者艾斯萊（Richard Ashley）認為，後現代的主體（或自我）實際上是在一個特殊歷史背景裡語言或政治活動的「隨機效果」（contingent effects）（Ashley, 1988:94）。自

---

[10] 薩伊德在此抱怨地聲明：「對本書作者而言〔筆者按：指他本人〕，書中的觀點顯然是反本質主義的，對諸如東方和西方這類型化概括，是持強烈的懷疑態度的，並且煞費苦心地避免對東方和伊斯蘭進行『辯護』，或者乾脆就將這類問題擱置不予討論。然而，《東方主義》事實上在阿拉伯世界是做為對伊斯蘭與阿拉伯的系統性辯護而被閱讀或討論的，即便我在書中明確地說過我沒有興趣，更沒有能力，去揭示真正的東方和伊斯蘭究竟是什麼。」（Said, 1994:331）

我的認同既是一種「隨機效果」，這當中就不存在有所謂的「真正本質」（true nature），就像我們很難去指認哪一個「分身」才是瑪丹娜的「本尊」。換言之，在建構性的後現代認同中，我們找不到真正的本尊，本尊只是一個神話或迷思；而薩伊德想要解構本尊的《東方主義》，竟始料未及的被伊斯蘭民族主義分子建構成另一尊本尊。

　　與建構主義相對的本質主義的認同，視自我的本質為其內在的固有本性，德希達認為此係基於西方長期以來形上學中的「顯在」觀念（見前一節），自我的認同於是在二元對立的關係中，如神／人、男／女、白人／黑人……將前者視為本質、基礎，後者則是衍生、扈從，真正的認同自然指向前者（神；男；白人……）。德希達提出的解構（deconstruction）方法就是要破除這種二元對立的本質觀。女性主義者尤其對以男性為認同本質的看法更是期期以為不可，《聖經》〈創世紀〉篇關於「伊甸園」一節的記載，表明了做為本質的男人是衍生性的女人之所從出者：

　　　　於是，上帝使那人沉睡。他睡著的時候，上帝拿下他一根肋骨，然後再把肉合起來。上帝用那根肋骨造了一個女人，把她帶到那人面前。那人說：

　　　　我終於看到我的同類，

　　　　是我骨裡的骨，肉中的肉。

> 我要叫她做「女人」，
>
> 因為她從男人出來。

後現代理論同女性主義一樣，無法接受這種以男人為中心的本質主義的認同。當然，反過來如果主張女性亦具本質之自我，這如同薩伊德《東方主義》的例子一樣，變成「打著紅旗反紅旗」，又樹立了另一種本尊。

相對於現代性的自我，湯普遜指出後現代認同的自我亦可總結出如下幾點特徵（Thompson,1998:148）：

(1)異質的（heterogeneous）或分裂的（fragmented）──由各種不同的價值、身分和信念所湊合而成。

(2)分散的（dispersed）或去中心的（decentred）──由各種內在區分，諸如意識與潛意識之間的區分，形成其特徵。

(3)肉體的（somatic）──無法從身體及其需求與慾望中分離。

(4)創造性的（creative）──雖然缺乏現代主義的自主性權力，卻可以不為現代性主體所知的方式被發明出來。

(5)不定的（unstable）──總是在變遷之中；儘管不是自我涵納（self-contained）的個體，但是最終這個組成的湊合物，仍意味著它至少也具有底下(6)這個特性。

(6)特異性的（idiosyncratic）──自我是與眾不同的。

　　這樣的後現代自我，予人的形象，套用尼采的話說是酒神戴奧尼索斯式的自我（Dionysian self），強調身體、性與慾望；強調遊戲及差異，帶有美學、浪漫、自戀、虛無、非理性及精神分裂（schizoid）的色彩。底下一章我們將進一步探討這樣的後現代自我及認同，到底有哪些較主要的類型？它們又具有何種政治意涵？

第四章
後現代認同的類型

　　如同狄勒所言，對後現代理論家來說，關鍵性的政治問題，是和認同的形成和爭論有關的（Thiele, 1997:75）；而有關後現代的認同到底顯現出哪些樣式（modes），以及其本身又具有何種政治意義，在此有必要進一步予以討論。簡言之，這個底下將要進一步討論的課題，即是有關「後現代認同的類型」的問題。

　　一般而言，談論認同問題，最常環繞在認同者與被認同者的關係上，尤其以認同者的身分屬性做為談論的依據，如談階級認同、性別認同、族裔認同、民族認同、宗教（教派、教徒）認同……這種以身分屬性為主的談論基礎，構成了一種認同的分類標準，也是最常見的分類方式。惟如以此種劃分標準來討論後現代認同類型的問題，較難凸顯後現代性的特色。

　　本章擬從認同的形式（the form of identification），亦即

其所展現出來的樣式，來區分後現代認同的類型。分類的方式可以是無窮盡的，不同的分類標準就會有不同的類型與結果，雖然其中亦不乏交疊的成分。本書無意去做分類學（類型學）的探究，更無意去窮盡各個類型的分析。本章底下分就四節探討四種主要的後現代認同，即消費的認同（comsumptive identity）、虛擬的認同（virtual identity）、飄零的認同（identity of diaspora）[1]以及後殖民的認同（postcolonial identity），同時亦檢視其在政治上的意義。

第一節　消費的認同

在第二章的後面我們曾提到，在英國雪菲耳這樣的地方，原來的煤礦工地，三十年後搖身一變為上面蓋著新式購物中心的地方，身為觀光客的老礦工舊地重遊，一旦走進那美侖美奐的大型超市（supermarket）中，他還要再度面臨身分

---

[1] diaspora 一字，國內學界有譯為「離散」者。茲援唐君毅在〈中華民族之花果飄零〉一文之說，譯為「飄零」。唐氏該文指稱，自中共統治中國大陸後，很多中國人（僑胞）「流亡」海外，被迫或自願改變國籍者所在多有，「如一直下去，到四五十年之後，至少將使我們之所謂華僑社會，全部解體，中國僑民之一名，亦將不復存在。此風勢之存在於當今，則表示整個中國社會政治、中國文化與中國人之人心，已失去一凝攝自固的力量，如一圍中大樹之崩倒，而花果飄零，遂隨風吹散……此不能不說是華夏子孫之大悲劇」（唐君毅，1978:2）。

的改變，也即他此刻不僅是觀光客，而且更是一位消費者（雖然觀光客在某種程度上同時也是消費者），唯一不再有的身分是——他曾經是一位生產者。

　　當他走進購物中心之後，發現世界真的改觀了，他可以買到各式各樣來自世界不同角落的物品，這些琳瑯滿目的東西，有些兩天前才在世界的另一端剛剛長成；非但如此，當他購完物開車離開超市之後，幾乎可以在任何一條高速道路上找到外帶的速食店，提供歐陸式的各種餐點。這個情形——在一個定點可以同時買到迅速來自各國的產品（或者產品的作法和處理方式）——也就是上一章所說的「全球化的現象」，它讓我們以一種新的方式去體驗這個全球化的世界，如與二十世紀中葉那時相較，顯然我們所能感受的時間和物理空間，一下子被壓縮了，簡言之，即「距離感的消失」。

　　如果再把如上所述後福特主義的生產形式考慮進去的話，那麼生活在這個五光十色的時代裡，充斥著形形色色、各式各樣的消費產品，令人眩惑的同時，勢必也要面臨做種種不同的選擇，而每一種選擇都是一種認同。由於各類商品的生產無窮無盡，所以個人的選擇幾乎沒有盡頭，新的選擇經常且隨時取代舊的認同。就後現代理論家來看，我們的認同可以說是來自於我們所選擇的消費，蓋因我們的經驗現在植基於消費的過程要大於生產的過程（Watson, 1997:54-5）。

　　誠如華森所言，現在老人家和小伙子都一樣經由一種有

意的和選擇性的消費過程,諸如服裝、髮型、身體裝飾等等,來表達自己的認同(身分),個人目前已變成持續變遷中的消費化過程裡的一個聚焦點,在此,消費所呈現出來的個人的形象,已凌駕消費本身所產生的效用(*ibid.*, 56)。有鑑於此,華德於是語重心長地指出:

> 我們如何被瞭解,部分係依賴於我們如何展現自己。我們穿什麼服裝、如何打理自己的頭髮、做出什麼樣的姿勢,所有這些都讓我們顯現出「某些類型的人」。不管我們穿什麼衣服,它都賦予我們一種特定的認同〔身分〕而排除其他認同〔身分〕,也因此我們不會將自己限定在任何一種公共的認同〔身分〕之上,我們可以有很多的身分隨意處置;我們可以沉緬於我們那種藉由多種舉止來「說話」的能力。(Ward, 1997:122-3)

個人在形塑其自我的認同時,關切的還不只是那些身體的舉止及其裝扮〔(dis)guises〕而已,在後現代主義者看來,他們更關心自己的身體,身體被更嚴肅地對待,它本身也成了認同建構的重要焦點。名牌服裝設計(師),如亞曼尼(Giorgio Armani)、迪奧(Christian Dior)、香奈兒(Gabrielle Chanel)、山本耀司(Yohji Yamamoto)、川久保玲(Comme des Gargons)、凡賽斯(Gianni Versace)(已被暗殺身亡)……透過大量的電視、時裝雜誌等媒體廣告,為改變我們的身體

的外貌及其結構（如魔術胸罩、束腰束褲的出現，可以調整女性的身材結構）提供了很多機會。不僅如此，連身體本身都可被修改：鼻子可以整形；眼袋可以去除；單眼皮可以割成雙眼皮；平胸可以隆乳；肥肉可以去脂；耳根、鼻端、乳頭、陰唇都可以穿洞戴鏈；身上任何部位也都可以刺青──身體本身簡直成了消費者的商品，而且男女老少不分軒輊。華森甚至還指出，身體本身被安裝成商品及勞務（products and services）的對象，並變成人們「夢的工廠」，其典型代表要屬保健及塑身（body-building）風的流行，莫此為甚（Watson, 1997:56）。

　　在德勒茲及瓜塔里看來，人的身體此時就像一架慾望的機器（a desiring machine），裡面潛藏無數的慾望之流，以一種不連續流變與「斷流」（break-flows）而運行，總是與其訴求的客體或對象（如服飾）以及其他的慾望機器產生關聯，它是一種自由流動的自然的或物理的能量（a free-flowing physical energy），可和外在的物質和部分客體建立隨機的、片斷的和多樣的關係。慾望沒有適切的、固有的對象；相對地，當然它也不存在一個發聲的主體（an enunciating subject）（Best and Kellner, 1991:87; Deleuze and Guattari, 1983）。瓜塔里即認為，慾望這種潛意識之流「並不以人的主體性為中心，它從極為不同的社會與物質之流參與了符號的播散」（Guattari, 1979:46）。

　　人內在的慾望之流迫使他在與外界的物質或客體（如服飾，進而是穿著與打扮）建立連結關係時，試圖為自己建構某種代表或象徵身分的符號，無論是穿金戴銀或是奇裝異服，都是慾望藉由身體並穿越身體的一種符號的展示，而以此來建構各人不同的認同。只是慾望之流不斷，人的自我及認同也因此難有淀泊之所；難覓棲身之所的自我，遂汲汲於日常生活的消費中去營求短暫的認同，如前所述，認同則無關乎物品與勞務的效用，個人所在乎的只是因此而營造出來的形象。然而，這種形象只是一種「表面功夫」，它欠缺的是實質的內容，於是後現代「形式重於內容」的自我與認同，成了它典型的標記，這一點也是它授人話柄的地方。

　　如果只是「形式重於內容」還不打緊，更為嚴重的是，形式甚至取代了內容本身，換言之，形式即等於內容。後現代理論另一位代表人物布希亞提出的「擬象」（simulacra）說，在此有更好的說明。擬象有四個階段的發展：首先一開始，做為一種意符或形象（image），它反映了基本的真實；到了第二階段，它繼而隱蔽與脫離了基本的真實；歷經第三階段，它卻掩蓋基本真實的空缺；到了最終階段，它更進入純粹的擬象領域內，而和任何真實無關（Baudrillard, 1988:170），亦即此時意符或形象成了擬象，並由擬象取代了真實本身。以此觀之，我們消費的不是真實本身，而是符號或擬象，也因此自我所認同的並非真實的自我，只是後現代的個人已分不

清認同的本質，究竟誰是真實的自我？誰是擬象的自我？

　　名導演勞勃‧阿特曼（Robert Altman）拍了一部諷刺巴黎時裝界的電影《雲裳風暴》（*Pret-A-Porter*, 1994），片中最為高潮也最為嘲弄的一幕是：個個身材曼妙的模特兒，赤身裸體的登場——不穿衣服竟然是時裝設計的「最高境界」。這是一幅「活色生香」的後現代風情畫，儘管不經任何衣物的修飾裝妝，原先最為樸實無華的身體，脫去衣物的外殼，從「幕」後走向台前，本身仍然在資本主義運作的邏輯下，被操弄為慾望的符號。「模特兒的新衣」雖然被觀眾的視線穿透，但是這一具具伸展台上的慾望機器，仍是一個個走動的擬象。觀眾（包括伸展台前與銀幕前）所看到的不是「真實」（the real），而是布希亞所謂的「超真實」（the hyperreal），而且超真實更取代了真實本身（Baudrillard, 1981）。

　　在超真實的後現代社會裡，自我的認同必須從消費中去獲得實現，如此一來現代時期的名言，不論是「我思故我在」或「我在故我思」，誠如華森所說，在後現代世界中都要改成「我買故我在」（ "I shop therefore I am." ）。問題在「我買故我在」到底具有何種政治意義？顯然如前所述，此時所謂的「權力」是指一個人具有自由選擇如何表達或呈現自己的那種消費的能力，換言之，如果一個人不具購買能力，那麼他或她便會被剔除在社會認同的基礎之外，華森遂言：「這是特別重要的——在舊的福利國家原則遭到消費主義新價值

的挑戰之際。在這個新世界，退休金、醫療照料、社會支持
等責任從國家（政府）的肩上轉移到個人身上」（Watson,
1997:63）。

樂觀的看法便認為，這會讓社會更民主，因為在消費主
義的衝擊之下，老舊的階級柵欄和菁英文化的要塞都崩解
了，它帶給我們更多的十足的社會參與的機會；悲觀的看法
則相信，這將導致毫無原則地過分強調個人及個人自我的滿
足，卻犧牲了我們對他人所應負的責任（ibid.）。更確切地說，
不具消費能力或消費能力不足的弱者，將被排除在積極的社
會參與之外。當個人的自由變成消費者的自由時，福利國家
原則並無法解決其所導致的「自由不均」的問題，而「自由
不均」也會演變成不平等的問題。因之，自我認同的選擇對
每一個人而言，也因消費權力的不平等而具有不同的政治意
義。

第二節　虛擬的認同

嚴格說來，布希亞的擬象本身即頗具「虛擬的」味道；
但什麼是「虛擬的」（virtual）？字典上的解釋包含兩種自相
矛盾的涵義，一是指「實際的」、「專實的」，另一是指「虛
偽的」、「做假的」。如果把這兩種意思合在一起來看，其
實也就是「把假當真」（反過來也有「把真當假」）之意，

一言以蔽之，即「假亦真來真亦假」，真真假假，假假真真，真實的底蘊已很難掌握了。擬象本身不也是如此嗎？阿特曼的《雲裳風暴》中最後出場的不穿衣服的模特兒本身不也是一種擬象嗎？她們個個雖然不穿衣服，但現場卻是以「服裝秀」的概念來展出的，儘管這有點弔詭，原因在她們每一個人身上都穿了一件「虛擬」的「新衣」。

　　不過，這樣子的「虛擬」，其實仍具「真實感」，後工業社會（postindustrial society）裡一日千里的高科技發展，尤其在二十世紀末葉電腦被廣泛地運用於人類事務之上，開始迅速地改變人的認知與溝通方式，特別是網際網路的出現，在九〇年代宛如烈火燎原，無遠弗屆。這個一開始就被定位為「資訊高速公路」的網際網路，不只在經濟上重新改造生產、分配、銷售及消費的方式，更為我們製造了一個所謂「操控式空間」（cyberspace），而操控式空間則為我們提供了一種「虛擬的真實」（virtual reality）。令人好奇的是，生活在操控式空間中的自我究竟如何去尋求他的認同呢？

　　在網際網路這個虛擬的世界裡，決定個人身分的通常是網路使用者可以自行選擇與設定的使用者辨識名稱，也就是所謂的「ID」，使用者一旦進入網路世界後，界定他身分的便是其所選擇的 ID[2]。值得注意的是，在現有的網際網路架構

---

[2] 網路使用者在正式進入網際網路的世界前，必須先向提供網路使用服

下，網路使用者可視情況之必要與否，選擇同時使用多個 ID，
或者在各種理由的考慮下，決定不願再使用某一特定的 ID
時，選擇拋棄該 ID，甚至拋棄該網路帳號本身，以另外的帳
號與 ID 重新出現在網路世界裡。於是，網路使用者可以遂其
所願地透過各種方式創造不同的網路身分 ID，而這無異於賦
予他更多建構自我認同以界定「我究竟是誰」的機會。當人
們透過這些 ID 進入各種網路社群經營網路的社會生活時，也
幾乎等於讓他自己能夠以更具個人自主性的方式，選擇人我
之間的距離遠近應該如何，以及塑造何種類型的社會認同。
換言之，網路科技時代賦予我們的，是藉由 ID 的轉換，在虛
擬的網路世界裡扮演我們過去在現實世界中無從扮演的角
色，以及體驗過去無從體驗的社會生活經驗（劉靜怡，
1999:19）。

因此，如果我們願意，我們可以透過各種角色的扮演，
在網路虛擬的世界裡，尋求各式各樣的認同，尤其在網路上
虛擬的社群遊戲中，我們可以嘗試各種不同的「認同實驗」；
然而誠如特克底下這段質問的話，在遊戲之餘，我們也不得
不注意「玩物喪志」的問題：

務的機關或者 ISP 註冊，註冊時多少要提供他或她在現實世界所獲得
或累積的個人基本資料，例如姓名、身分證字號、信用卡號或個人
連絡方式等等，以取得其使用帳號的權利。

對於後現代生活中特有的自我建構與再建構，網際網路已成為一座重要的社會實驗室。我們透過網路的虛擬實境可以進行自我塑造與自我創造。我們造出什麼樣的面貌？這些面貌與我們傳統上認為是「全」人的面貌有何關聯？它們呈現的是自我的延伸，還是與原有的自我分離？我們的真實自我會不會從我們虛擬的面貌中記取教訓？這些虛擬的面貌是否為一致而真實人格的片段？它們彼此之間如何溝通？我們為什麼這樣做？這是不是一種淺薄的遊戲，一種極度浪費時間的遊戲？（Turkle, 1998:245）

在網路上有一種比角色扮演遊戲（RPG）更具真實感與社會性的虛擬社群遊戲，被戲稱為「泥巴」（MUDs）[3]。「泥

---

[3] 「泥巴」一詞最先來自七〇年代初一項面對面的角色扮演遊戲「地下城與龍」（Dungeons and Dragons）。在這個遊戲中，一個地牢頭目創造了一個世界，人們可以在這個世界中選一個虛構面貌玩一些複雜的冒險遊戲，由於裡面充滿了迷宮與怪獸，有待人們去克服與解決。「地下城」這個字眼，在高科技文化中始終代表著一種「虛擬實境」的涵義，於是當電腦上一種虛擬的空間被創造出來，而且可以為許多人共享並於其間運作時，這個虛擬的空間自然而然被稱為「多人地下城」（Multi-User Dungeons），或者簡稱「泥巴」（MUDs），簡言之，亦即一種新的社會虛擬實境。但後來由於越來越多的使用者進入這種空間，而且其中許多人並不知道「地下城與龍」這段故事，於是有些人開始將「泥巴」視為「多使用者領域」（Multi-User Domains）或「多使用者空間」（Multi-User Dimensions）的代稱（Turkle, 1998:246）。

巴」是一種以文字為基礎的社會虛擬實境,它有很多形態,
但是不管什麼形態,在這個空間中你可以想像到什麼就玩什
麼,其重點在於與其他玩家互動,可隨己意創立自己的物件
與角色,譬如在冒險型的「泥巴」中,玩家可以是個精靈、
戰士、妓女,或是政客、醫生、占卜者,甚至同時可做其中
幾種人物;透過所扮演的一個人物或一組人物,玩家可以與
其他玩家(他們也一樣透過人物來呈現)發展關係。在「泥
巴」中,虛擬人物相互遭遇,他們會彼此表態,表達情緒,
會賺進或賠出虛擬金錢,會在社會地位中浮沉。一個虛擬人
物還可以死亡。有些人物因「自然」原因而死(玩家決定把
他們關了),此外虛擬人物也能結束其虛擬生命。這一切都
經由書寫達成,但是這種新書寫的東西除非打印到紙上,否
則整個螢幕的閃動光影很快就會取代原先的螢幕(*ibid.*, 248;
250-1)[4]。

　　誠如特克所言,「泥巴」是網際網路上最適合玩認同遊
戲的地方,玩家可以扮演他所喜歡或排斥的人物,而且絕大
多數都是以匿名的方式進入「泥巴」的世界裡(別人只知道
你為你的角色取的名字),在與他人的互動中又可以隨時變

---

[4] 在「泥巴」中,如同其他電子通訊形式,比如表情符號的圖象表達,
慣例上即取代了肢體姿態與臉部表情:﹕-) 表示一個笑臉,﹕-(則表示
一個不快的臉,顯示這種新的書寫文字係介於傳統書寫與口語交談之
間的一種東西(*ibid.*, 1998:251)。

換自己的角色，使得這種遊戲變成「認同構築的實驗室」，
例如有玩家即認為：

> 你想當什麼人就可以當什麼人。如果你願意，你可以完
> 全重新界定你自己。你可以成為另一性別的人。你可以
> 更加雄辯滔滔。你可以比較不愛講話。無論什麼都行。
> 只要你想像得到的人，你就可以成為那個人。你不必擔
> 心別人會對你有何成見。要改變人們認識你的方式很簡
> 單，因為他們所獲得一切有關你的資料都是你顯現給他
> 們的。他們不會看著你的身體而做出猜測。他們不會聽
> 你說話的口音而做出猜測。他們看到的只有你的字。
> （Turkle, 1998:252-3）

　　正因為玩家可以大膽地、安全地扮演他想要扮演（即成
為誰）的人物，「泥巴」反而有時會讓他感到更接近真實的
自己，特克引述一位二十六歲的公司女職員的話說：「我不
是一個什麼，而是許多什麼。在進入『泥巴』以後，我的許
多部分都能較在真實世界中得到更全面的表達。因此儘管我
在『泥巴』上扮演著不只一個我，但在扮演這些角色時，我
覺得更像『我自己』」（ibid., 253）。

　　「我覺得更像『我自己』」——如果這不是布希亞的擬
象那又是什麼？後現代的自我在此分裂了，身分多重，認同
也多重，而且虛虛實實，真真假假。豈止「泥巴」電玩讓我

們雌雄莫辨，鶴髮垂髫不分？詩人利用電腦檔案寫作，也可以將認同混淆，試看黃智溶這首〈電腦詩〉（共分三節，也即三小首，分稱「檔案一」、「檔案二」、「檔案三」，下舉詩例為「檔案一」）：

檔案一：
NO:&NN&　&AA&　&BB&

這是&AA&（男人）
那是&BB&（女人）
顯然地
&BB&（女人）絕不是&AA&（男人）
&AA&（男人）也不是&BB&（女人）

縱使我們擁有許多許多的&BB&（女人）
我們仍然需要&AA&（男人）
因為⋯⋯⋯⋯⋯⋯⋯
縱使我們擁有許多許多的&AA&（男人）
我們仍然需要&BB&（女人）
因為⋯⋯⋯⋯⋯⋯⋯

可是
當我們失去了&BB&（女人）的時候
我們可以用&AA&（男人）來代替

　　當我們失去了&AA&（男人）的時候

　　我們可以用&BB&（女人）來代替

　　所以

　　&BB&（女人）就是&AA&（男人）

　　&AA&（男人）就是&BB&（女人）

&DATE&

（黃智溶，1988:187-92）

　　上述用電腦「跑」出來的詩，英文代碼（此時並不具任何意義）&AA&可以既等於又不等於&BB&。到了「檔案二」，詩人放置（併列方式）了十一個對立的詞組，分別是：「01，男人，女人，／02，聖女，神女，／03，白日，黑夜，／04，真實，虛假，／05，前進，後退，／06，民主，專制，／07，大陸，小島，／08，金錢，藝術，／09，同志，敵人，／10，上帝，撒旦，／11，劉備，曹操，」，如果將「檔案二」中的任何一組詞組放入「檔案一」的&AA&及&BB&代碼中，意義即立即呈現。詩人在接下來的第三個「合併檔案」中即點選「檔案二」中的 01 詞組（男人／女人）鍵入「檔案一」中，其結果就變成上詩中括號的部分（即以男人代&AA&，女人代&BB&）[5]，也就是：男人既為女人也非女人，而這豈非又

---

[5] 詩例中附以括號表示，係為節省篇幅之故。「合併檔案」（即將「檔

是雌雄莫辨？

　　華德便認為，在電腦（網際網路）這種操控式空間裡，我們可以逃離形體上的自我，隨心所欲地去實驗不同的性別認同：「在這種操控的性的革命（cybersex revolution）裡，提供了我們去扮演內在不同的性認同的可能性。這不只是一種交換的機會而已，我們還獲得了性別的外在」。這對女性主義而言，更具政治意義，蓋在這操控式空間裡，女性可以利用這些電子操控式技術，提供新的方式以擺脫社會（甚至是生物上）對於認同（身分）的限制，從而創造一種界限模糊的自我形象，甚且「以這種方式，可以形成新的政治結盟，而不再受到性別、階級、性傾向、族群或地域的限制」（Ward, 1997:115-6）。

　　後現代這種在操控式空間裡所呈現出來的虛擬的認同，在反本質主義上，恐怕比尼采的酒神戴奧尼索斯來得更徹底，而這有可能間接助長「政治修辭學」的「重返」（當然不是重返自古希臘），政治成了修辭學上的角力，政治人物都紛紛變成政客，而以角色的扮演為其能事。如斯一來，所謂「政治之事」將更流於表面，而後現代政治便變成「表演政治」（performing politics）。

　　案二」併入「檔案一」)即便「跑」出來，也只是把「男人」鍵入「&AA&」，「女人」鍵入「&BB&」，其他文字、標點符號以至於段落均未變。

　　不僅如此，個人的身分及認同若真由電腦的虛擬世界所定位，如前所述，假亦真來真亦假，就像珊卓布拉克（Sandra Bullock）飾演的電影《網路上身》（*The Net*, 1995）中的電腦分析師一樣，由於只靠電腦工作（不須到辦公室上班）與作息（購物、用餐亦賴網路點選、遞送），不曾和人（同事、鄰居、親友）打交道，所有個人身分的資料及誌記全存在電腦檔案裡面，程式檔案一旦被電腦犯罪集團竄改，她的身分也換成了另一位前科累累的女通緝犯，不僅所有的財產一夕之間化爲烏有，還被黑白兩道追殺。此時政治保護的竟然不是真實的電腦分析師，它只能對著電腦上的虛擬身分做確認。真假之間只在一個按鍵上，個人的身分、個人的世界全部改觀；而人與人之間互信的基礎更因此消失殆盡，「共識政治」便難以達成。虛擬認同如果真的成爲事實的話，政治要如何應對確實是一個棘手的問題。

第三節　飄零的認同

　　政治所要面對的後現代認同問題的挑戰，遠不只斯端，讓我們再把視線拉回羅卓瑤的《浮生》的畫面。《浮生》的電影主題，其實是後現代認同的另一個重要類型，亦即飄零的認同，又稱爲「離群散居的認同」。飄零（diaspora）這個字眼，本來描述的是四散分離的猶太族群基於其共有的經驗

在文化及宗教上持續的連結；但現在此詞則被擴大用來指謂那些跨越國境的移民或離居者在文化上（類似於猶太裔）的聯繫或溯源（Gilroy, 1993）。因此，不僅猶太人，包括亞洲人、非洲人、加勒比海人以及愛爾蘭人等等，或多或少都有這種離散的認同問題。「中國人」當然也不例外。

如上一章所述，《浮生》片中導致母女、姊弟、夫妻之間相互衝突的原因，主要係由於國族認同的轉換而致身分失焦所造成。七口之家或因移民或因婚媾或因依親各不相同的理由，分居三地（德、澳、香港），彼此的國籍身分雖然不同，但「一家人」以及那種對於「中國」[6]的情感依然強烈地相互維繫著。正因為如此，異地而處的歸化便嚴重地打擊了每個人固有的認同觀與認同感，這在嫁給德國人為妻的大姊慧茵身上更為明顯，試看底下她在離德赴澳探望父母前夕與德國丈夫臥房內的這段對話：

> 慧茵：美美〔指他們的女兒〕想跟外公、外婆住在一起，你很民主的，對嗎？
> 丈夫：當然，我是德國人，美美也是德國人，少數服從多數。

---

[6] 片中人物所觸及的「中國」或「中國人」的觀念，其實是很模糊的，在具體的表徵上，它暗示的可能是香港或香港人，也可能是大陸或大陸人（廣東或廣東人），導演羅卓瑤似乎故意迴避如何清楚交代「誰是中國人」這樣的問題。

慧茵：那我算什麼？

丈夫：妳是我太太。

慧茵：還有呢？我是家中的大女兒，懂嗎？

丈夫：妳是美美的媽媽。……我們努力存錢買房子。……

慧茵：我卻不知我的家在哪裡？甚至不知我算不算中國
　　　人？我在香港出生，我不會講中文，不久香港再
　　　不是香港。我有一身的黃皮膚，我說德文有怪腔
　　　調，我住在德國，但我不是德國人。哪裡是我的
　　　家？我只知道父母是我的根。

　　慧茵這種認同的疑惑，她的德國丈夫也無法回答，最後
只能以擁她入眠來安慰她。誰能解答她這種「身在何處」的
問題呢？事實上，「身在何處」的問題係從「從何處來」所
引發的，但是即使解決「從何處來」的問題，「身在何處」
的問題亦未必即能隨之迎刃而解。季洛意（Paul Gilroy）認為，
對移民者來說，「身在何處」取代了「從何處來」而成為他
們身心寄託之所在（Gilroy, 1990/91）──對《浮生》中的慧
茵來說，似乎不然，即不管「身在何處」，她（們）關切的
依舊是「從何處來」，她（們）的感情繫念的還是過去的歷
史和故鄉，是「鄉愁」濃得化不開。

　　霍爾即認為，認同有它自己過去的歷史，它並非幻象，
但是這個過去不是單純事實的過去，它總是由記憶、幻想、

敘述以及迷思等等所建構（Hall, 1990:226）。對慧冰一家人來說，「香港人」之做為一種鄉愁式的認同，已是一段被建構的歲月，就像她父母親那段已屬空幻的記憶。這段已屬過去的記憶如再摻進政治的酵粉，將使認同更為模糊，蓋因訴諸於記憶的歷史版本，原來竟不只一個。被稱為帕拉那干人（Peranakan）[7]的華裔印尼人的荷蘭籍學者安恩（Ien Ang）在〈不會說中國話〉一文中，便以自己切身的經驗——流著華人的血液，從小生長在印尼，及長受教育於荷蘭——談到因為自己「混雜」（hybrid）的身分，面對他所認同的歷史記憶時，發現關於印尼獨立的時間，竟有印尼及荷蘭兩種不同的歷史版本（1949 年與 1945 年），不同的政治力量對於同樣的歷史卻有著不同的詮釋結果。不同的歷史課本的教導，讓他終於發覺：「我才清楚瞭解到『國家身分』的『人為性』（artificiality）——亦即歷史真實的相對性」（Ang, 1992:57）。個人（國家）認同的建構本質，在此表露無遺。

　　顯然，花果飄零者（個人、族裔）當他跨出邊界時，也即一腳踩進了另一個「歷史」，面臨一個新的認同；只是原

---

[7] 所謂的「帕拉那干人」，泛指在東南亞出生長大的中國人後裔。它的原意是「××的孩子」，係從印尼語 anak（孩子）而來；而 anak 這個字也是 beranak（生產）的字根。其他用來指稱這個社群成員的用字還有 baba（男性）、nyonya（已婚女性）及 nona（未婚女性）。這些詞彙都是馬來／印尼語，而且也通用於馬來西亞與新加坡（Ang, 1992:66）。

來邊界的那一邊仍頻頻不斷向他招手，身分的不確定，令他左右爲難，進退維谷，他彷彿是個「遊牧民族」（nomad），他的流動（flux）使其身分難以「定位」（fixing），變成了一個去領域（deterritorialized）的遊牧式個體，而遊牧式的個體係置身於後現代世界中的旅人，不同的人（猶太人、非洲人、中國人等）採取不同的路線，當中尚存在更多的紛歧。

　　對遊牧的飄零者來講，最大的痛苦莫過於各種不同的認同訴求對他身心（精神與肉體）的穿透。安恩以他自己的祖母爲例，說明這種身分（認同）如何被穿透的情形。印尼二次大戰之前曾被荷蘭人統治，受其殖民的影響，即便獨立後，在帕拉那干人間，有關荷語詞彙的使用仍非常頻繁。他的祖母年幼時即曾被送到巴達維亞的荷語華校就讀，她的日記雖然是用荷文記載，但還是充滿了令他孫子瞠目結舌的馬來文與中國方塊字。原來被殖民的荷蘭人分而治之的帕拉那干人，在二次大戰之前，雖然多認爲「與印尼人而不是荷蘭人站在同一邊，較符合帕拉那干人的利益」；然而安恩亦指出，某些較富裕的帕人家庭不敢貿然投注，只好向前途未卜的未來下一個被認爲較爲穩當的賭注，即「把第一個孩子送往荷語學校，第二個送往華文學校，第三個則送往馬來學校」（*ibid.*, 55）。對一個家庭來說，爲了因應這種離散的窘境，甘願同時被這三種不同的認同所穿透。

　　飄零者這種被不同的認同同時穿透的窘境，孰令致之？

主要有兩個原因。首先,以言客觀條件,飄零者對當地人來
說總是「外來的」(exotic),他的長相、口音、語言、飲食……
乃至生活習慣,或多或少都與當地人有相異之處,被目為「異
類」或「非我族類」乃自然而然之事。安恩說他自己歸化荷
蘭已逾二十載歲月,去西班牙、義大利、波蘭度假時,那裡
的人都不相信他是「荷蘭人」,他和這些歐洲人之間典型的
對話就像下面這樣:

> 「你從哪裡來?」〔歐洲人問〕
> 「荷蘭。」〔安恩回答〕
> 「哦,不。你真的從什麼地方來的?」〔歐洲人再問〕
> 「我在印尼出生,但我祖先是從中國來的。」〔被逼的
> 安恩只好用這種清一色的標準答案回說〕(Ang,
> 1992:57-8)

　　安恩的感觸是,類此事件顯示了,對飄零者而言,要和
當地人徹底融合或歸化是不可能的——儘管他多麼努力想要
達此目標。這算是另一種「差異化」。就像霍爾所說的,在
西方知識範疇的支配之下,他們(加勒比海黑人)被建構成
異類及他者(different and other);西方人讓他們眼中所見以
及所經驗到的自己成了一個「他者」(Hall, 1990:225),他
者不能等於西方人。

　　其次,以言主觀因素,飄零者總是具有相當的鄉愁感

（nostalgia），如同安恩所指出的，許多少數民族（相對於當地主流族群）在認同位於他處的「祖國」時，才會得到快樂、尊嚴以及（替代性的）歸屬感。事實上，那樣的歸屬感多半來自於「想像的認同」，然而「對想像中的祖國產生認同，往往是他們在居留地被邊緣化的一種徵兆」（Ang, 1992:62），由於被邊緣化，所以他們感到困惑與痛苦。如同《浮生》中，母親爲生病的二女兒慧冰向祖先牌位跪拜祈求賜她早日痊癒時這一段困惑的喃喃自語：「爲何長途跋涉到人間樂土的澳洲，爲何……可是爲什麼幾十年沒土、沒家都習慣了，現在捱到上了岸，全家團圓來到澳洲人間天堂，爲什麼不快樂？爲什麼放不下重擔在此落地生根？爲什麼……爲什麼？」爲什麼他們不把對「從何處來」的留戀轉爲對「身在何處」的關注？這層因素如果想不透，如何不被多重認同所穿透？

　　那麼飄零者如何擺脫以至於超越這種多重認同的困惑呢？安恩以爲，飄零或散居者其實不必那樣悲觀：

　　　基本上，由於族裔散居在地域上跨越國界，並結合本土與全球、此處與他處、過去與現在；因此，它有絕佳的潛力去撼動深植在地理及文化中靜止的、本質的、極權的「國家文化」或「國家認同」概念。爲了適時把握這些潛力，散居的族裔應儘量利用他們處於「客鄉與原鄉

之間複雜而富彈性的地位」，因為就是這些特性使散居者的文化得以蓬勃繁榮。換句話說，批判性的散居文化政治不應偏袒居留國或（真實抑想像的）祖國，而應在兩者之間保持一股創造性的張力。（*ibid.*, 1992: 62-3）

這股創造性的張力在兩種（以上）文化的衝擊之下，可以臻至一種「創造性的融合」（syncretism），從而產生混血的文化形式。如斯一來，如同安恩指出的，類似「中國屬性」這樣的一個概念（或認同的對象），將成為一個開放的意符，它與不同環境做辯證性結合，將可獲得自己特定的形式與內容，並使不同環境裡的華人（包括台灣的中國人）都能在當地建立新的混血身分與社群（*ibid.*, 63），而這樣的結果則遠超過在地國所倡行的多元文化主義。飄零者若能為自己創造一種混血的文化政治，它所產生出來的積極性、建設性功能，更可以逃脫在隔離政治（政策）與懷柔政治（政策）兩極之間的擺盪。

第四節　後殖民的認同

從比較寬廣的角度來看，上節所述的飄零的認同也算是一種後殖民的認同（Brooker, 1999:170）；不過嚴格而言，後者的概念遠大於前者。雖然後殖民的「後」字並非意味「時

間的後」[8]，如同飄零的情形不是在當代（尤指二次大戰以後）才出現一樣；然而，後殖民本身還意味著非飄零的殖民者與被殖民地之間的支配與反支配關係，而這個問題的重要性甚至要大於飄零的認同，因而有必要另外處理。

　　大體而言，除了因遷移而越界所形成的飄零的認同之外，後殖民的認同指涉的主要是殖民地人民的認同問題，這裡所謂的「殖民地」，嚴格而言，原應指二次大戰之後從西方列強殖民之下獲得獨立的國家或地區——也即字面上所強調的前綴詞（prefix）「後」（post）的意思；惟如上所述，一般後殖民理論家並不從「時間的後」來看待「後殖民」一詞的涵義，況且後殖民的諸種文化和政治問題皆種因於殖民時期，因而此處所說的「殖民地」亦應涵蓋被西方列強宗主國殖民統治的時期，所以第一本有系統討論後殖民文學及理論的著作《逆寫帝國》（*The Empire Writes Back*）開宗明義即表明其所使用的「後殖民」一詞係「涵蓋受到從殖民時期開始迄至今日的殖民過程所影響的所有的文化」，亦即其所關切的（文學），不僅包括殖民時期之後的階段，還涵蓋歐洲帝國所控制的殖民時期（Ashcroft *et. al.*, 1989:2）。

　　後殖民和後現代兩者有交疊之處，如布盧克氏所說，它

---

[8] 有「時間的後」的意思的「後殖民」，指的是具有連字符號的另一詞：post-colonial，即「後－殖民」，或譯為「後期殖民」，此係做一種分期的術語，即指第二次世界大戰以後的時期（Boehmer,1995:3）。

們都認可差異，對於認同（身分）及文化意義皆持反本質主
義的立場，也對文化的層級體制及普全主義予以撻伐，甚至
對西方現代性的歐洲中心主義（eurocentricism）亦表懷疑
（Brooker, 1999:170）。惟最後這一點則為其他理論家所反
對，在他們看來，後現代主義的觀點亦屬西方的價值觀之一，
亦即係一種有罪的壓抑性種族中心論（ a repressive
ethnocentrism），它本身即為歐洲中心論的一環。話雖如此，
謝爾登（Raman Selden）和魏道森（Peter Widdowson）二氏亦
指出，後殖民的批判理論還是從後現代主義（及後結構主義）
那邊汲取不少理論的養分，如德希達、巴赫汀（M. M.
Bakhtin）、傅柯及李歐塔等人的主張；粗略來看，就認同政
治而言，後現代主義（及後結構主義）將其批判矛頭指向「統
合的人本主義的主體」（the unified humanist subject），而後
殖民主義則尋求對「帝國主義主體」（the imperialist subject）
的瓦解（Selden and Widdowson, 1993:189）──這大概是二者
最大的分野所在。

　　後殖民主義為何要尋求對「帝國主義主體」的瓦解呢？
原來在西方列強統治現今所謂「第三世界」國家的殖民主義
時期，殖民地人民被其宗主國強迫、灌輸統治者（往往是白
人，而且是白種男人；也有少數例外，如曾經殖民台灣的日
本人）的價值觀，並以他為效忠對象，被殖民者其實並無主
體性可言，有的即是「帝國主義的主體」，而此一帝國主義

的殖民主體便成了被殖民者認同的對象，被殖民者的身分則
是一種「賤民」（the subaltern），賤民（即次等人種）被統
治者壓抑，而且苦無發言的機會。到了後殖民時期，原來的
所謂「賤民」，自然要向帝國主義主體開刀，這是後殖民的
認同政治必然的發展；而認同政治可說是後殖民主義的核心
所在。

　　如何認同？認同誰？或者更簡單地問：「我是誰？」──
這個問題不僅是殖民時期即已存在，即便到了後殖民時期仍
然存在。就被殖民者來說，認同之所以成為問題，是因為他
們的認同對象不只一個，最簡單地說，在不論是被強迫、半
強迫或自願地向殖民主體認同的情形下，被殖民者始終都仍
擁有一個他自己原來隸屬的族裔或民族的身分，亦即此際他
最少有兩個不同的身分（double identities）。如果再把其他因
素考慮進去，比如性別，那麼認同的問題也就更形複雜，殖
民或後殖民地的婦女，除了要在殖民者與被殖民者之間覓得
一棲身之所外，她們還得在由男人主宰的領地裡設法劃出一
塊屬於自己的地方。多重身分的認同導致自我本身複雜多
變，而要為這個複雜多變的自我（以及民族的整體自我意識）
重新定位，在後殖民論述中是個首要的難題（李佩然，
1995:106）。

　　多重身分導致認同失焦，認同一旦失焦，宛如失所怙恃
的孤兒，何其悲哀，曾受殖民統治的台灣人即為顯例，吳濁

流的小說《亞細亞的孤兒》（1977）便將這種認同失焦的痛苦與無奈表露無遺。小說中的主人翁胡太明在日據時代是一位國校（小學）教師，從暗戀同事內藤久子開始即萌發認同問題意識，例如他一再提醒自己：「她是日本人，我是台灣人，這是任何人無法改變的事實」（吳濁流，1977:35）。胡太明雖然不滿意自己的身分[9]，但在他尚未赴日留學之前，並沒有受到認同問題的正面挑戰。

　　胡太明在到東京的第一天即有友人對他提出警告，勸他最好不要承認台灣人的身分。令他開始疑惑的是，在日本人面前他能坦承自己是台灣人，但是在中國留學生面前卻遭到懷疑——為什麼他們會輕蔑台灣人呢？只因他是來自台灣而不是廣東番禺的客家人？儘管如此，胡太明終究「回歸」中國來到南京。到了南京如同他首渡日本時一樣，亦有友人告誡他在面對中國人時不要公開自己的身分。這回他雖然學乖了，卻遭到密告他是台灣人，而被國民政府以間諜的嫌疑逮捕[10]。胡太明後來越獄，跑到下關碼頭，要求搭日本船偷渡上

---

[9] 比如他自慚地認為：「自己的血液是污濁的，自己的身體內，正循環著以無知淫蕩女人作妾的父親的污濁血液，這種罪孽必須由自己設法去洗刷……」（吳濁流，1977:36）。

[10] 根據吳濁流該書的描述，在當時中國（大陸）人普遍對台灣人都不太信任，甚至認為台灣人就是（日本人的）間諜，主角胡太明被捕入獄，即肇因於此（同上註，53-4;76;169-72）。和他同樣命運的，還有許多任職於國民政府的台灣官員。

海，此時讓他的認同又遭到一次考驗。原來把日本視爲敵人的胡太明，爲了逃生只好承認自己是日本籍人，雖然遭到日本籍船長的冷嘲熱諷，但他卻感到：「就像回到故鄉的船上一樣，內心立刻安定下來」。

問題是，避難上海租界地的胡太明發現，台灣人的日本身分並不可靠，因爲日本憲兵認爲台灣人與中國人並沒有什麼差別，以爲租界地內的台灣人都是恐怖分子，因而開始公然逮捕他們。胡太明這次雖然意識到「台灣人變成夾縫中的人物」、「台灣人的皈依正遭逢嚴重的危機」，但是他這時的自省能力顯然不足，仍舊將台灣人被區分爲敵友兩端的這個事實，悲憤地歸諸於是日本人既定的政策。他甚至對「祖國」仍未絕望，中日戰起，他被強徵入伍派往廣州；二度到中國的胡太明，雖然感到廣州居民對腰掛單刀的他懷著敵意，他的反應卻是「很想對他們表明自己的心跡」。而這次的下場，終於導致他精神錯亂，被遣送回台灣。胡太明兩度進出中國大陸，一次囿於血緣上的困惑而興致勃勃地自願「回歸」；一次徵兵前去，終於發現他所認同的中國並不比日本殖民者更接受他。沮喪的他不得不承認台灣人已無處可逃，終究必須自我切斷那風雨飄搖、有如夢魘般的中國羈絆（施正鋒，1998:96-7; 101-2）。

然而，我們不禁要問：「到底〔胡〕太明認同的地方是哪裡？在他遭受挫折後，他想回去的故鄉（homeland）是哪裡？

是日本？中國？還是台灣？……或許原本〔胡〕太明的認同
就是在搖擺之中。而這些多重認同之間的關係，究竟是彼此
相容、相斥，抑或不相干呢？」這個後殖民的多重認同的難
題，在胡太明身上找不到解答，如同施正鋒在〈吳濁流的民
族認同〉一文中所說的：「〔胡〕太明的認同是依違於台灣
（故鄉）與大陸兩地之間，同時又制約於中國（祖國）與日
本兩國之間，高度流動而不自知」（同上註，97；101）。而
關於中國人、日本人及台灣人三者的關係，施正鋒則以下圖
加以表明（同上註，98）：

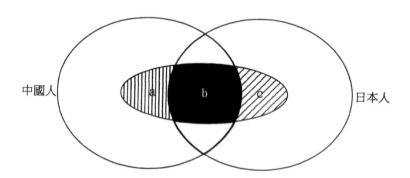

a：是中國人，不是日本人
b：是中國人，也是日本人
c：是日本人，不是中國人
a＋b＋c：台灣人

　　身為台灣人的胡太明，曾經「是中國人，不是日本人」
(a)，也曾經是「日本人，不是中國人」(c)，更曾經「是中國

人，也是日本人」(b)。他可能什麼都是，也什麼都不是。這個多重認同難題的發生，正因為——中國是台灣的祖國（母國？另一形式的宗主國？），同時日本也是台灣的殖民者（宗主國）；弔詭的是，台灣在這雙重的包夾之下卻成了吳濁流筆下所謂的「亞細亞的孤兒」[11]。

然而，這個認同失焦的「亞細亞的孤兒」，在它掙脫殖民者日本人的羈絆之後，是否就此即能擺脫失怙的命運？王禎和的小說《玫瑰玫瑰我愛你》（1984）在台灣進入「後」殖民時期之後所提供的解答，似乎也是悲觀的[12]。王禎和這部小說的時空背景是數十年前的花蓮（台灣光復後）。擁有高

---

[11] 詩人劉克襄有〈無花果〉一詩，可做為本書的註腳：「我們村裡讀書最好的年輕人／多半在師範學校上課／將來只能分派各地當小學老師／他們旅行日本後心情已轉變／那時祖國彷彿矗立海峽對岸／不少人曾舉家渡海過去／不知道這是什麼樣的心情／四十年後，許多人仍分辨不清／我只知道，吳濁流先生從中國疲憊地回來」（劉克襄，1984:25）。

[12] 適合用來分析後殖民認同的台灣小說，當不只本文所列舉的《亞細亞的孤兒》及《玫瑰玫瑰我愛你》，依邱貴芬在〈壓不扁的玫瑰——台灣後殖民小說面貌〉一文的看法，包括鍾肇政的《台灣人的三部曲》，黃春明的〈莎喲娜啦‧再見〉，陳映真的〈夜行貨車〉、〈萬商帝君〉及〈山路〉，林雙不的〈黃素小編年〉，李喬的〈泰姆山記〉、楊照的〈黯魂〉，陳燁的〈泥河〉，藍博洲的〈幌馬車之歌〉，李昂的《迷園》，拓拔斯的《情人與妓女》，以及李秀的《井月澎湖》等等，或多或少都觸及後殖民認同的主題。至於邱氏在此所指的「後殖民」則是廣義的，也即涵蓋了：(1)西方資本主義跨國公司的新殖民主義問題；(2)統獨的認同問題；(3)台灣「內部殖民」（如漢人對「原住民」）的問題（邱貴芬，1997:36）。

等學歷、外文系畢業的英文老師董斯文受花蓮地方權勢人物
之託，開設一班以當地妓女為訓練對象的吧女速成班，準備
迎接從越南來台度假的美國越戰大兵，進行一宗以性易金的
國民外交。從後殖民論述的觀點言，小說劇情以嬉笑怒罵的
方式演出幾百年來台灣被殖民歷史裡外銷主導的商品貿易經
濟模式。自鄭芝龍以降，統治台灣者往往採殖民經濟政策，
外銷台灣本土資源。小說所敘述的妓女、美軍間的國際貿易，
正諧擬（parody）了台灣被殖民歷史裡的基本經濟模式，即本
土資源是花蓮妓女，妓女則被當做台灣商品推銷給美軍（邱
貴芬，1995:179）。

　　邱貴芬在分析《玫瑰》的一篇論文中指出，殖民論述常
以性別區分為架構，具侵略性的殖民者被化為男性，被殖民
者則被比擬為女性：

> 小說裡以妓女為商品換取美金外資的經濟活動可視為台
> 灣淪為美國次殖民地的表徵。在殖民論述裡，被殖民的
> 一方，不論男女，都被女性化……小說暗示，台灣既是
> 美國的次殖民地，台灣人面對美國大兵時，不管男人女
> 人，妓女非妓女，都扮演被嫖的女性角色。就小說情節
> 而言，《玫瑰》挖苦台灣人被殖民的奴性。（邱貴芬，
> 1995:180）

　　那麼，此際台灣人認同的究竟是誰？是男性的山姆叔

叔？還是那塊扭曲變形的「蕃薯」？相對於以船堅砲利為後盾實施武力侵略的殖民主義，後殖民的可怕之處在於它以一種非刀光劍影式的文化侵略為手段，滲入已獲獨立的「後殖民地」之內，其實就是另一種「文化殖民」（cultural colonization）。文化殖民有兩個層面：首先，在表層來看，也即物質生活的領域，殖民者以被奉為時尚的舶來品，如可口可樂飲料、雀巢咖啡、麥當勞漢堡、肯德基炸雞、好萊塢電影等等，滲透入民間的日常生活之中；其次，從深層來看，也即精神生活的領域，殖民者透過學術的「交流」、知識的傳佈、文學藝術作品的引進（如「黃金印象畫展」等），以達到形塑其文化霸權（cultural hegemony）的目的。然而，不管是表層也好，是深層也好，其目的如出一轍，即在為被殖民者形塑其對「殖民主」的認同。「玫瑰」（象徵如花似玉的台灣女人）（同上註，184）在被山姆叔叔的文化「殖民」之下，其認同對象也就呼之欲出了。

　　然則，台灣人本身的身分究竟何在？他能乾乾淨淨地認同自己的身分嗎？後殖民這種身分及認同的不確定感，正是典型的後現代特色。從這點也可以看出，認同（及其身分）其實是一種建構，殖民與後殖民的認同，都在尋求身分的建構，雖然這種建構很難實現，實現一個確切的、統合的身分。

　　上述這四種後現代認同類型，落實於具體層面，如第一

章所言，都屬文化政治的範疇，往往要藉由文化產品（比如本章所舉例說明的電影與文學創作）來凸顯認同的政治意義，它們的運作多半也不經過政治體系的制度化管道，本身即頗具「日常生活領域」的性格，需要放在一個更為開放、更為多元，也更為寬容的空間（世界）來理解，所以它們顯現的絕不是一個理論的偏好（a theoretical preference）而已（Brooker, 1999:110）。總之，無論是哪一形式的後現代認同，它們都是反本質主義的、普全化的或基礎主義（fundamentalist）的認同，而這樣的認同，首要之義係在底下第五章所要續予討論的差異政治（politics of difference）上。

第五章
後現代認同的差異政治

　　不論是消費的認同、虛擬的認同、飄零的認同，抑或是後殖民的認同，誠如上一章所言，這些認同的形式儘管不同，它們的後現代特性，從政治上來看，都和本章底下所要闡述的差異政治有關。申言之，它們係透過差異（政治）的方式，來顯現出後現代認同的特色，也藉此區別於現代政治以自由（主義）民主為基礎的認同主張。

　　按照歐蘇利文的見解，傳統的自由主義理論排除了創造一個解放性群體的可能性，因為它將認同本身等同於同一性（sameness），因而不可避免地會排除少數者（少數者一旦被排除，也就無法解放）；後現代政治則反是，它在本質上即是一種認同的哲學，試圖「公平地對待差異」，亦即如其所言：「取代將基本的認同視為同一性的是，此種新政治（後現代政治）所表彰的是差異，以及一種開放的、非排除性的民主形式（an open, non-exclusive form of democracy）」

（O'Sullivan, 1997b:234）。

換言之，後現代政治基本上是一種認同的政治，而此種認同政治則反對將所有的認同一視同仁的做法，反過來主張所謂的「差異政治」，是故另一位學者狄恩（Kathryn Dean）在他主編的《政治與認同的殘屑》（*Politics and the Ends of Identity*）一書的〈導論〉中即言：「在某一意義上言，認同政治可被描述為一種差異政治，它拒斥西方普全主義同質化的威脅，不是主張一種競爭性的、相當基本的認同，便是宣稱根深柢固的，且是完全可欲的文化多元性。」（Dean, 1997:26）

如前所述，後現代主義既拒斥所有本質主義及普全主義的主體理論，那麼誠如湯普遜所說的，「認同要依賴於差異，並由差異所界定，同時也受到差異的傷害；易言之，我們的認同是由那些其他的或衝突的認同所形成及挑戰」（例如，所謂的「英國人」，大部分是英國人視其自己不同於法國人、美國人等等所致——此即「差異的認同」）（Thompson, 1998:152）。顯然，差異（政治）和認同（政治）是一體的兩面，後現代政治既強調認同，也強調差異。認同和差異不僅是一體的兩面，甚至可以進一步言，後現代的認同政治係建立在差異政治之上，非如此不足以凸顯「後現代」（以區別於「現代」）的特徵，因此在上一章結束時始謂「差異政治係後現代認同（政治）的首要之義」。

　　惟如同字面上所顯示的，認「同」與差「異」之間，先天上即具緊張之關係，彼此甚至不能相容（compatible）；另一方面，「同」與「異」之間，彼此卻也要由對方來相互認定，就像柯秋佛（Alexandre Kojève）所言，「同」（Being *is*）本身需要有「異」（*difference*），如果沒有「異」那麼「同」本身就什麼也不是（Kojève, 1969:451）[1]。簡言之，認同與差異本身，兩者具有相生相剋的辯證關係，在底下深入討論差異政治之前，本章先就認同與差異的關係予以澄清。

第一節　認同與差異政治的辯證

　　認同政治本身，就其原始的涵義來看，即由本質主義的自我觀所定義，它要維繫既存團體的界限，並相信（政治）行動的道德基礎，因為它為了團結（solidarity）以及一個向心

---

[1] 柯秋佛認為將存有（Being）視為「是」（is），非有（Nothingness）視為「不是」（is not），巴曼尼德斯（Parmenides，古希臘哲學家，主張「一切是一」，認為存在物的雜多及其變化形式和運動，不過是唯一永恆的存在之現象而已）的看法是對的，但他卻忽略了存有與非有之間有所謂的「差異」的存在，而「差異」在某種程度上言，是和存有本身的「是」一樣多的，所以如果沒有它，也就是如果沒有在存有與非有之間存在「差異」的話，那麼存有本身必定也無法存在（Kojève, 1969:491）。在存有中做某種程度地含括或納入（inclusion）非有，這是無可免的——如果我們要在它們之間加以區別（也即要有差異）的話（Descombes, 1979:37），一言以蔽之，此即「你泥中有我，我泥中有你」之謂。

的（centripetal）認同目標，為此，不得不將團體均質化
（homogenize the group）（Dunn, 1998:27-8），而這就和差異
的概念有所牴牾。進一步言，如同狄恩所指出的，「認同政
治」一詞本身即和差異有所衝突。「認同政治」中的「認同」
與「政治」，兩者是互為建構的概念，蓋承認一個不管是個
體或團體的實體（an entity）──擁有某些功能、目的、權利，
以及／或者義務，係參與政治的前提，因之，獲得承認，以
及展現個體或團體的價值以被承認，則不僅已是而且也繼續
是政治的要素。簡言之，擁有自我感（團體和個體）似乎是
有效的政治行動的前提（Dean, 1997:28）；亦即政治來自認同，
無認同則無政治，或者政治將難以為繼。但狄恩也語重心長
地指出：「如果此一觀點被接受的話，那就變得很難想像差
異政治在世上如何被尋求」（ibid.）。

　　顯而易見，上述那樣的認同政治的觀點，係植基於自由
主義主體觀（或認同觀）的現代政治的見解，即唐恩所說：
「藉由它對統合的、穩固的，以及本質主義的概念的信賴，
認同政治保有了它和現代主義的自由（主義）的政治及自我
的模式（a modernist model of liberal politics and selfhood）的連
結，從傳統的政治自由主義的論述中汲取其生存之道。」（Dunn,
1998:28）現代自由主義所主張的認同政治，強調的正是第二
章所說的自主的、統合的、穩定的主體，亦即認同的「同一
性」，這就和後現代主義所強調的「差異性」有了衝突。

　　然而，現代政治所主張的認同的「同一性」，是否真的就無法和後現代政治所訴求的認同的「差異性」共存？如上所述，柯秋佛即認爲，「同」和「異」彼此是相互依存的，所以政治的認同之所以可能，正因爲有差異的存在，把那「異」的部分區別開來，讓「同」得以顯現；反之，「異」之所以爲「異」，正由於它的「不同」。但這不是「同中求異」或「異中求同」，而是「同中存異」或「異中存同」。後現代所訴求的認同政治，恰恰落在那「異」的部分，而這正是現代（自由主義）政治的盲點所在。異者也，即他者（otherness），這是後現代所訴求的主題，它爲當代的認同運動（新社會運動）注入了認同政治中那反同一性、反同化主義的特質（the antiassimilationist character），強調那差異的面向（*ibid.*），因而也部分化解了認同政治與差異政治當中那種緊張性。

　　但是唐恩也指出，儘管後現代的認同運動都強調差異性的特質，認同政治本身的邏輯，終究不可避免地導向同一性的恢復以及排除界限的重劃，爰是認同政治便建立在矛盾的基礎之上，換言之，它一邊以差異爲前提，一邊又抑制差異（方能求同）。後現代的認同政治雖然訴求差異，並在承認及鼓吹沉默的他者上做道德要求，卻不免對認同政治所推定的目標有所妨害，更具實際的意義是，它對於在共同的認同運動中追求變遷的多數團體之間的整合，造成嚴重的困難（*ibid.*, 28-9）。

　　為了解決這種實際整合的困境，唐恩乃提倡一種基於聯合政治（coalition politics）模式的聯盟形構（formation of alliances），這種途徑旨在予不同的認同以發聲的機會，並超越以單一認同為基礎的運動的界限。真正說來，認同政治與差異政治之間在邏輯上卻也未必不能相容，因為認同政治仍然可以強調政治的認同是由無數的力量所構成的，並且強調出承認不同政治團體的特殊性的重要；也因為如此，所謂的聯合政治才有可能（Best and Kellner, 1991:206）。但重要的問題不在此，唐恩想強調的是，正因為認同與差異這種相生相剋的關係，尤其後現代本身亟欲迴避本質化及穩定化的概念，使得它無法充分的理論化。「於是，認同與差異，兩者同時變成簡單的承認、描述和修補的範疇；而為了激進地重構社會及政治，它們卻也無法成為能被表述與部署的理論性和策略性問題」（Dunn, 1998:29）。

　　事實上，站在後現代本身的立場來看，予差異政治尋求一系統化的理論，即可能掉入本質主義與普全主義的陷阱，所以唐恩悲觀的看法未始不是一件好事。在政治上，差異往往成為一種策略的選擇，一種立場的表明，更是一種支配與反支配的技倆。如果只看到同一性的認同的表面，而未注意及其「陰暗的背面」（the dark back），亦即其差異的部分，那麼即便能解除其理論上自相矛盾的內在隱憂，卻也無法看到事實的真相（至少是被隱藏的一面），底下我們會有實例

進一步探討之。

　　為了避免忽視後現代認同政治所關注的差異性，進而與現代政治所主張的認同政治有所區隔，狄勒提出了兩個似是而非的名詞，即「認同政治」（identity politics）與「認同的政治」（politics of identity）。前者指的其實就是現代的認同政治，它主張社會團體擁有基本的特性，可以平等地且同質地擴及其所有的成員，有效地決定他們的政治利益；而由此所形成的政治運動，係將其權力建基在個人團體所假定的相同的利益和特性之上。這樣的認同政治看不到差異的面向，進而也就無法看到更有意義的現實。後者指的也就是後現代的認同政治，它關注的是差異，以及這些差異在政治上如何被交涉或折衝；更且，它所關注的不只是（或主要在）界定個人和團體的政治生活的那些特徵，它主要的焦點是在政治生活本身界定個人特徵的那種作風上。狄勒遂云：「認同的政治，然後也是一種差異的政治（the politics of difference），後現代的政治理論便在這兩面旗幟下從事其理論的工作」（Thiele, 1997:108; Best and Kellner, 1991:205）。

　　在此，我們不擬在狄勒所揭櫫的名詞上打轉[2]，不必嚴格

---

[2] 撇開狄勒本人的用法，一般「認同政治」的英文，有稱為 identity politics（Dunn, 1998; Dean, 1997; Bradley, 1996），亦有稱為 politics of identity（Lent, 1998; Dean, 1997; Best and Kellner, 1991），英美學者的用法並不統一。本書因此也不特別去區分這二者的不同。

去區分「認同政治」和「認同的政治」之間的差異，重要的
是，認同政治與差異政治彼此之間所具有的辯證關係，而後
現代的差異政治不僅顯示了認同政治本身的盲點，也藉由認
同的新社會運動，試圖挑戰其同一性（及因此而產生的同化
主義）的霸權。後現代的認同政治既如狄勒所說就是差異政
治，那麼什麼是差異政治呢？這就要先瞭解什麼是差異。

第二節　差異的涵義

　　在湯普遜看來，差異是後現代政治三個重要的概念之一
[3]，而他也從差異而不從同一來看待後現代的認同政治，差異
是主體的另外一面，不從這個幽暗的一面來看認同（及其主
體），就無法真正把握認同的意義。的確，差異自後現代主
義盛行以來，似乎成了時髦的用語，並且橫跨不同的研究領
域。為此，霍爾試圖從底下四個不同的理論觀點來說明差異
一詞的涵義（Hall, 1997:234-8）。

---

[3] 另兩個概念為隨機性（contingency）及多元主義（pluralism）。在湯
普遜看來，後現代政治有三個哲學性的主題，即其對形上學、歷史及
人性（human nature）三者的拒斥，而與之相對應的隨機性、多元主
義及差異，即係其伴隨而來的與之共存的三種影響（Thompson,
1998:143-62）。

一、索緒爾的語言學理論

　　索緒爾有關差異的語言（符號）學的理論，曾見諸第三章的討論。索氏認爲我們所使用的語言，其意義的產生主要由差異的關係所決定，否則不知意義爲何物，例如「白」的意義是由它與「黑」的差異關係所決定。至於談到認同（身分），如我們對「英國人」（"British"）一詞的瞭解，不只是因爲它的某些民族的特徵，更是因爲我們從它的「他者們」（"others"）中與它做了「區分」（"difference"），也即它和「他者們」之間的「差異」──「英國人」不是法國人、不是美國人、不是德國人、不是巴基斯坦人、不是牙買加人、不是……。

　　差異固然可使語言本身獲得意義，但霍爾也指出，差異常常用對立的關係來顯示意義，如「英國性」（"Britishness"）一詞，實際上和它顯示出差異關係的可能是牙買加人、摩洛哥人、阿爾及利亞人……也即黑人，換言之，「英國性」一詞隱含的其實就是「白人」（"Whiteness"）和「黑人」（"Blackness"）的對立（差異）關係，而這是一種相當粗糙和化約的建構意義的方式。以黑白的攝影照爲例，事實上並不存在純黑或純白，只有各種不同程度的灰影，因爲黑影無法讓白感知，這就像男人天生即同時具有「男性氣概」（"masculine"）及「女性氣質」（"feminine"）的兩面一樣。

　　這種二元對立的差異關係，由於過於簡要和化約，將所有其他的區別全吞進其僵硬的兩頭結構中；不僅如此，如同德希達所說的，這種二元的對立關係從來很少是中性的，總是由一端（前頭）壓制另一端（後頭），如白人／黑人、男人／女人、男性／女性、上層階級／下層階級、英國人／外來者……，權力關係在其中徹底表露無遺。

二、巴赫汀的語言學理論

　　巴赫汀的語言學理論，和索緒爾一樣，也強調（語言的）意義爲差異所建構；不同的是，巴氏的差異是來自與他者的對話（dialogue），也即兩造（或更多）的說話者（speaker）相互之間的對話，意義乃由此產生，而不是只屬於任一個說話者，易言之，意義係產生於不同的說話者的「施與受」（give-and -take）之間，用巴氏自己的話說即：

> 語言中的字詞是半個人的；只有在……說話者運用字詞，並且使它適合於他自己表意的意圖，它才變成「他自己的」。在此之前……字詞並不存在於中性的、與個人無關的語言裡……它反倒是存在於他人的嘴巴裡，為他人的意圖服務：它來自那裡——那裡他必須用這個字詞，而且要為他自己所用。（Bakhtin, 1981:293-4）

　　語言（字詞）的意義不僅來自於自己的使用，而且還存

在於他人的口中，此意即我們所說的每一件事及其意思，都
會因爲與另外不同的人之間的互動及相互作用而被修正，這
個對話的過程使我們進入一種意義的鬥爭中，打破其組合並
予字詞以新的曲義。「意義產生自對話中的參與者之間的『差
異』，簡言之，『他者』乃意義之本」（Hall, 1997:236）。

　　然而，霍爾亦指出，意義若由此差異而產生，那麼它就
無法被固定，群體也因而無從被充分地掌握意義，如所謂的
「英國人」、「俄羅斯人」或「牙買加人」究竟是什麼意思，
就無法全爲英國、俄羅斯或牙買加的人們所理解；但是爲了
要掌握其義，在這些民族文化和其他的「他者們」之間的對
話，經常是要協議的（negotiated）。這的確有點好笑：你竟
然不知道十九世紀的「英國人」是什麼東西，一直要等到你
想到牙買加—— 這個在加勒比海他們曾經殖民的地方，或者
是愛爾蘭，你才明白什麼是英國人。

三、文化人類學理論

　　這一派的看法認爲，文化之賦事物以意義，係藉由一個
分類的體系，在這體系內將事物分配至不同的位置，不同的
位置產生彼此的差異，而做爲一種象徵秩序的文化乃由此獲
其意義。代表人物首推法國人類學家李維斯陀（Claude
Lévi-Strauss）。依其見解，所有的分類中最爲基本者乃二元
對立（binary oppositions），因爲要對事物加以分類，二元對

立可以建立一種較為清楚的差異。比如李維斯陀便舉例,我
們面對不同類的食物時,一種賦予它們意義的方式,可從將
它們分成二類不同的食物開始:那些是可「生食」(the raw)
的,那些則須「熟食」(the cooked)(Lévi-Strauss, 1970)。
當然,我們也可將食物分成「蔬菜」和「水果」兩類,或者
「飯前開胃菜」(starters)與「飯後甜點」(desserts)……
諸如此類等等。

　　然而,霍爾在此也引述另一位人類學家道格拉斯(Mary
Douglas)的話說,一旦出現事物被置於錯誤的類別或者無法
被歸於任何類別的情況,則此種賦義的方式很可能干擾到文
化秩序本身,舉例而言,像水銀做為一種物質(substance),
它既是金屬體也是液體;或者社會群體像混種(mixed-race)
的 mulattoes[4],本身既非「白人」亦非「黑人」,而僅能曖昧
地浮遊在某種不穩定的、危險的、混雜的地帶(Stallybrass and
White,1986)。因之,穩定的文化需要事物留在它們被指定的
地方;而象徵的界限則要保持類別的「純粹」,這樣才能賦
予文化以其獨特的意義與同一(identity)。那些無法處理的
文化則是「流離失所的事物」(matter out of place)—— 打破
了我們未書寫的規則與符號。泥土在花園中自屬佳物,但若

---

[4] mulattoes 一字通常指第一代白人和黑人的混血兒,國內迄今為止尚未
　見有適切的譯名,茲仍以原文稱之。

放到臥床上來便是「失所」了——一種污染的訊號，一種象徵界限被逾越、禁忌被打破的訊號。

我們又如何面對這「失所之物」呢？我們把它掃掉、把它丟棄，將場所恢復秩序，找回事物的常態。因此之故，很多文化會撤退以至於關起門來對抗那些外來者、入侵者以及他者，乃是其淨化的同一過程的一部分（Kristeva, 1982）。差異的標誌，讓我們象徵式地支撐起所謂的「文化」，卻也為此讓被界定為不純的、異常的事物因而被責難及排除。然而，反諷的是，正因為它被禁止，成了禁忌，威脅到文化秩序，使「差異」反而變得有力，具有陌生的吸引力。結果就如貝柯克（B. Babcock）所言：「社會性的邊緣通常是象徵性的中心」（Babcock, 1978:32）。

四、精神分析學理論

精神分析學認為，他者乃是建構自我的基礎，也是使我們成為主體以及性別認同的基礎。在開山祖師佛洛依德看來，我們的主體的形成方式，決定了如何統合我們「自我」的定義及性別的認同，尤其是有關於他稱為奧底帕斯情結的早期的發展階段。自我成為一個主體及其性別認同的統合感，在嬰孩初期的發展尚未定型。佛氏以著名的「奧底帕斯迷思」（Oedipus myth）加以解釋：男孩最初對其母親潛意識上懷有性的好感，並發現父親阻擋了母親所予他的性的滿

足。但是後來他發覺母親缺少陽具，臆想母親因閹割而被懲罰，如果他仍持續原先那種對母親的潛意識的慾望，可能同樣被懲罰；由於興起了這樣的恐懼，於是他轉移對象開始認同他原來的「敵人」，亦即父親，而他對於男性的認同亦由此肇始。女孩則以相反方式起先認同於她的父親，但因為她缺乏陽具，所以不能成為「他」。她只能潛意識地情願去懷有男人的小孩，以此來「贏得」他（父親），因而使得她採取與母親角色認同的方式，並由此變成女性。

佛氏這種以陽具的有無的差異做為性別認同發展的基礎，後來受到不少質疑與修正。拉岡即以「鏡像階段」說取代佛洛依德的「奧底帕斯情結」論（參看第三章，茲不贅）。不論是拉岡或者是其他後來佛氏理論的修正者，他們對於他者在主體發展的過程中所扮演的角色儘管有不同的意見，但都和佛洛依德相左。這派的看法大致認為，主體性的興起與自我感的形成，僅能經由象徵性的及潛意識的關係 —— 嬰幼兒與一個重要的外在於（亦即不同於）自我的「他者」所創造的關係。

然而，精神分析理論這樣的觀點，乃假定了自我或認同的本身並不存在一種先天的、穩定的內核，精神上我們從來就無法被統合成主體，而我們主體性的形成，則須透過與他者這種麻煩的、潛意識的與未曾完成的對話，那麼在某種意義上說，我們總是有所欠缺的。甚至進一步言，這種主體性

第五章 後現代認同的差異政治 ✦ 165

本身的區分或分裂是永遠難以痊癒的。後殖民主義的先驅法農（Frantz Fanon）便以精神分析理論來闡釋種族主義，他認為很多種族的刻板理念與暴力，乃起源於它們拒絕「從他者的地位」給予白人的他者承認，給予黑人承認。

霍爾指出，上述這四種關於差異的不同角度（理論）的界定，並非互斥的，因為它們指涉不同的分析層級：語言的、社會的、文化的及精神的。重要的是，差異本身乃是正反並存的曖昧狀態（ambivalent），亦即它同時是肯定性的和否定性的：

> 差異既為意義的產品、語言及文化的形成所必需，也為
> 社會的認同及做為「性之主體的自我」的主體感所必需；
> 但它同時也是威脅性的，一個危險的、否定性情感的、
> 分裂的地基，對於「他者」的敵意和侵犯。（Hall, 1997:238）

霍爾這段總結式的話，也等於為差異一詞下了最肯綮的（cogent）註腳。事實上，差異的觀念更早來自黑格爾。黑格爾在其《現象學》（*Phenomenology*）中即認為，人（persons）之做為一種具自我意識的存在（self-conscious beings），他的認同／身分，也即其自我，須由另外對立的一方即他者（otherness）所共同完成，因為它需要他者的承認（acknowledgement or recognition）。而自我及他者其實是一種相互的抗爭關係，因為它們彼此也相互承認。在這差異的

關係中,總是有主人及奴僕(master and slave)的存在,前者往往要壓抑後者,後者雖聽命於前者,並爲前者服務,但前者仍需後者予以承認。奴僕雖被主人貶抑,但在爲其主人勞作之時,也在過程中肯定了自己;而主人倚賴奴僕之服役,久而久之則變成倚賴他人維生之人(Scruton *et. al.*, 1997:177-80)。

由此看來,差異本身處處都隱含有權力的關係,可以說當差異一旦形成,權力關係也就誕生;追本溯源,權力甚至是差異形成的源頭,也即差異係由權力所催生。如斯一來,只要差異活動開始,政治自然伴隨而來,蓋政治即爲權力關係的顯現。如同霍爾所言,差異對於認同來說,同時具有正面的建構作用及負面的侵犯作用;而不論是具肯定性或否定性,這裡面均涉及支配與反支配的權力關係。然則差異又如何顯現其權力政治的運作呢?面對他者,差異政治主要透過排除(exclusion)的方式來呈現其權力關係,底下兩節進一步討論「排除」與「他者」的底蘊。

第三節　差異政治的排除

如上所述,差異本身常常是支配與反支配的權力關係的一種呈現,從支配者的角度言,差異政治常透過所謂的排除作用來鞏固和強化他的統治地位,而這一點正是後現代的認

同政治所要撻伐的。反之，從被支配者或反支配者的角度來看，在差異關係中他強調的是處在邊緣或弱勢地位（被排除）的他者的重要，他者不僅不應被漠視，而且還要主動發聲，這一點恰是後現代的認同政治所要鼓吹的。本節則從批判的角度來看差異政治的排除。

排除究竟意涵著什麼呢？[5]它的哲學根源還是要回過頭來從德希達的「差異論」談起。德希達認為，西方的知識系統長期以來係植基於他所謂的「理體中心主義」（logocentrism）。理體中心主義假定存在有一普全的真理（universal truth），做為意義之所從出的第一原理或基本因（first principle or underlying cause），所以它是一個單一的組織化中心（a single organizing centre）。因為它的存在，不僅文化的多樣性被隱藏，也掩蓋了那些維持層級的差異關係的權力結構。而居於核心的理體中心思想形式即是上節所說的二元運作及區分的體系（a system of binary operations and distinctions），例如底下這些二元對立的詞組（也是思想形式）：主動／被動、文化／自然、理性／感性、男性／女性、硬／軟……，這些詞組的前項代表著優勢並被賦予真理的地

---

[5] 細究排除一詞的意義，非本節篇幅所能涵蓋，本書亦無意去做全面性的探討，僅從差異的角度立論。依據葉永文《排除理論》一書的意見，排除的意義可分從它的類型（人類／動物、常態／病態，以及選擇性的排除）和層級（總體性、異己性，以及自我的排除）等加以探討（葉永文，1998）。

位，而後項則為成就前項的地位被排除及邊緣化為「不是」
（"they are not"）者（Rutherford, 1990: 21）。

簡言之，支撐這二元對立的差異關係的，背後其實就是
（居於二元對立的前項的）支配者對（後項的）被支配者的
排除作用——也就是排除的政治（politics of exclusion）。德
希達揭露了這種二元對立的排除政治的暴力本質，進而擬欲
顛覆它，在《立場》（*Positions*）一書中他不諱言地表示：

> 在一個古典哲學的二元對立中，我們所處理的僅是一種
> 鮮明的等級關係，而不是兩個對項（*vis-à-vis*）的和平共
> 處。其中一個單項（在價值論、邏輯等方面）統治著另
> 一個單項，高居發號施令的地位。解構這個二元對立，
> 首先就要在某個特定時刻顛覆這種等級差別。（Derrida,
> 1981:41）

在這個二元對立的等級關係中，支配者被我們看得見，
居於認同的核心位置，所以它是「在場」（presence）的，亦
即「顯在」（參見第三章）；相對地，被壓抑及排除的被支
配者的一方不是消失便是無法被看見，所以它成了「不在場」
或「空缺」（lack），亦即「非在」。這是一種本質主義的觀
點，藉由排除的方式，在二元對立的關係中形成「立場」的
差異，在場者成了認同的中心，不在場者因其身分的消失而
無由被認同。

後馬克思主義（post-Marxism）的代表人物之一拉克勞（Ernesto Laclau）便認為，社會認同本身是建構性的，而不是什麼中立的、客觀的或自然的，如德希達所顯示的，它是一種權力的行為（"the constitution of a social identity is an act of power"），因為——

> 如果客觀性（an objectivity）設法要部分地肯定它自己，它只能靠壓制它的威脅者（來達成）。德希達已經揭示：認同的建構如何總是基於排除某些事物並建構因此而產生的兩極（例如男人／女人等等）的暴力式層級體制。為此，（兩極中的）後項特別被化約為一種偶發事件的作用，因為它被視為對於前項的本質性（essentiality）的反對。黑人－白人關係也是同樣的道理，自然，在此關係中，白人被等同於「人類」。「女人」和「黑人」因而被冠上「標號」（亦即有標號的詞項），以區別於沒有標號的「男人」和「白人」詞項。（Laclau, 1990:33）

所以，認同所宣稱的「統合的個體」（unities），事實上是被建構在「權力及排除的遊戲」（the play of power and exclusion）中，它不是自然的、不可避免的或原始的整體（totality）的結果，而是一種歸化的（naturalized）、泛層決定的（overdetermined）「終結」過程（the process of "closure"）的結果（Bhabha, 1994; Hall, 1996:5）。「終結」又是什麼呢？

終結也就是「關門」，在對立的關係中，它替前項關門，讓後項不得其門而入；它也為後項關門，讓它被封閉，永遠被圍在門內。而不管後項是在門外（相對於前項）或門內（就自身而言），這都是一種排除。

　　歷史上不乏這種認同的排除例子。以法國大革命（1789年）時的雅各賓黨人（Jacobins）的「差異措施」為例，激進的雅各賓黨在推翻路易王朝的君主制之後，厲行高壓及恐怖統治，並為他們自己樹立一種所謂「愛國者」或「好公民」的「主體」（the "subject" of "the patriot" or "good citizen"）；然而被他們建構的這樣的一種人物，事實上僅限於少數的圈內人（「雅各賓自由和平等之友社」），因為只有少數人被認為是真正的愛國者，更少數人被認定為歷史的行動者（agents）而能力行革命。史華茲曼德爾遂稱，這種雅各賓主義（Jacobinism）展現的其實就是一種排除的論述（a discourse of exclusion）（Schwarzmantel, 1998:172）。雅各賓黨人將絕大多數人排除在所謂「愛國者」或「好公民」的行列之外，形成差異的層級，並以自己為正統，也即權力的支配者。史氏即認為，後現代的批判就是要指出這種具有問題叢結的主體或行動者的論點（ibid.）。

　　依據霍爾在〈「他者」的景觀〉（"The Spectacle of the 'Other'"）一文中的分析，西方在十六世紀開始入侵（初期在西非諸國）非洲之後，即透過大量的流行文化表述（如各種

商業廣告）將種族的差異原則付諸實現。當西方白人與非洲黑人相遇，不是擦出「愛的火花」，而是前者將後者區劃成異類，這些流行的文化表述所顯現的黑人形象不外乎下列兩種：一是「天生惰性」（innate laziness）；二是「天生愚昧」（innate primitivism）。前者令黑人只適合被奴隸，但同時又頑固地不願意勞動；後者則指黑人頭腦太過簡單，缺乏文化，無法讓他們接受文明的洗禮。霍爾認為這是一種種族化的表述的管制（racialized regime of representation），目的在將白人所製造出來的「差異」予以自然化，霍爾遂批評道：

> 躲藏在自然化（naturalization）的背後的邏輯是很簡單的。如果說黑人和白人之間的差異是「文化的」，那麼他們就可以向改進和變革開放。然而如果他們是「自然的」——如同奴隸的主人所相信的——那麼他們就可以超越歷史，永久且固定。「自然化」因此是一種表述的策略，用以固定差異，也因而永遠保有它。（Hall, 1997:244-5）

霍爾指出的流行表述展現差異的排除政治，更可在八〇年代的一部由羅蘭卓飛（Roland Joffé）導演的電影《教會》（*The Mission*, 1986）看出來。《教會》描寫 1750 年西班牙、葡萄牙殖民中南美洲時和耶穌教會因利益不同所產生的衝突。片中葡萄牙殖民者以代表母國政府的利益和名號，擬搜

刮瓜南尼族（印地安人的一支）的部落。但瓜南尼族此時則
已改奉耶穌教會，並希望藉此受到教會的羽翼。當地傳道的
教士則反對殖民官員的鐵蹄政策，要求代表教皇出使中南美
洲的紅衣主教拒絕殖民官的軍事手段。紅衣主教迫於無奈不
敢答應，原因是當時耶穌教會在歐洲的勢力日益萎縮，如果
他拒絕了殖民者的要求，那麼在葡萄牙的教會可能因此被葡
王逐出該國，如此一來恐怕會在歐洲其他地區引起骨牌效
應。這種政治性的考慮使他不敢作主，最後僅能眼睜睜地看
著殖民者的鐵蹄掃蕩瓜南尼族的血腥場面，老弱婦孺無一倖
免。教會為鞏固自身勢力，出賣了被殖民者，同時也出賣了
上帝。

　　葡萄牙的殖民者對於瓜南尼族遂行的也是一種差異的排
除政治。當殖民者初來乍到之際，教士帶領瓜南尼族人為他
們舉行一場歡迎會，載歌載舞的瓜族孩童，當場竟被殖民官
員斥為「野生的小孩」。這種野孩子會發人的聲音，連野獸
也怕他們——這些「動物」（creatures）既危險又淫蕩，必須
以劍征服「牠們」，鞭策「牠們」以服勞役[6]。可見殖民者一

---

[6] 片中讓葡萄牙殖民官員將瓜南尼族識為「野生動物」的主要理由是：
他們殺自己的幼兒。瓜族部落有個習俗，即一對夫妻只准生二個小
孩，第三個一定要殺掉。殖民者直斥這是野蠻（動物）的行為。但這
項指控當場即為耶穌教會教士所駁斥：瓜族之所以會有這種陋習，是
因為這是求生存必要的手段，不是野蠻儀式。理由很簡單：族人逃難
時，每個大人只有能力帶走一個小孩。試問他們為何要逃？「他們逃

開始即以「非我族類，其心必異」的方式，硬將之劃歸「非人」的一類，排除了他們做爲人的資格與權利。《教會》中殖民者的手段，和霍爾所批評的情況，如出一轍，有異曲同工之處。

　　進一步言，如何運用排除的差異策略，也會使前後的認同（身分）改觀：將原先被排除的他類以含納（inclusion）方式再歸爲我類。高雄美麗島事件（1979 年 12 月 10 日）即是一個典型的例子。依據翁秀琪的分析，同一事件前後二十年，同樣的主流媒體卻因不同的論述，在認同的形成中造成互異的結果。二十年前事件發生之時，主流媒體將之定義爲「暴力事件」，甚至是（同政府的立場一樣）「叛亂事件」，事件參與者被呼爲「暴徒」、「不法分子」、「逞兇的激烈分子」──這是被排除的「他們」。二十年後在紀念該事件發生後滿二十周年的名義下，一個結合社會各界代表、跨越族群和黨派的「美麗島事件二十周年紀念活動推動委員會」終得以成立（1999 年 8 月 1 日），同樣的主流媒體的報導，此際已將定義轉爲：「應該成爲國家重要的文化資產」、「應該是屬於所有台灣人的共同記憶」[7]。自然，同樣的一批人，

避我們，他們逃避奴工販子！」教士們很爲瓜族人叫屈，因爲教士和瓜族人生活在一起，可以瞭解他們，彼此也才無「差異」之別。

[7]　高雄美麗島事件發生當時，主流媒體的報導有如下的用語：「暴徒在高雄聚集滋事，用木棍火把毆擊憲警，憲兵指揮官……等受傷，騷擾事件今晨一時許尚未止息」；「目擊高雄事件，騷擾八小時，激烈分

以前是「暴徒」、「不法分子」（不能認同者），現在不僅不再被視爲異類，而且成了對國家有貢獻的人（可認同者）。翁秀琪即分析道：

> 我們如果針對《中國時報》和《聯合報》兩家報紙的新聞報導加以分析，可以發現二十年前環繞美麗島事件主流媒體報導的重要符號，諸如國家、人權、族群、民主法治，在二十年後依然是重要的論述符號，只不過符號的內涵轉變了，透過符號而界定的「我們」和「他們」的內涵也不一樣了，當年的「他們」（黨外人士、「美麗島雜誌社」相關人士），二十年後的今天也終於得以被含括到主流媒體所定義的「我們」中來了。（翁秀琪，1999:15）

翁秀琪認爲，差異的範疇劃分是認同及代表認同的各類符號得以運作的主要基礎，而認同是一種社會區別、分類的過程，它蘊涵了凸顯和隱藏的衝突、矛盾，屬於精神心理層

子逞兇，一八三人受傷」；「不法分子暴行，引起全民公憤，各界促請政府，依法從嚴懲處」。二十年後在紀念該事件滿二十周年的活動上，主流媒體報導的用語則轉成如下的描述：「是理性、包容、沒有族群界限，不分本省人、外省人共同追求民主改革，改寫了自由中國的面貌與歷史」；「應該是屬於所有台灣人的共同記憶，每個人都有權力與責任一起來紀念、闡揚」。撫今追昔，兩相對照之下，令人不得不有錯愕之感。翁秀琪遂認爲：「其間差異正凸顯了大眾媒介在認同構塑的運作機制中所扮演的重要角色」（翁秀琪，1999:15）。

次的論述；至於「分類系統無非是透過一組互相對立關係來區分我群及他者」，所以創造差異是分類系統中重要的元素，不僅如此，分類系統需要被內化——主體被召喚（interpellation）到不同的分類系統中，社會秩序才得以維持，社會實踐方能運作（同上註）。如前所述，對支配者而言，差異（以分類系統運作）策略只是形塑認同的第一步，他必須進而對被劃出我群、我類者加以排除，始能鞏固其「支配的政權」（regime of dominion），而這需要一套配合的論述。換言之，支配的政權為能維繫其我類的認同，它要創造差異，利用排除，並運用適合的論述（詳見下一章），以達成其目的。如上所述，德希達的任務便是在解構這一支配的政權。

第四節　差異政治的他者

　　被差異政治排除掉的一方，亦即後現代所強調的他者，往往變成了瘖啞的一群。他者被視而不見，發話者則是支配的一方，且以代表全體的立場說話。狄勒在〈認同與差異〉（"Identity and Difference"）一文中，曾以美國開國先賢之一傑佛遜於1776年所起草公布的「獨立宣言」（Declaration of Independence）為例，說明他者被含納進所謂「所有的人」（all men）中去因而消失無蹤的情況。「獨立宣言」謂：

我們擁有的這些真理是不證自明的,亦即所有的人天生都是平等的,他們被其造物者賦予某些不可轉讓的權利,這些權利是生命、自由以及追求幸福。為了保障這些權利,在人們之中創建了政府,而政府公正的權力係來自被治者的授權。無論何時,任何一個政府形式(Form of Government)變得有害於這些目標,人民就有權利去改變或取消它,並再建立一個新政府,在基於這樣的原則之下,以這樣的形式組織其權力,即用他們似乎是最有可能的方式去達到他們的安全與幸福。

狄勒認為傑佛遜上述的「獨立宣言」,提出了一種以個人主義及自願主義為架構的現代政治,他假定基於「既存利益」(preexisting interests)的獨立且自主的心靈(minds)形成了共同的特殊的信念和價值,而這些利益本身則是穩定的認同(身分)或本性的產物,換言之,「個人的本性決定了他的利益;個人的利益決定了他的價值及信念;而個人的價值及信念則激勵其言辭與行動,以至於去形成一個特定的社會及政治體系」。這樣的假說其實是來自社會契約論(social contract theories),如霍布斯、洛克、盧梭等人的理論,都假定了建立政府以捍衛其利益的個人,都是自由的、自主的、獨立的個體。社會契約論的這種個體(主體)觀,可說是現代政治的個人主義的正字標記(Thiele, 1997:105-6)。

　　狄勒質疑的是：難道「所有的人」真的都是如傑佛遜所說「天生都是平等的」？且都是自由的、自主的、獨立的？傑佛遜的話只說對了一半——反映的是那美國殖民者既存的認同；甚至進一步說，他所謂的「所有的人」，反映的也只是那些自由的、有產的白種男人的地位與經驗（就像傑佛遜他本人），至少當時的美國婦女是不被包括在內的。「可見傑佛遜有關於自主且獨立的個體的假說，只是他們自己特定的社會、經濟及歷史脈絡的產物」（ibid., 106）。

　　這個把他者壓抑以至於抹平付諸實現的策略，莫過於美國憲法的規定。美憲的序言一開頭即說：「我們美國人民」（We the people of the United States），似乎將所有的人都包括在內，而且都享有憲法底下規定的各項權利。然而，如同狄勒所指出的，憲法的保障只適用於那些所謂的「自由人士」（"Free Person"）。憲法條文公然保障奴隸制度——為了解決代表權（眾議員）的爭議，竟規定一個奴隸僅等於五分之三的（自由）人[8]。憲法自身顯然是「睜眼說瞎話」。狄勒在此

---

[8] 參見美憲第一條第二項第三款之規定。該款旨在規定如何計算選出眾議員之各州的人數（州人數的多寡直接影響到應選之眾議員名額，間接影響到各州的利益，所以如何計算，茲事體大），它的規定竟然是這樣子：「確定各州的人數，應包括服兵役一定年限的人和除去未被徵稅的印地安人的全體自由人，加上五分之三的所有其他人等」。「其他人等」指的是誰？制憲諸公心知肚明，當然是那些為白人勞役的黑人奴隸。直至 1987 年，美國聯邦最高法院大法官馬歇爾（Thurgood Marshall）（黑人）還指出，在制憲之時，所謂的「我們美國人」並

遂引述另一位學者卡豪（Craig Calhoun）的話予以批評道：

> 在社會契約理論中，被賦予機會去參與默許的契約的個
> 人，是一群平等的公民中如此之多的成員……加入社會
> 契約中的個人……其原型卻是那些受過教育的、擁有財
> 產的、說著民族主流語言的白人。因此，個人主義反諷
> 地竟壓抑了差異。（Calhoun, 1994:3; Thiele, 1997:107）

簡言之，傑佛遜的獨立宣言及美國憲法，透露了一個權
力壓搾的事實，即他者被抹消，無由發聲，發言的是自稱代
表眾人以至於所有的人的白種男人。事實上，他者的身分、
地位、特性等等是被（支配者、中心、權威）建構出來的，
傅柯在他揭櫫的「知識考古學」（archaeology of knowledge）
和「系譜學」（genealogy）中，即指出近代以來透過各種不
同的論述活動，諸如瘋子、病患、罪犯、同性戀者、陌生人、
婦女等等，都被建構成他者。正如前節所述，他者的角色是
被排除的。以《瘋顛與文明》（*Madness and Civilization*）一
書中傅柯所舉的「愚人船」（the Ship of Fools）爲例，「愚人
船」和約莫在十五、十六世紀同時出現的「淑女船」（Ship of
Virtuous Ladies）、「健康船」（Ship of Health）、「藍舟」
（Blauwe Schute）不同的是，它載的不是「理想中的英雄、

沒把大多數美國公民包括進去（唐士其，1998:37）。

道德的楷模、社會的典範」[9]，而是神經錯亂的乘客。「愚人船」載著他們從一個城鎮航行到另一個城鎮，這些瘋子（也就是「愚人」）因此便過著流浪的生活。城鎮會將他們驅逐出去，只被准許在空曠的農村流浪，但不能加入商旅或香客隊伍（Foucault, 1971:7-8）。

「愚人船」在海上飄泊，四處為家，也四處無家，這種作法形同放逐，也就是正常的人對他們所加諸的一種隔離的手段，一言以蔽之，即差異政治。在差異政治中這些瘋子則被貶為他者，無家可歸。嚴格而言，瘋子被區隔為他者的這種方式（「愚人船」）是人為地被建構出來的。早先瘋子還可和常人（有理性的人）相互交流，是現代化的進展——現代的出現以理性之名，宣稱瘋子為他者，必須加以隔離，於是「在現代安謐的精神病世界中，現代人不再與瘋子交流」，而這貶抑他者（瘋子）的理性，「就是社會秩序、肉體和道德的約束、群體的無形壓力，以及從眾（conformity）的要求」，於是，從此以後，瘋子和常人之間不再有共同的交流語言了（*ibid.*, x）。

他者的這種被建構性，薩伊德的東方主義理論說得更清

---

[9] 依據傅柯的描述，這些相關的舟船故事，係出自文學家（或畫家）之手，「愚人船」的故事則為 1494 年作家布蘭特（Sebastian Brant）之作。「在所有這些具有浪漫色彩或諷刺意味的舟船中，只有『愚人船』是唯一真正存在過的」（Foucault, 1971:8）。

楚。什麼是東方主義?[10]簡言之,東方主義是指一套西方人所建構的關於東方的認知與論述系統,在東方主義這套論述系統中,東方被置於西方文化的權力論述之下,它是「歐洲的一個發明」,「由於東方主義,東方過去不是、現在也不是思想與行動的自由主體」,換言之,東方在東方主義的論述權力網絡中被「他者化」了,成為被評判、被研究以及被描寫的對象,以確證西方的自我與認同。薩伊德說:

> 東方並非一種自然的存在。它不僅僅存在那兒,正如西方也並不僅僅存在那兒一樣……,「東方」和「西方」

---

[10] 在《東方主義》一書中,薩伊德指出「東方主義」一詞有三層涵義:首先是做為一種學術傳統與一系列學術機構的東方主義。這個意義上的「東方主義者」(Orientalist),包括「任何教授東方、書寫東方或研究東方的人(不管是人類學家、社會學家、歷史學家還是語言學家;無論面對的是具體的還是一般的問題),都是『東方主義者』,他或她所做的工作就是『東方主義』」。其次是與上述學術涵義相關但更加寬廣的意義的東方主義,它以「東方」(the Orient)和「西方」(the Occident)之間所做的一種本體論與認識論的區別為基礎的思維方式,這就有大量的作家,「其中包括詩人、小說家、哲學家、政治理論家、經濟學家及帝國的行政官員,接受了這一東方/西方的區分,並將其做為建構與東方、東方的人民、習俗、心性(mind)和命運等有關的理論、詩歌、小說、社會分析和政治論說的出發點」。再次,第三個意義上的東方主義「更多的是從歷史的和物質的角度進行界定的」,它出現在十八世紀晚期。這種東方主義「透過做出與東方有關的陳述,對有關東方的觀點進行權威裁斷,對東方進行描述、教授、殖民、統治等方式來處理東方的一種機制;簡言之,即將東方主義視為西方用以控制、重建和君臨東方的一種方式」(Said, 1994:2-3)。

這樣的地方區域和地理區塊,都是人為建構起來的。因此,像西方自身一樣,東方這一觀念有著自身的歷史以及思維、意象和詞彙傳統,正是這一歷史與傳統使其能夠為了西方而現身,並且為西方而存在。所以這兩個地理實體實際上是相互支持,並且在一定程度上相互反映對方的。(Said, 1994:4-5)

儘管東方被西方的東方主義建構成他者,但從薩氏上面那一段話看來,卻暗示了他者的存在並不必然是消極無望的,簡單地說,如果沒有東方這種他者做為對照的依據,西方恐怕也難以找到自身的認同。進一步言,東方做為被支配者的他者對象而建構起來,西方做為支配者的自身也是被建構的,而且也反向被他者所建構,亦即它要透過對於他者的建構才能再建構自己。這符合後現代向來對認同所採取的建構主義的觀點(詳見第三章)。

再拿「愚人船」的例子來看,瘋子被囚在「愚人船」上,在茫茫大海中無處逃遁,但他卻是「最自由、最開放的地方的囚徒」,只有在兩個都不屬於他的世界(不知從哪裡來,也不知去哪裡)當中的不毛之地裡,才有他的真理與故鄉。但正是這一點對當時的歐洲人具有召喚的吸引力,傅柯即言:「至少可以肯定一點:水域和瘋顛長期以來就在歐洲人的夢幻中相互聯繫著」;蓋「瘋顛是人身上晦暗的水質的表

徵，而水質是一種晦暗的無序狀態、一種流動的渾沌，是一切事物的肇端與歸宿，是和明快、成熟穩定的精神（mind）相對立的」（Foucault, 1971:12;13）。傅柯在此隱約透露了：「愚人船」上做爲他者的瘋子並非一無是處，它亦具生成的力量，而且對他者的另一方也有相對的吸引力。

有鑑於此，所以狄勒在上文中也說到，傑佛遜以「所有的人」的代言人卻壓抑他者所說的那段話，到了二十世紀（六〇年代）以後，則被女性、非裔美人、原住民以及其他少數族群援爲主張自己的政治、公民與經濟等權利的依據——既然你說「所有的人」都有平等的權利，我們（包括在「所有的人」的範圍內）當然也享有同等的權利（Thiele, 1997:107）。這是後現代站在他者的立場的反撲，也是向主流者的奪權。

在後現代看來，做爲邊緣的他者不只是如東方主義所認爲的具有補充中心（a supplement to the centre）的作用而已，它還處在一種抵抗的位置（a place of resistance）；他者的抵抗的存在，對支配的知識形式具有解構的威脅性，而那種知識形式則建構了支配的文化霸權形構的主體、論述與制度（the subjectivities, discourses and institutions of the dominant hegemonic formations），以至於魯德福特（Jonathan Rutherford）進一步認爲：「甚至差異都具有病理的和拒絕性的正當性（pathologised and refused legitimacy），新的詞彙和新的認同則產生自這些邊緣。所以像『黑即是美』（"Black is

Beautiful"）、『姊妹情即是力量』（"Sisterhood is Powerful"）
以及『同志的驕傲』（"Gay Pride"）[11]這些早期的主張，都打
破了二元對立中他者性（Otherness）的邏輯」（Rutherford,
1990:22）。儘管在二元對立中的他者被剝削及壓制，但是新
的主體及新政治卻存在這種邊緣性的關係裡，魯德福特闡釋
道：

> 弔詭的是，當邊緣抵抗並發現它自己的用語時，它不僅
> 消解了壓抑它的支配性論述與認同，它還轉變它自己的
> 意義。正如它用它的差異侵入中心一樣，它也對自己內
> 部的差異予以開放。在七〇年代晚期及八〇年代早期的
> 女性運動的經驗，就是一例。女同性戀者、黑人及勞工
> 階級的女性主義者政治（feminist politics），在遭遇女性
> 主義時都有其各自不同的特性。女性主義必須承認它是
> 「女性主義們」（feminisms）。認同因而從來就不是一
> 個靜態的場域，它包含了過去以及將要到來的蹤跡。在
> 差異的遊戲以及我們自己生活的敘事中，它是偶然的、
> 一個暫時性的駐足點。（*ibid.*, 23-4）

---

[11] Gay 一詞原指同性戀或同性戀的，近些年的演變有逐漸被用來專指男
同性戀的傾向，以區別於另一個專指女同性戀的 Lesbian（在台灣有
人音譯為「蕾絲邊（鞭）」）。但不論是男同性戀或女同性戀者，
在台灣均呼為「同志」（與一般舊稱「同志」義不同），如「男同
志」、「女同志」。此處譯名從之。

邊緣性的他者既具有如斯力量，鼓吹一種新政治便有必要，這種新政治便是要鼓舞那些被權力中心壓制的「很多種聲音」能發出而且被聽見，這些「聲音」包括：「罪犯、同性戀者、精神病患、失業者、孩童、少數族裔、沒信仰者、婦女、行動不便者、學生、生態保育人士、拒絕服兵役者」（Thompson, 1998:153）。為此，需要有更為建構性的政治措施，亦即要去找出真正促進差異的有效方式，如同懷特（Stephen K. White）在《政治理論與後現代主義》（*Political Theory and Postmodernism*）一書中的主張：

> 差異的積極性的價值，在它反對「只有寬容而已」；它提供我們可以更堅強地推行公共政策的基礎，這些公共政策不僅保障了個人或集體的具體他者（concrete others）表達他們自己的正規的權利，而且在促進（foster）或賦權（empower）予這類聲音的出現上，走得更遠也做得更多。（White, 1996:110）

在湯普遜看來，促進差異以保障他者（發聲）可以採取各種不同的制度形式（institutional forms），其中主要有二種：

1.多元文化主義（multiculturalism）

多元文化主義認為，在形塑並界定個人自己的認同上，從普全的潛在力（a universal potential）來看，所有的個人都

應受到敬重,例如語言及文化上的少數族群,或者是原住民族,他們即有非常不同的特性,確實應該讓他們保有恰當的知識以及瞭解他們自己的需求及認同(身分)。所以多元文化主義的政治主張:「所有獨特的個人及團體的認同應該予以承認,而政治形式的設計,應該要激勵和促進這些認同的發展」(Thomposon, 1998:153)。較爲激進的多元文化主義的政治訴求,甚至主張在(學校)教學及課程上反轉由所謂「死的白種歐洲男人」即 DWEMs(dead white European males)長期霸佔的內容,而更應該關注上述那些弱勢的他者,包括他們的文化、語言、歷史傳統等等;不僅如此,其他相關的政治措施也要配合,以符合其所謂的「政治正確性」(political correctness) [12] (Berger, 1995:139;143)。

2.差異的政略(politics of difference)

此一「差異的政略」主張,在正式的政治制度體系本身內部,須予不同的團體擁有其應享的權利。湯普遜在此援引楊恩(I. M. Young)的見解加以說明。依據楊恩的主張,因爲

---

[12] 「政治正確性」一詞在九○年代以來——尤其在美國,已經變成了一個被用濫的流行字眼。左右兩派且都援以批判對方的依據。左派學者用它來抨擊那些反對左翼傳統(如在文學的研究上)的學究,並同情少數團體(希望以某些方式尋求認同)。右派學者也以之反唇相譏,並反對實施具有多元文化觀點的課程教學。然而,不論他們雙方的立場爲何,「政治正確性」一詞都被拿來用在多元文化主義的事物上(Berger, 1995:142-3)。

有一大堆團體忍受了各種不同形式的壓制,所以需要予以正式的政治上的承認。此外,她還提供不少方案以便將這些團體整合進政治體系內,這包括:在制度上及財政上支持這些團體能夠有效地將它們自己組織起來;提供機會給這些團體能夠創制政策提案以及對政策提案能有所回應;授與這些團體對任何能直接影響它們的政策法案有否決的權利(the right of veto)。楊恩所提供的這些方案,旨在能予這些弱勢團體以公開的承認,並授其權利,以便將所謂「差異的承認」(the recognition of difference)予以制度化(Young, 1990:184; 173-4; Thompson, 1998:153-4)。

總之,後現代正視差異政治中他者的地位及其力量,他者的認同不僅不應被輕視,更應該予以鼓舞及促進,簡言之,即要將這被壓制的他者予以解放(to emancipate)。楊恩的方案是否可行,那是另一個問題;重要的是,後現代洞見了現代的盲視。差異政治乃一刀兩刃,後現代則看到了它對現代的反作用力,對於他者的承認與認同不僅有必要性,也有迫切性。更重要的是,差異本身即是對於普全主義的逆反,後現代在反普全主義的前提之下,自然要對差異政治的主張另眼相待,而這也是差異政治之所以做爲新社會運動的訴求的原因所在。

第六章
後現代認同的論述

　　如前所述，後現代的認同乃是一種「建構性的認同」（a constructed identity），而如同霍爾所言，我們的認同只能在所謂的「論述」（discourse）裡面（而不在它的外面）被建構（Hall, 1996:4）[1]，亦即「捨論述則不復奢言認同」，認同之所以具有意義，以及進一步言，具有何種意義，必須將之置於具特定歷史脈絡的論述形構（discursive formation）內，始能為人理解，並成為談論的基礎。

---

[1] discourse 一詞，國人有譯為「言說」（洪鎌德、蔡源煌、陳墇津等）、「話語」（高宣揚、王德威等）或「論述」（朱元鴻、陳光興、廖咸浩等）。由於言說（utterance, speaking）有指向「說話」、「言辭」（speech）之義，而話語雖有指涉「說話」之外的書寫的言語（langue）之義，惟均未能涵括 discourse 一詞本身所具有的複雜之義，若援此譯法，為人望文生義，恐遭誤解。或由於此故，學界中最常見的譯法為「論述」，蓋 discourse 本身有一套理論（如傅柯、拉克勞與穆芙等後結構理論家）為其基礎，而且它所表「述」出來的「話語」，往往有其背後「論」的痕跡，發揮了某種生成（production）或約制（regulation）的力量及效用。

　　相對於傳統語言學或符號學把焦點放在語言（或符號）
上，後現代主義強調的則是較語言或符號概念範圍更為廣泛
的論述，如同底下將要討論的，論述涵括的不只是語言或符
號而已，它更是一種規約（regulation）和實踐（practice）。
因此，主體或自我的認同，在後現代主義者看來，往往只是
一個「在語言中的位置」（a "position in language"），一個「論
述的效果」（an "effect of discourse"）（Flax, 1990）。簡言之，
是論述（產生或正或負的效用）使自我的認同在特定的歷史
時期及社會脈絡中找到了一個位置。

　　有鑑於此，霍爾即認為，在此，我們需要的並非一種認
知主體的理論，而是一種論述實踐的理論（a theory of
discursive practice）（Hall, 1996:2），蓋關於主體的認識，從
後現代的角度來看，如上所述，只能從論述及其實踐中實現。
不過，霍爾也強調，這不是要放棄或取消主體，而是要將主
體再概念化（reconceptualization）——也就是在這個新的、被
置換的和去中心的位置裡再加以思考：

　　〔我們〕似乎要嘗試將主體以及會引起認同問題的論述
　　實踐之間的關係再予以構連（rearticulate）—— 或者說
　　得更恰當一點，如果我們更願意強調這種隸屬於論述
　　實踐的過程，以及那種使所有像這樣的隸屬
　　（subjectification）都會伴隨出現認同化問題的「排除的

政治」（the politics of exclusion）。（Hall, 1996:2）

　　後現代的認同既是一種論述的建構，那麼首先要探究的
就是論述本身，亦即什麼是論述，然後才能談論論述對於認
同的作用與限制。然則何謂論述？如同米爾斯（Sara Mills）
所說的，很多人使用論述或論述分析方式，都不對它加以界
說，致使「論述」一詞本身變得複雜難明。然而，也由於它
被使用的複雜的歷史的緣故，似乎不能被定為一義，端視援
用者的理論背景以及援用的方式為何而定（Mills, 1997）。

　　本章則主要從傅柯的觀點，來探討論述對於後現代認同
所產生的作用及其影響，從而也主張後現代認同必須透過論
述（及論述實踐）始能彰顯它的特性與意義。

第一節　論述的意義

　　後現代主義之所以強調論述及其作用，主要原因之一係
來自它對現代政治所主張的意識形態（ideology）及其分析方
法的不滿，蓋意識形態做為政治分析的基礎顯然有過於簡化
的缺陷，尤其對後現代的政治認同而言，它來自論述的作用
遠大於意識形態的形塑。易言之，後現代認同政治針對的是
論述的問題，而現代認同政治面對的才是意識形態的問題。
因此，想釐清論述本身的意義，首先即須將之與意識形態做

個區分。

一、論述與意識形態

　　意識形態做為一種信以為真的認知圖畫（一套藉以認知政治的價值系統），至少隱含有二個假設：首先，它假設存在有一能建構真實（reality）的再現或表徵（representation）的力量；其次，它還假定存在有一自主性的主體或一獨立的意識（an autonomous subject or independent consciousness）。然而，後現代主義者認為：第一，真實是被存疑的，所以真實能否被再現就有問題了，再現甚至能取代真實本身，換言之，沒有再現也就沒有真實；第二，並不存在獨立、自主的主體或意識，反而是媒體的再現先於自我的存在。既如此，意識形態在此並無用武之地，而馬克思所主張的意識形態是一種「偽意識」（a false consciousness），看來也是多餘的了（Hawkes, 1996:4-5）。

　　或許因為這樣，在當前瞬息萬變的時代與輾轕複雜的社會，對於政治行動的分析，如前所述，由於意識形態本身的過於簡化（做為一種政治研究的工具），已逐漸派不上用場。舉例而言，外勞的引進，對勞工成本節節上漲的已開發國家而言，是資方及政府一種迫切需要的政策，但此時身為本國勞工的你為了自己的工作利益，被迫走上街頭，和一群同樣在成衣加工廠工作的藍領受薪階級一起搖旗吶喊，示威遊

行。但示威結果發生暴動，結果你被員警拍照告發，甚至將你定罪為潛在的煽動分子。就意識形態的分析來看，它著重的是示威之後所產生的直接的行動效果，比如對於外勞引進人數的限制，但是就論述分析而言，它還進一步關照到示威遊行所引起的其他效果，例如政府法令政策如何調整，成衣等製造業外勞人數可能減少，但外來家庭幫傭卻不減反增；被飭回或釋放的你，從此可能變成一位激進的工會中堅分子，積極從事勞工運動；至於在媒體記者的文字及鏡頭報導下，示威則可能被定位為暴動或非法的滋事行為。

　　傅柯在分析論述問題時，便拿意識形態來與它做對照說明，在某種意義上來說，誠如米爾斯所言，傅柯是從它和意識形態的定義彼此之間的對話，以及它對於意識形態定義的回應，來界定論述一詞的。那麼，傅柯如何界定意識形態本身呢？他說：

　　意識形態的觀念對我來說使用上有困難，是因為有這三個原因：首先，不管一個人要或不要，它實際上總是和那種像是真實（truth）的東西唱反調……第二個不便是，我必須相信的，它指涉某種像是主體的東西。第三，意識形態是處在和某種事物相關的第二級位置裡，而這某種事物則被當做底層結構或者是經濟或物質的決定項。（Foucault, 1979b:36）

申言之，傅柯之所以不使用意識形態（分析），是因為意識形態與其所強調的論述（分析）有如下三點的區別（Mills, 1997:32-42）：

首先，如上所述，意識形態常被（尤其是馬派）視為一種偽意識，或者是「一種真實存在狀況的想像性再現」（an imagined representation of the real conditions of existence），惟其虛偽性之被理解，乃須站在意識形態之外的位置，對其批判亦復如此。傅柯則認為他自己無法完全站在他所分析的思想與實踐之外的位置。任何批判的行動，係由其置身其中並成為它一部分的權力關係所決定和形塑。就論述的理論觀點來看，他本身做為一個主體，只能在某一特定時期由論述架構對他所施加的限制裡發言。所有的知識均由社會的、制度的和論述的壓力的結合所決定，連理論知識也不例外。其中有些知識向支配論述提出挑戰，有些則與之共謀。

其次，意識形態理論通常假定存在一被視為執行者（agency）的個體（自我），這種觀念基本上係承襲自笛卡兒的主體觀（the notion of the Cartesian subject），主體之存在是因為它能思想和具有理性的能力，它本身被視為獨特的且是自我涵納的（self-contained）。傅柯的論述理論則要除去主體本身，亦即「要廢除這個構成性的主體」（to dispense with the consitituent subject）（Foucault, 1980b:59）。雖然如米爾斯所說，意識形態分析會降低主體的重要性（因其關切的是個人

的團體或階級，也因爲其興趣在透過像國家這樣的制度的行動來建構個人的主體性），但是它最終仍保有「可以對抗意識形態壓力及掌控自己行動」的個人主體觀（the notion of the individual subject）。然而，論述理論在擺置、描述以及甚至說明這個可以抵抗權力的個人主體上來說，則是顯得相當地困難。

　　第三，意識形態被馬派視爲一種上層建築，而做爲底層結構的經濟或物質基礎則決定了上層建築。傅柯並不同意此一看法，在他看來，經濟、社會結構與論述之間並非一種簡單的關係，它們之間彼此形成複雜的互動關係。儘管他瞭解到國家的控制及權力的關係是最基本的，它只是眾多權力關係中的一個權力類型而已。馬派的意識形態理論認爲權力乃基於「壓抑性的假說」（the "repressive hypothesis"），亦即權力只是對於他人權利的否定性的侵犯。傅柯則試圖將權力概念從這種否定性的模式移轉到另一個架構上，這個架構強調的是權力生產性的特質，也就是權力既是壓抑的也是生產的（後詳）。

二、論述與語言

　　論述既非意識形態，那麼論述究竟是什麼？論述一般的意義是從語言學來看的，霍爾即指出，論述這個詞彙通常是被用做一個語言學的概念，簡言之，它是指「連結性書寫或

言說的段落」（passages of connected writing or speech）（Hall, 1997:44）。進一步言，論述和另一個同是後結構（後現代）主義重要概念的文本（text），意義非常接近。柯里斯托（David Crystal）便認為，論述分析主要集中在口說語言（spoken language）的結構（如會話、訪談、評論與演說等等），而文本分析則側重在書寫語言（written language）的結構（如短文、告示、路標、篇章等等）。惟柯氏亦特別指出，事實上論述與文本在使用上都採較廣泛的意義，也就是它們都包括所有具有可界定溝通功能的語言單元（language units），不管它們是口說的或是書寫的（Crystal, 1987:116）。

所以，論述是由口說的和書寫的語言所形成，而語言本身則是做為一種溝通的工具，它所表現出來的便是論述（Benveniste, 1971:10; Mills, 1997:5），因之，論述本身既是口說的也是書寫的，並且被視為溝通的領域。論述既屬溝通的領域，那麼如同麥克唐納（Diane Macdonnell）所說的：「對話（dialogue）是論述的主要狀況：所有的言說與書寫都是社會性的」（Macdonnell, 1986:1）[2]。論述既具有社會性格，那

---

[2] 費斯克（John Fiske）在他的《電視文化》（*Television Culture*）一書中亦持類似觀點：「論述是一種已經社會性發展的語言或再現系統（system of representation），以便去形成和傳佈一組和一個重要主題領域有關的凝聚性意義」（Fiske, 1987:14）。論述因而是一種社會行為，它可促進或者反對宰制性的意識形態——這就往往和它做為一種「論述實踐」（"discursive practice"）有關（下詳）。

麼一來它就有其所隸屬的社會語境（social context），二來它也常有相對的或敵對的論述，甚至為其所定義。

　　語言做為一種論述，可以形成或壓制自我的認同（尤其是族群的認同）。語言歧義繁複，認同也就難以統合連貫；語言沉默或喪失，則認同因而也無由形塑。此外，支配性語言也可使其他（弱勢）語言「消音」。以台灣原住民九族為例，他們在台灣歷史、文化開展的旅程中，之所以始終都是一群沒有聲音、沉默無言的族群，主要原因是他們缺少可以書寫的文字語言[3]；而「沒有文字，不但無法形成一個以族群為主體的歷史傳統，也無法將民族〔族群〕有血有肉的情感和想像藉文學的力量綿延傳遞下去」（孫大川，1992:155-6）。

　　不只是如此，由於由漢族統治的政府在五〇年代以後，強制實施意識形態及政治涵義濃厚的國語推行政策，日久遂使原住民新生世代徹底喪失了使用其母語的能力，誠如孫大川所指出的：「除一般性生活用語（許多人連這一點能力也都失去了），以及一些極少數的例外，母語對大多數原住民而言，已如外國語文，必須刻意學習才能稍有把握，更談不上用母語思考、創作」（同上註，157）。簡言之，漢語（文）

---

[3] 台灣原住民除少數如阿美、排灣、雅美等族群有教會傳教士制定羅馬拼音文字，以該族語言翻譯《聖經》、《詩篇》外，其他大部分的族群都沒有文字；而且教會所用的拼音系統並未廣泛流通，無法與族群之社會、生活產生有機的關聯（孫大川，1992:155）。

支配了原住民族的用語，也形塑了他們（對漢族）的認同。他們的認同由對立的他方（漢族）所界定。

　　不同的語言座落在不同的社會語境，因而形成不同的論述，而這些不同的論述之間，彼此可能是難以溝通的，因為它們有各自不同的意義語境。孫大川即轉述蘭嶼雅美族作家施努來一段精彩的自我剖白（敘述了因為語言論述的差異而造成溝通困難的親身經驗）：

> 我回到蘭嶼住，已兩年多了……今年我實際參與捕魚，才更深一層體會到飛魚和雅美人生活關係的密切。尤其是今年，我們家造了一艘大船，這是我從小就夢寐以求的大事。我和我的父親一起出海拿著火把抓飛魚，我終於實現了這個夢想，船航行到很遠的地方，路上我都不敢講話，我划船的力氣超過老人家，我不敢隨便開口的原因是我不懂抓飛魚的術語；譬如平常說的左手，這時候便不能直接講左手，要講那左邊來用力量的手。捕魚時，船上亮著火把，左邊的人看到了飛魚，也不能直接大叫：「左邊這裡有飛魚！」而且萬一你這麼一叫，老人立刻把船頭一掉就回去不抓了，甚至還罵你：「下次你不要和我一起來！」要怎麼講？要講：「在我身體的那一邊有天上的禮物游來游去」，大家立刻就懂了。一聽是左邊的人發話，還是右邊的人發話，就知道魚從哪

邊來，拿起網，馬上就可以撈了。類似這樣的情節，漢
人朋友能瞭解嗎？（同上註，169）

三、論述與論述形構

如上所述，論述雖由語言所構成，但就傅柯來說，他關
切的並非語言本身，而是那些產生具有意義的陳述
（statements）的規則與實踐，以及在不同歷史時段中規制性
的論述。所以傅柯認為，論述是一群陳述（a group of
statements），它提供了一種在一特定歷史時段談論有關某一
特定主題的語言——一種再現有關某一特定主題知識的方
式。一言以蔽之，論述是透過語言的一種有關知識的生產。
然而，由於所有的社會實踐都含有意義，並且意義形塑及影
響我們做什麼——亦即我們的行為——因此，所有的實踐便都
具有論述性的面向（Hall, 1992b:291）。

如果按照傅柯的主張來使用論述一詞，那麼如同霍爾所
說的，此時論述的概念就不再純粹是一個「語言學的」概念，
更應該說，它是有關語言及實踐的，而且要克服傳統對於「誰
說什麼」（語言）及「誰做什麼」（實踐）二者的區分。所
以傅柯認為，論述建構了主題（topic），它界定並生產出我
們知識的客體，掌控了一個主題如何能被有意義的談論及推
理的方式。它也對理念如何成為實踐以及被用來管制他人的
行為造成影響（Hall, 1997:44）。所以，就上述施努來的例子

來看，並非只是由於抓飛魚的語言本身的不同而形成年輕一代（被漢化）與上一代原住民長輩在溝通上的困難，重點在於當時語言被用做實踐的語境，使漢化的語言不再具有意義或價值，而且要使抓飛魚的行動落實，在原住民長輩的支配之下，必須將漢語排除在當時的語境之外，換言之，語言本身是否有意義，或者進一步言，是哪種語言才能形成意義，要由實踐—— 論述的實踐來決定，這當中自然涉及權力關係的運作。所以，紀爾絲（Judy Giles）及米德頓（Tim Middleton）二氏即言：「並不是由語言單獨產生論述，而是也要由行為及實踐來產生論述」（Giles and Middleton, 1999:69）。

傅柯更認為，論述從來就不是只由一種陳述、一種文本、一個行為或一項來源所構成。在任一特定時期，構成思想方式或知識狀況的特徵的同一種論述—— 傅柯將之稱為「知識型」（*episteme*），在社會中可以越過（眾多）文本的範圍，而且做為行動的形式（forms of conduct），它還可座落在不同的制度性位置上。然而，不論何時，這些「指涉同一客體（對象）、擁有同一類型，以及支持一種策略……一種共同的制度性的、管理性的或政治性的趨勢和型態」的論述性事件，就傅柯而言，它們均隸屬於同一種所謂的「論述形構」（Hall, 1997:44）[4]。簡言之，由眾多語言、陳述、文本、行為，甚至

---

[4] 傅柯的論述形構，類似孔恩（Thomas Kuhn）所說的「典範」

是規約等所構成的論述，通常以論述形構的方式出現。

四、論述與意義建構

進一步言，傅柯認為，知識及意義的生產係經由論述而不是語言，意義及意義的實踐因而只能在論述裡建構（所以霍爾稱傅柯是位「建構主義者」）（*ibid.*），而這也就是底下這兩句有關論述的名言：「論述產生知識的客體」（"discourse produces the objects of knowledge"）與「在論述之外沒有東西是有意義的」（"nothing which is meaningful exists outside discourse"）。不過，據霍爾的解釋，傅柯的意思並未因此而如同某些批評家所說的那樣，拒絕承認事物本身在世上有一真實、物質性的存在，他所主張的不過是「在論述之外沒有東西具有任何的意義」（"nothing has any meaning outside of discourse"）（Foucault, 1972）。這就像拉克勞和穆芙（Chantal Mouffe）二氏所說的：「我們的使用〔這個論述的字眼〕乃在強調此一事實：即每一社會的構成體都是有意義的（every

---

（paradigm）。孔恩在他的代表著《科學革命的結構》（*The Structure of Scientific Revolutions*）中，將典範描述為在一特定時期由一既定的科學社群所共享的（關於科學的）一般被知悉的法則、理論模式與方法，在這一組宰制的假說與實踐裡，科學家所追求與探索的是孔恩所說的「常態科學」（normal science）。常態科學在新問題（異例的出現）的挑戰下，會促成新典範的興起，形成所謂的「科學的革命」，也就是典範的變遷。重要的是，典範及典範之間的不可共量性（incompatibility）（Kuhn, 1962）。

social configuration is meaningful）」（Laclau and Mouffe, 1990:100）；換言之，論述這個概念不是關於事物是否存在，而是關於意義是從何處而來（Hall, 1997: 44-5）。

如果拿拉克勞與穆芙在《在我們時代的革命裡新的省思》（*New Reflections on the Revolution of Our Time*）一書所舉的例子做說明，對於論述與意義建構之間的關係，就會更清楚不過了。拉、穆二氏認為，有形的對象物（客體）確實存在，惟其不具固定的意義，它們只有在論述之內才獲得意義以及變成知識的對象（Laclau and Mouffe, 1990:100-3；Hall, 1997:45）：

(1)從論述的角度來看「砌造一道牆」這件事，當中有關語言學的部分（要求一塊磚石）與有關物理行動的部分（將這塊磚石放置上去）之間的區分並不要緊，雖然前者是語言學的，後者是物理學的，但它們兩者都是論述的── 在論述之內它們都是有意義的。

(2)你所踢的一個圓形的皮製體是一個物理的對象物──一個球；不過它要變成「一個足球」則僅能在球賽（遊戲）的規則語境裡才行── 球賽規則則是社會性的一種建構。

(3)在使用的語境之外，是不可能決定一對象物的意義的。在打架中丟出的一塊石頭（「一個投射物」）和

在博物館中展示的一塊石頭（「一塊雕刻物」），兩者是不同的事物。

　　所以，物理的事物和行動是存在的，但它們只能在論述之內才具有意義並成為知識的客體（對象物）——此一觀點係意義及再現的建構主義理論的核心。傅柯認為，我們只能擁有事物的知識，而如果它有意義，那是論述（而不是事物本身）產生了知識，因此，主體——例如瘋子、罪犯、同性戀等等，也僅能存在關於它們的論述之內始有其意義可言（Hall, 1997:45）。簡言之，即是論述賦事物不是事物本身賦事物以意義。進一步言，由於論述的改變，事物（或者認同）本身所具有的意義也會因而跟著改變；同一種認同的身分，則因為置身於不同的歷史時期，而產生了不同的意義。由此看來，不同的語境和時期（context and period），限定了論述的作用與範圍[5]。

第二節　論述與權力

　　如上所述，論述及論述實踐本身脫離不了權力關係，因

---

[5] 有鑑於此，論述分析理論在其用語中通常都會特別強調，論述是「在某社會語境」（within some social context）及「在某一特定的歷史時期」（in some specific historical period）之內的論述，以限定其作用範圍。

此誠如米爾斯所說：「權力是討論論述的關鍵性要素」（Mills, 1997:19）；歐蘇立文（T. O'sullivan）等人甚至斬釘截鐵地說：「論述就是權力關係」（"discourses are power relations"）（O'sullivan *et al.*, 1983:74）—— 上面這兩句話不啻為傅柯的論述的權力觀下了註腳。對傅柯來說，論述是無法和權力分開的，因為論述可說是每一種制度的規制性媒介，簡單地說，它決定了什麼是可說出來的、什麼是「真理」的標準、誰說的話擁有權威，以及像這樣（權威）的話在哪裡可以說出等等。

就以有關「瘋子」的論述為例來說，傅柯認為那些決定什麼是正常的或理性的規則與程序，如同上一章所說的，成功地將被排除者予以消音（亦即認同的排除），身處於特定論述形構之內的個人，如果他不服從未出聲的那些規則及限制的「檔案」（the unspoken "archive" of rules and constraints）[6]，那麼他是無法思考或說話的—— 不然，他就冒被宣告為瘋

---

[6] 「檔案」（archive）一詞，簡單的說，就是一種陳述（statement）的系統，它是一組論述的機制（the set of discursive mechanisms），它限定了什麼可被說、用什麼形式（說），以及什麼是值得認識與記憶的。檔案並不是指那些老掉牙作品的總合，用傅柯自己的話說：「我也不意味一些制度，這些制度在一特定社會裡使些我們想要記憶並運轉的論述，得以記錄和保存」；相反地，檔案顯示那些（被說也說了很久的）事物「是如何藉著一套特殊論述層次上的關係組合而出現。為什麼它們是按照特別的規則性而衍生，而不是像一些偶然形象在一種偶然的情形下被移植到靜默的過程上」。檔案系統轄什麼可以說出來的法則，管制陳述以一獨特事件出現的系統。它保障這些「被說出來」

顛或瘖啞者的危險（Foucault, 1971; Selden and Widdowson, 1993:159）。顯然，有關瘋顛的論述，在此利用了排除的作用，建構了關於瘋子的認同（身分），而排除本身則處處可見權力的痕跡。

論述本身成為一種權力，按傅柯之意，主要是做為一種知識來展現的，在此，他集中討論了知識與權力之間的關係，闡釋了權力如何在他所稱的「制度性機具（*institutional apparatus*）及其技術（*technologies*）」裡運作，當中他所提出的所謂「懲罰的機具」（the apparatus of punishment），包括了各種不同的異質的組成要素，有語言學的及非語言學的，諸如「論述、制度、建築佈置、規約、法律、行政措施、科學陳述、哲學命題、道德、慈善等等……因而機具總是被寫為一種權力的遊戲，但它也總是與某種對等的知識相連結……也就是機具在於：由知識類型所支持而且也支持了知識類型的力量關係的策略（strategies of relations of forces）」（Foucault, 1980b:194,196）。傅柯認為，知識因之無法免於權力關係的牽絆，原因在於知識總是要被用在對於實踐的社會行為的管理。霍爾即指出，這一由論述、知識及權力之間

的東西能按照複雜關係來組織，以一特殊形象來聚合，並按照特殊規則來保存或混淆；它不在搜集那些已沉寂的陳述。一言以蔽之，檔案是另一種論述形構，它的目的係在界定陳述一事物出現的模式（Foucault, 1993:249-50）。

的關係所形成的前景位置（foregrounding），顯示出有關再現（representation）理論的建構主義取徑的重大發展（Hall, 1997:47）[7]。

一、從意識形態到文化霸權

若要從傅柯的後現代的角度來進一步討論論述、知識與權力之間的關係，就必須往回追溯馬克思主義關於意識形態的理論。馬克思主義特別關注的是，它想要確定在一特定知識形式裡被掩蓋的階級位置（立場）及階級利益。馬克思即認為，在每一個時期，做為意識形態的理念反映的是社會的經濟基礎，而那些「宰制性的理念」乃是來自統治階級。在馬氏那個時代統治階級則掌控了資本主義經濟，所以那時的意識形態即是資本主義的意識形態，而這樣的意識形態則符

---

[7] representation（再現）一詞，也被譯為表象、表徵、表述或代表。它被視為社會知識生產的來源，對傅柯來說，知識的生產（不只是意義的生產而已）則是要透過論述來實現。大體上，再現具有三層涵義：首先，諸如客體、事件、過程等等，在再現與意義之前，便已存在於一不必有中介的真實（an unmediated reality）裡；其次，有一純粹的與本真的意義在被表達之前即已先天性地存在於客體（對象物）之內；再次，存在一再現形式，較諸其他再現形式，對於原始物（an original）來講更為真實，或者實際上被視為和原始物同一。這些涵義有二元區分的味道，亦即植基於「毋須中介的本真性」（unmediated authenticity）與「次位的或非本真性的再現」（secondary or inauthentic representation）的區分，惟此一假定現已遭解構論所質疑（Brooker, 1999:192）。

合了統治階級即資產階級的利益（洪鎌德，1997b:157-66）。

　　然而，在傅柯看來，首先，馬克思主義的意識形態理論，有將所有的知識與權力的關係簡化為一種階級權力和階級利益的問題（此點亦為拉克勞與穆芙二氏所質疑）。傅柯並不否認有階級的存在，但他強烈地反對馬派的意識形態理論中這種經濟或階級掛帥論的化約主義。其次，馬克思主義有這種傾向，即（故意）將它所宣稱的資產階級知識的曲解性，拿來和它所主張的「真理」（即馬克思主義的科學）相對照。但是傅柯並不相信，有任何一種思想形式，站在論述遊戲的外面，宣稱自己擁有這類絕對的「真理」。就他而言，所有政治的和社會的思想形式，都是不可避免地要在知識與權力的相互作用（或遊戲）中被捕捉和瞭解（Hall, 1997:48）。

　　馬克思主義意識形態理論的階級化約主義，後來被西方馬克思主義代表人物之一的葛蘭西（Antonio Gramsci）所拒斥。葛蘭西首先一反馬克思經濟基礎決定上層建築的說法，改稱政治、法律以及意識形態等上層建築也能制約下層建築（洪鎌德，1996:48）。其次，他更揭櫫所謂的「文化霸權」（hegemony）[8]說以取代前述傳統的（或稱正統的）馬克思主

---

[8] hegemony 一詞，字典的解釋為霸權、領導權、支配權或盟主權，學界也有直譯為霸權或優勢（洪鎌德，1996）。惟台灣大多數均譯為文化霸權，蓋相對於傳統馬克思主義強調經濟為重的主張，此一概念側重的是社會的文化面向，誠如柏寇克（Robert Bocock）所說的，文化霸權意謂著「道德和哲學的領導權」，而這個領導權是透過社會主要

義的意識形態理論。社會的統治者並非只透過其經濟威權的直接表示來取得支配權,它更要在市民社會的領域中積極地運用其智識的、道德的及意識形態的影響力以取得被統治者的同意,也就是要透過文化霸權在社會整體中(in society as a whole)去尋求表達及更新佔優勢的「共識」心態(the prevailing "common sense" mentality)(Brooker, 1999:99)。

文化霸權理論與意識形態主張的不同,在於社會中既定的共識及文化霸權秩序可能被挑戰,例如示威、罷工,甚至是暴動的出現。此時為了重新保有社會及政治的秩序,有可能透過「鎮壓」("coercion")而非「同意」("consent")來達成。有論者即認為,葛蘭西在此將文化霸權和意識形態做了區分,即前者藉由同意而取得,而後者則由施加暴力而獲致(ibid.),新馬克思主義者伊戈頓(Terry Eagleton)甚至認為,文化霸權顯示出「較意識形態更為廣泛的範疇:它包含了意識形態,且不能化約為意識形態」(Eagleton, 1991:112)。不惟如此,照葛蘭西的說法,為了贏取其他團體的同意,並

團體積極的同意而取得的(Bocock, 1986:11)。至於同意的取得係以凝聚民意來顯示被統治者對統治的同意,這不僅須透過國家原有的行政、治安等機關,而且更要透過去不被視為國家機構的諸如教育、傳媒、資訊等制度來實現,而後者的文化職能也因而逐漸成為國家主要的職能(洪鎌德,1996:49)。從這個觀點再回過頭來看,則所謂「道德和哲學的領導權」不啻為「文化的領導權」(道德和哲學乃廣義的文化領域),也就是「文化霸權」。

在思想及實踐上能超越它們以達到某種優勢，不同的團體以各種不同的方式（包括意識形態的）相互鬥爭。換言之，文化霸權從來就不是永久性的，它不僅不能化約為經濟利益（如意識形態），而且也不能簡化為只屬一種階級的社會模式（Hall, 1997:48）。

如斯看來，文化霸權的理論，一來它或明或暗地強調了知識（文化）和權力的關係，即權力的取得與維繫，藉由知識（文化）的途徑，可獲致（比起武力）事半功倍的效果；二來它雖然認為存在有支配性的權力，但此一權力可為不同的團體鬥爭取得，也就是暗示權力是可以改變的。這兩點基本上都較意識形態更接近傅柯的論述理論。如果把它們放到認同問題上來看，那麼我們可以說，文化霸權對於認同的形塑，較諸透過意識形態的途徑，更能發揮影響力。文化霸權也較意識形態更接近後現代的認同政治，蓋除了後者顯得較為僵硬外（意識形態結構式的反映說，使它本身難以改變），前者所具的文化特性亦較能符合認同的文化政治範疇。

二、權力的壓制性與反抗性

然而，葛蘭西的文化霸權說並未放棄階級的重要性，尤其是國家所存在的統治階級，由於現代國家仍舊是一個階級的國家，因之，階級統治也轉變為階級同意。階級同意的產生、維持和再生產，完全依賴「政治和文化霸權之設施」的

運作。顯而易見,現代國家中的統治階級,強調它的利益就是全民的利益,也成爲其他階級模仿和追求的目標。葛蘭西就說過資產階級曾對法律觀點和國家的功能注入了革命性的理念,那就是要求和激發被統治者向統治者看齊的「趨同意向」(will to conform)(洪鎌德,1996:49-50)。

在傅柯的論述理論中,卻沒有獨尊階級,尤其是單一的階級(資產階級或統治階級)的主張,亦即在論述之中並不存在像馬克思主義所說的那種獨一的行動者或做爲趨同意向的中心。這樣看來,文化霸權只能是從現代到後現代之間的一個過渡。論述在這一點上之所以不同於文化霸權及意識形態,主要在於它們對權力的看法不同所致。馬派的意識形態理論,認爲權力具有壓抑的性質,也就是權力僅僅被視爲對某個他人權利的否定性的侵犯:權力是從他人身上獲取的,一個人的擁有是他人的犧牲。然而實情果真如此乎?非也。傅柯即質問道:「假如權力從來不是什麼東西,而只是壓抑而已;假如權力從來不做什麼,而只是說不而已,那麼你真的會相信我們應該打算服從它嗎?」(Foucault, 1979b:36)。

在此,傅柯揮別了馬派的權力觀,進一步將權力的概念從上述那種否定性的模式移轉到另一個不同的架構——在這個架構中強調的則是權力本身的生產的性質,換言之,權力既是壓抑的(repressive)也是生產的(productive)。權力不只是一種人們之間在互動中被交涉的行動或關係形式,它從

來就不是固定的和穩定的。馬克思主義強調國家在權力關係
中（以及在分配「獲取生產模式手段的途徑」中）的重要性，
而傅柯雖然未將國家權力的重要性貶低到最小，但他卻認
為，權力圍繞也經由網絡而運作——這些網絡則是圍繞國家
的制度而生。在某種意義上言，權力總是比它已經被瞭解的
更為徹底地在社會中散播（Mills, 1997:37,39）。關於論述和
權力的這種「特殊」的關係，傅柯進一步闡釋道：

> 論述並不會比沉默多一次對權力卑躬屈膝，或者被抬出
> 來反對它。我們必須容許這種複雜的和不穩定的過程，
> 在這種過程中，論述可以同時是權力的工具和權力的效
> 果，而且它也是一種妨害、一道障礙物、一個抵抗點，
> 以及一個反對性策略的起點。論述傳送並生產權力；它
> 強化權力，但也不知不覺損壞權力及揭穿權力，令它碎
> 裂且使它可能被阻滯。（Foucault, 1978:100-1）

如果從傅柯上述的觀點來看待性別主義（sexism，或依其
義譯為男性至上主義），那麼意識形態的分析將會視它為男
性所運用的一種壓制性策略，以便支持他們自己的權力；但
是論述的分析模式則視性別主義為論爭的場域。它不僅是一
座某些男性被容許為他們自己和女性的關係嘗試去協議出一
個具有權力地位的競技場，而且也是一種女性可以和那些行
動論爭或者合作的場域。意識形態和論述這兩種分析模式雖

然均視性別主義爲權力本身更爲廣泛分化的一種徵候，惟由於前者對於權力壓抑特性的看法，致使它將女性主體視之爲欠缺力量的特徵，而後者因爲強調主體參與其自身的構成，對於她們被編配的角色，則可能默認或者抗爭（Mills, 1997:45-6）。一言以蔽之，堅持意識形態，將讓主體的認同喪失抗拒的力量；而強調論述，則將使主體的認同具有反抗的力量——這對被邊緣化的群體來說，尤其顯得更爲重要。意識形態，是現代的理念；論述，則爲後現代嶄新的版本。

　　從後現代論述的觀點來看，對歷史上被邊緣化的群體來說，可有兩個過程來進行：一方面，嚴謹的調查研究表明，把某些特徵，諸如性傾向、性別，或者看得見的形態特徵，做爲界定一個群體認同的基本特點，是不合理的，並且也駁斥了把以性別、階級、種族、宗教、性行爲或者民族性爲特徵的一個群體的基本認同，強加給該群體中的每一個成員的作法。另一方面，群體亦可將強加給它們的認同變爲自己的力量。傅柯在《性史》（The History of Sexuality）一書中即指出，十九世紀在醫學和精神病學方面的論述，把同性戀界定爲變態群，這一定義有利於社會的控制，但也促成了一種「逆反」的論述的形成：同性戀開始代表自己說話，要求自己的合法性或者「自然性」得到承認，往往他們使用的正是那些從醫學上取消其合法性的同樣的語彙和類目（Culler, 1997:117-8）。

　　所以，論述做爲後現代認同政治的一種建構主義的表現方式，它本身即爲一種權力的顯現，人的自我以及群體的認同要由它所界定，不論何種認同，如果不落在論述之內來看，就無意義可言；因此一旦論述變遷，認同及認同的意義也會隨之改變。重要的是，沒有永遠不變的論述，當然也就沒有始終如一的認同與身分── 今天我們仍舊認爲上帝是白人，焉知未來上帝不是黑人或黃人？甚至是位 mulatto（以示種族融合的曖昧關係）？除此之外，論述的權力本身更具有反作用的特性，因爲這樣的權力具生產性，亦即可衍生出抵抗或反對的力量，而這一點是後現代的認同政治所特別強調的。

第三節　論述的作用

　　如上所述，論述既然可以建構意義，界定也限定人（及其團體）的自我與認同，然而它是如何發揮這種建構性的作用？亦即論述是如何作用於人（及其團體）的認同？關於論述所引起的作用，傅柯在《論述的秩序：人文科學的考古學》（ *The Order of Discourse: An Archaeology of the Human Sciences* ）（1970）一書中，曾做了詳盡的分析。這裡，擬援用其相關說法，來看看論述如何對人（或團體）的認同發生作用。依傅柯所信，論述所產生的作用，基本上可從論述的外部與論述的內部來看，前者指的是排除的程序，後者指的

則是萃化的原則，茲進一步簡述如下[9]。

一、排除的程序（procedures of exclusion）

在《論述的秩序》中，傅柯指出，論述由一些制度所管制，以便阻止危險（的入侵），它利用排除的程序限定了什麼可被說，以及什麼可被視爲知識。這也就是說，如果某一種認同不在論述之內，即等於被論述排除在外，那麼此一認同很可能因此而不具意義（視同「不存在」）。排除的程序，在傅柯看來，又可分爲底下三種：

1.禁律（prohibition）

第一種排除的程序稱之爲「禁律」或「禁忌」（taboo）。每一個社會總存在著許多禁律，上至政府的法令規章以及禮教傳統，下至日常生活裡行事進退的規矩，充分地顯示了各類論述都存有其成文或不成文的規矩，冀求人人遵守，勿踰

---

[9] 在《論述的秩序》中，按照傅柯的意思是説，在任何社會中，論述一旦產生，立刻就會受到大量程序的控制、篩選、組織和再分配，這些程序的作用旨在防範論述的權力和危險，並把握那不可預料的事件（Foucault, 1970; Sheridan, 1980:121）。底下所述，其實就是這些在論述裡起作用的各種程序（包括論述的内部及外部）。但是，從另一個角度來看，這些對論述起作用的各種程序（procedures），毋寧亦可看做是論述本身所產生的各種作用或功能，可分從它的外部與内部來看，美國哥倫比亞大學王德威教授即持此見解，可參見他為《知識的考古學》（王自譯為《知識的考掘》）（*L'archéologie du Savoir*）中文版，所寫的導讀〈淺論傅柯〉一文（Foucault, 1993:29-35）。

界限（Foucault, 1993:31）。傅柯即言：「我們非常清楚地知道：我們沒有談論一切的自由，我們不可能談論我們隨時隨地所熱衷的一切，簡言之，恰恰是任何人都不可能談論任何事」（Faucault, 1970；引自 Sheridan, 1980:122）。

　　傅柯所說的禁律有三種類型，即客體的禁忌（the taboo of the object）、事況的儀式（the ritual of circumstance），以及言說主體特許的或唯一的權力（the privileged or exclusive right of the speaking subject）—— 它們在紛繁複雜、永遠變遷的網絡裡，彼此交叉，互相制約。傅柯更指出，這一繁複的網絡在我們這個社會中最嚴格運作的兩個領域便是性慾和政治（sexuality and politics）。在《性史：第一卷》（*The History of Sexuality: An Introduction*, volume1）中，傅柯即曾談到「禁律的循環」（the cycle of prohibition）對於性所形成的壓抑作用，下面這段話，相信讓同性戀者在追求其自我認同的過程中會感到相當的沮喪，而不敢「出櫃」：

> 你不該接近，你不該接觸，你不該享用，你不該體驗快感，你不該開口，你不該表現自己。歸根到底，除了在黑暗和隱秘之中，你不應該存在。權力對於性只會用禁律。它的目的是讓性否定自己。它的手段就是懲罰的威脅，這個威脅無非是要對性予以壓制。要麼否定你自己，要麼遭受被壓制的懲罰。如果你不想消失就不要出現。

你只有不露蹤跡才能得以存在。（Foucault, 1978:84）

2.劃分（division）與拒絕（rejection）

第二種劃分與拒絕的排除程序，主要在理性和瘋狂的對立中運作。這意思是說，瘋子的論述不能根據與理性人（the reasonable man）的論述相同的方式來加以探討—— 他們兩者是要予以劃分的。一方面，它（瘋子的論述）被視為不重要的、非真實的，或是無效果的：瘋子既不能簽定契約，也不能履行彌撒時的化體行為（the act of transsubstantiation at Mass）；另一方面，它卻被認做具有不可思議的權力或隱蔽的真理，它要麼做為無理性而即遭拒絕，要麼被認為是包含了比理性人的理性更理性的特殊理性（Sheridan, 1980:122）。

然而，瘋子終歸是進入了精神病院，他被理性人拒絕以至於排除在社會之外，以便維護社會內部的秩序。上所說同性戀者所遭受的命運亦復如此，他或她首先是被異性戀者劃分在「正常人」之外，其次再經由異性戀者的各種論述遭到拒絕，其結果同性戀者就像瘋子一樣，都被視為精神病態者，因而其自我的認同也受到壓抑，只能在「櫃內」喁喁私語。

3.真與偽之對立(the opposition between the truth and the false)

真與偽之對立係最佔優勢也最具普遍性的一種排除程序。長久以來，人們求知的欲望與所謂「求真意志」（will to truth）是牢不可分的。每一論述的產生，都代表了這一求真意

志的又一嘗試。每一論述所標榜的，都是對真理的全然瞭解，而在論述範圍以外的，則被認爲是假的或無足輕信了（Foucault, 1993:31）。

然則求真意志如何而來？原來在公元前六世紀的古希臘，論述棲息之所不在於被談論什麼，而在於誰談論它以及它是如何被談論的，亦即重要的是談論（一個陳述）所處的狀況，而不是它的內容（不被保證爲真）。但在一個世紀之後，最高真理棲息之所不在論述是什麼或者它做了什麼，而在於它說了什麼，也就是真理從原先的禮儀行爲轉移到陳述本身，注重的是陳述的意義及其所指稱的世界，論述之真與僞之對立就在此時出現，求真意志亦因而濫觴。

傅柯還指出，求真意志出現之後爲一整套制度所支持，包括教育體制、出版社、法令制度、圖書館、學會，以至於實驗室等訊息分佈系統，這些制度鞏固了真理與事實的觀念，使其難以接受質疑（Mills, 1997:66-7; Sheridan, 1980: 123）。準此以觀，類如同性戀者以及少數族裔等邊緣性群體，在真論述（true discourse）之內，即被視爲與真實相對立的虛假的一方，而其所爲之陳述自然也是假的，甚至被排除在真論述的範圍之外。

二、萃化的原則（principles of rarefaction）

理論上，任何人都可以發言（utterance），而無任何的限

制，但是事實上，如傅柯所說，這些發言顯然都具有重複性，而且更重要的是，還要保留在某些為社會所同意的界限之內。言下之意，即這些發言的限制係由論述的限制所設定，吾人的一言一行均落在論述所為我們展示的界限內，比如我們不穿沒有褲子的衣服，除非穿沒褲子的衣服被論述接受並認為是可能的。論述對於人們的所言所行以至於知識形式本身的限制，就是論述的萃化原則[10]。簡言之，因為有了限制，才能產生萃化的作用，而個人或團體的認同才能保持其純粹性，比較不會有雜音的干擾。至於論述的限制，通常指的是那些由某種制度所核准的事物[11]。在傅柯看來，此一萃化原則又有底下三種作用：

1.評論（commentary）

評論可助長萃化的功能。所謂「評論」，一言以蔽之，即指論述的產生都是對之前已存在的論述的一種詮釋或回應。這些之前已存在的論述可說是「初始的」作品（"primary"

---

[10] rarefaction 或譯為稀釋（參見王德威上註前引文），惟如此譯法，倘望文生義，很難為中文讀者所理解，筆者在此譯為萃化，蓋論述為自己劃界，自可達到萃化的效果。

[11] 這些制度往往以一些儀式來達成規範或限制的效果，本身即限定了可做某種發言的人數，例如只限君主（或元首）可以召開國會；只有牧師可以結婚（而神父則不行）。因而如果一個人未被准許去說同樣的詞彙，那麼他的陳述就不會有效應（如一個演員在舞台上或電影裡與人結婚，就非合法的婚姻）。

works），有宗教的、法律的、文學的，以及在某種程度上是科學的各種文本。傅柯指出，在這些初始的文本與由其產生的汗牛充棟的第二手文本之間沒有穩固的或絕對的區分；而且在第二種（文本的）範疇中（指評論）肯定沒有同質性。法律的評論與宗教的或科學的評論就別有風味。就文學而言，這種區分幾近瓦解。像《奧德賽》（*Odyssey*）這樣的作品，就產生了不同語言和不同時代的譯本，產生了像喬伊思（James Joyce）的《尤里西斯》（*Ulysses*）這樣的小說，而它們更次第引發了名目繁多、不斷增加的評論（Sheridan, 1980:124）。

如此看來，評論扮演了一個雙重的、相互聯繫的角色。透過汲取初始文本的多重或隱蔽的意義，評論本身構成了一種新的論述，它終於說出在初始文本裡默默表達的東西。具有悖論意味的是，它「首次說出了已被說出的東西，孜孜不倦地重述從未被說出的東西」（*ibid.*, 124-5）。反過來說，如果缺乏評論這種新的論述為之「奧援」，那麼初始文本就難以達到其萃化的效用。以黑人自我認同的訴求為例，史杜伊夫人（Harriet B. Stowe）於十九世紀中葉（1852）出版的被譽為「維護黑人人權的第一聲號角」的《黑奴籲天錄》（*Uncle Tom's Cabin*）一書[12]，若非在出版之後形成反奴隸制度的強大

---

[12] 《黑奴籲天錄》原書名直譯為《湯姆叔叔的小屋》，現今通用的中文

輿論（評論）——後來還被改編為舞台劇和電影——恐怕不
足以引發美國的南北戰爭[13]。二十世紀中葉以後，美國黑人追
求平等的權利，並努力建構其族群的認同，實可以往回追溯
《黑》書及其以後的評論所發揮的帶頭作用。

2.「作者」的觀念（the notion of the "author"）

論述的萃化作用還要進一步依賴文本的作者。但是傅柯
所說的作者不是指寫作文本的個人；作者不再是「講出或寫
出文本的那個言說的個人……而是被視為意義的統合與來源
的論述成組的原則（a principle of grouping of discourses）」
（Foucault, 1981:58）。其實有不少論述是沒有相關的作者概
念的，比如法令文件（作者來自制度或批准它的政府而非出
自寫作或編輯它的個人）以及廣告文案（被視為一組人馬而
非一個人的共同創作）。

強調作者的重要並視文本隸屬於作者的觀念，主要是指
文學的文本，尤其是十九世紀浪漫主義的文藝作家們，更為

版書名係依據清末民初翻譯名家林琴南的文言式譯法。作者在書中
以湯姆這個人物為線索，寫出黑人在美國南方所遭受的種種酷行，
經濟剝削，妻離子散，沒有絲毫的人權與自由。本書單行本在波士
頓出版，第一年在美國售出三十萬冊，在國外至少有二十種語文的
譯本，僅在英國就有四十種不同的盜印本，盜印本一年銷售一百五
十萬冊，成為當時僅次於《聖經》最為暢銷的書（彭歌，1980:109-10）。

[13] 作者史杜伊夫人後來於1862年應邀訪問白宮，林肯總統當時致歡迎
詞時說：「寫這本書的這位小小的夫人，卻掀起了這一場大大的戰
爭〔指美國內戰〕」（同上註，110）。

世人強調了「文學作者」（literary authorship）的意義。如同麥克唐納所說的：「『作者』是一本書意義的自由創造來源，這個概念是屬於十八世紀末和十九世紀初出現的法律與教育形式的自由派人本主義論述；它不是存在於最近才發展出來的論述中的一個概念」（Macdonnell, 1986:3）。

　　但是主張「作者之死」（the death of the author）的傅柯卻質疑了有關作者的兩個重要觀念：創造性（creativity）與所有權（ownership）。就前者來說，要說本身純粹是起源的事物，那是少之又少的，甚至是被出產出來的一個新起的思想本身都不是始源的，更何況此一新思想若是經由發展而來的。對後者而言，一些新思想之被生產出來，是有很多其他的因素涉入其中的，而不只是生產新思想的那些人自己而已。米爾斯即認為，這種傅柯式的分析方式，將其焦點擺在「接受新思想的狀況」上，即有可能去分析那些不被社會核准的思想和發明，以及那些在它的參照架構內未被社會分類的思想和發明（Mills, 1997:73-4）。

　　這樣看來，諸如女人、黑人、同性戀者或其他少數族群，他或她們之所以被各種不同的論述「定位」為迄至目前為止為人（男人、白人、異性戀者等）所熟知的這副「德性」——這種被論述萃化為如斯德性的情況，可以說是「受益於」前前後後形形色色的各類「作者」，亦即他或她們的認同不是由自己而是由一群無可辨認的「作者」，包括法令規章、

風俗禁忌、文藝作品（繪畫、雕刻、文學、電影等）、媒體
訊息……所共同形塑的。簡言之，他或她們是被一群「無名
的作者」所萃化的「作品」。

3.學規（the academic discipline）

最後，論述的萃化功能更須依賴學科或學術規律來完
成。學科的規律是一種更大秩序的論述集群（a larger-order
discursive grouping），在既定的領域內，它決定了什麼可以被
說以及何者是被視爲事實的或真實的。每一種學科將決定被
它視之爲「真」（true）的方法、命題與論證的形式，以及客
體（研究對象）的範疇。因此，即使你的研究工作事實上做
得再精準或頗具洞察力，如果不遵循特定學科的形式及內容
的話，也會被棄如敝屣，或者被視爲非學術的或通俗的。學
科的結構不僅將某種屬於特定領域的知識予以劃界，而且也
會導致建構某種特殊的分析的方法論，尤其是在大學校園裡
面，它對於每一學科的貢獻，以便使哲學家、心理學家、語
言學家以及符號學家可以全部投入他們的共同對象（即語言）
予以研究，而不必再費唇舌去討論他們彼此各自的看法（*ibid.*,
69-70）。

然而，傅柯也指出，構成命題和陳述之基礎的學科本身，
切不可簡單地把它說成是關於某物的真理。蓋每門學科既制
定真理也產生錯鋙，況且這些錯誤不單是應從學科機體中及

時驅逐出去的異物,相反,它們還在學科歷史上時常發揮積極必要的作用。就屬於特定學科的命題而言,它必須指涉一個特殊的對象域,惟此種對象域則是隨著時代的變遷而變化的(引自 Sheridan, 1980:126)。因之,一旦學科的結構或律則有所改變,知識的形式與內容也會隨之改變。

從這個角度來看,首先,個人或群體認同的建構或多或少要仰賴學科(研究)的論述,比如學科的研究對象不把女人或黑人納進它的範圍,那麼女人或黑人(在該學科內)就不會有認同身分的存在 —— 她或他們是「無名之人」(nobody)。她或他們因此不會成為命題中的要素之一。其次,學科規律有發生變化的可能性,那麼有關的認同論述便有機會因此隨著變動,後現代的認同政治在乎的正是這一點,亦即女人或黑人便有可能成為新學科論述的命題(要素)。

所以底下這段可視為傅柯對上述主張的結論的話,頗有「一語雙關」的味道:

> 我們習慣於視作者的多產性、評論的多樣性以及學科的發展性為論述創造的不竭資源。或許它們可做如是觀,但它們也是約束原則;而且,假如沒考慮到它們的限制、約束的功能,我們也許無法懂得它們所扮演的積極、增生的角色。(Foucault,1970;引自 Sheridan, 1980:166)

三、方法論的原則（methodological principles）

　　傅柯上面那一段話顯然透露了論述本身所具的「一刀兩刃」的這種曖昧特性。我們必須承認，各式各樣的論述係構成社會文化的基石；但我們也同樣感受到，論述對人類一切思維行動的控制，而今天正是我們重新思考論述的本質以及其所連帶引出之問題的契機。欲達此目的，傅柯說我們便須負有三重任務——這也是後現代認同政治須引以爲鑑的：首先，我們必須質疑我們那求真意志；其次，要使論述回復到它那做爲事件（event）的特性，亦即將論述視爲事件而不只是傳訊的媒介；再次，還要取消意符或能指在論述中的主宰性地位。職是，傅柯提出了以下四項方法論的原則以供參酌（Foucault, 1993:33-5; Sheridan, 1980:128），而這亦不妨視爲後現代認同政治可以參考的四種門徑：

1.可逆性原則（a principle of reversibility）

　　如上所述，諸如作者、學科規律以及求真意志等等，傳統上均被視爲論述的泉源[14]，在此則應該反過來將之視爲係論述萃化原則或排除作用的一種否定性行動。換言之，它們反

---

[14] 它們（包括上所說各種論述內部及外部的程序或原則）亦被視爲論述的結構（Mills, 1997:48-76）；惟這些結構本身亦發生作用，因此本章於此節以之做爲論述的作用來加以闡釋。

過來可促成既有論述的變動。不同作者（無名作者）的參與、學科規律的改變，以及求真意志的進一步探究，在在均可使論述本身因而解體或重組。後現代的認同政治自然可循此一可逆性原則，促使既有論述發生變化，而使原來的認同有了新的訴求，簡言之，認同本身也是「可逆的」。

2.斷續性原則（a principle of discontinuity）

在此，論述應當被視為「五花八門的交叉、並置和相互排斥的斷續性實踐」，而這也就是說在同一論述形構下的各類論述並非是永遠和平共存的。每一論述有其自己的界限範圍，往往互相競爭排斥。因此，論述本身也不斷地分化演進，生生不息；而各種論述所形成的知識網絡就更複雜萬分了。這樣看來，新起的邊緣性認同論述，基於斷續性原則，一方面它要向現存之主流或支配性認同論述提出挑戰；一方面不同的邊緣性認同論述之間，彼此亦得相互競爭，它們既是同志也是敵人，形成後現代的「眾聲喧嘩」場面。

3.特殊性原則（a principle of specificity）

論述是在我們干預事物本來面目時所同時出現的意義系統，因而它不是先於我們的干預（intervention）而存在，而是我們有意強加於事物上的一套特殊意義，是我們企圖使大千世界產生秩序的一種行為。既如此，那麼論述就應當被認為是我們做各種事情的一種「暴行」（a violence we do to things），或至少是被我們施加在它們身上的一種實踐活動，在此，論述事件始得以發現它們的規律。簡言之，每一論述都是一種特定的實踐，而由於這種特定實踐的干預，使其具有特殊性的意義。論述本身既具特殊性，那麼所有的認同（身分）就不可能被一網打盡。一種認同，一種干預（也是一種實踐），也只能有一種特殊論述予以賦義。

4.外延性原則（a principle of exteriority）

如前所述，一種論述最多只為我們建構一種所謂「真理」的語境或範圍，以及使其意義可發生作用的規範而已，因而如果我們只想在由一種論述所劃定的語境內尋求所謂的（普全性）真理，其結果必屬徒勞無功。外延性原則乃提醒我們，不必從論述走向某種隱藏在論述中的意義內核，反而必須從論述、從論述獨特的出現及其規律，走向其外在的可能性情境，走向那引發一連串隨機性事件以及確定論述界限的環境。有鑑於此，邊緣性社群也不必只顧主流社群的支配性論述，它們可以逾越支配性論述的界限，向外探望，而這是瓦解或顛覆支配性認同論述的第一步。

第四節　文化政治的論述

論述既有如上之各種作用，而且其對（後現代的）認同

本身造成何種影響亦已如前述，然而，我們還要進一步反過來探究這種形成後現代認同政治的論述到底具有何特色？以及它還涉及哪些問題？誠如第一章所言，從後現代的角度來看，認同政治其實是一種文化政治，而所謂「文化政治」，其目的也在解決認同的問題。庫馬便認為，如果在後現代主義者中存在有所謂特權的論述的話，那這個論述則是文化的；而文化的則主要以文學來表現，這也就是為什麼文學界中會常碰到「後現代主義」（甚於「後現代性」）這一詞彙的原因（Kumar, 1995:103）。

在當前這個世界裡，文化得勢，它不再被視為社會及經濟系統的反映和伴隨物，它本身已經反過來變成是社會、經濟、政治，甚至是心理現實主要的決定項，就像詹明信所說，文化經由社會領域大幅擴張到這一點——我們社會生活的事事物物，就其原始的以及尚未被理論化的意義而言，可以說都已經變成是「文化的」了，所以他說：「『文化』已經變成真正的『第二自然』（second nature）」（*ibid.*, 115; Jameson, 1992:ix）。以文化力量做為認同訴求的手段，則使文化成為文化政治，這也使後現代的論述集中在文化領域上，去形成其認同政治。由於文化論述範圍廣泛，在此擬將探討的焦點縮小集中在文學論述上。誠如當代著名文學理論家卡勒（Jonathan Culler）所說：

文學不僅使認同（身分）成為一個主題，它還在建構讀
者的認同中扮演了一個很重要的角色。文學的價值長久
以來與其給予讀者的替代性的經驗相聯繫，使他們知道
在特定的情況下會如何地感受，因而得到以特定方式行
動並感受的性向。文學作品藉由從角色的觀點來展現事
物，以鼓勵和角色認同。詩和小說都是以要求認同的方
式對我們述說的，而認同的作品是可以創造身分的：我
們在與我們所讀的那些人物的認同中成為我們自己。
（Culler, 1997:114）

文學作為一種論述，它不僅傳達出認同的訊息（比如透
過人物以及情節的鋪排，甚至利用特定的語言形式），也如
卡勒所說在向它的讀者召喚其認同（可參見下一章）。然則
後現代這種文學論述，以何種方式（亦即其特色）來達到認
同政治的效果？在此，可以被選入爾雅版的《八十四年短篇
小說選》（廖咸浩主編）中張啟疆的一篇短篇小說〈一位陌
生女子的來信〉（1996）為例來加以說明。

小說從故事中虛擬的一個（男性的）「你」在自家的信
箱裡抽出一封未署名的「一位陌生女子的來信」開始，（作
者）以第二人稱的敘述手法，展開「你」的各種有關這位「陌
生女子」的自由聯想，同時在敘述的進行當中也為「你」本
身設定了種種不同的情境，以及虛擬「你」的各種不同的身

分。這封來路不明的「匿名信」，不僅寄信者妾身未明，最後連收信的這個主人翁的「你」也讓人難以理解，「你」和「她」同樣是沒名沒姓：

> 這封人事時地物皆不確定的匿名信，反而「確定」了多疑、好色或濫愛的你？像備存的電腦磁片，一口氣叫出千千萬萬個「你」的化身？長篇累牘的「你」的故事？也許你讀完信的第一段，覺得眼熟，上車後接著看，又感到馬嘴驢唇，（連帶地使第一段你以為看懂的部分也不可解）而段落與段落，前後行和上下文之間，充斥著隨興的語法、斷裂的敘述。你呆住了。單純的「她是誰」衍生為千萬個關於「你」的難題。你的記憶容量遠超過正文本身；幻想的張力，擴充了陰暗勢力的領土，使薄薄的信紙變成一望無際的亞馬遜叢林。（張啓疆，1996:48）

小說及這封匿名信均以「給你，給永遠不知道我是誰的你……」開頭，但是隨著第二人稱的各種想像，到最後誰是那位陌生女子（我）已不是重點，重要的「角色」反倒是成了「你」，而「你」只不過是「信中那個被重複敘述的存在，隨著『你』的分解，一再遭到撕裂與誤讀」，甚至「你」渴望來信卻從未收到隻字片語，反而是幻想自己在寫信，「你」的那些猶疑覥腆、騷動不安取代了事件與意義，成為模稜的信文（同上註，64）。小說在最後則始料未及的以下面這段

話結尾：

> 這封信函然有其事的主格其實是不存在的，不確定的受
> 格才屬真實，從頭到尾看不到「我」這個字，唯有「不
> 知道我」的「你」，雖然人生不可能重來，人稱倒是可
> 以跳躍更改，請從第一行開始，換個稱謂，重演自己：
> 給我，給永遠不知道你是誰的我……（同上註）

最末一句和起筆開始的一句，第一人稱和第二人稱的位置互為替換，真相終於大白，真正陌生的不是「我」而是「你」，哦，不對，是「我」而不是「你」──究竟是「你」或是「我」、是「我」還是「你」？其實你／我和我／你二者都是陌生的，因為他們從未署名，他們的身分是無解的，因而也無由認同，或者這是一種「反認同」。這也是最極端的後現代主義的認同。

張啟疆這篇小說中所使用的語言，諸如前言不對後語的互為消解性語言，以及如上引文段落那種具自我指涉的後設語言（meta-language）都是典型的後現代文學寫作（論述）的特徵。這是一種所謂的「不確定的寫作原則」（principle of uncertainty）。大體上說來，後現代這種「不確定的寫作原則」有如下五點，而這也同時構成後現代文學論述的特色（王岳

川，1993:328-30; Lewis, 1997:124-32）[15]：

1.悖論式的矛盾（paradox）

悖論式的矛盾，在語言來說，簡言之，指的即是語言的「自打嘴巴」，也就是說，後一句話推翻前一句話（或者後一個行動否定前一個行動），形成一種不可名狀的自我消解形態，例如貝克特（Samuel Beckett）在《無法命名者》（*Molloy, Malone Dies, The Unnamable,* 1966）中這句著名的自相矛盾的話：「你必須講下去，我不能講下去，我願意講下去」。就人物來說，則指的是一種似是而非、或此或彼的人物形象，讓你弄不清他或她的身分，如巴斯（John Barth）《山羊少年蔣艾斯》（*Giles Goat-Boy,* 1966）一書中那種將性別模稜兩可的悖論——在被問到：「你是男人還是女人」時，人們一律回答道：「是，又不是」。人的性別無法被確定，人存在的意義也將被掏空。

---

[15] 底下所歸納的幾點特色，係以小說為主，也以小說為例來說明。關於詩的部分，其所顯示的論述特性，其實也與此相似。拙著《當代台灣新詩理論》（第九章〈後現代主義詩學〉）曾就台灣近幾年出現的後現代詩的特徵做過分析，歸納出有如下七點：文類界限的泯滅、後設語言的嵌入、博議（bricolage）的拼貼與混合、意符的遊戲、事件般的即興演出、更新的圖像詩與字體的形式實驗、諧擬（parody）的大量被引用（孟樊，1998:261-80）。

2.並置（juxtaposition）

並置指的是將各種可能性情況（例如小說中的結局）並列呈現，暗示情況（結局）既是這樣又是那樣，既可做如是解，又可做如彼解，在小說的結局來講，往往就變成開放式的了，例如傅赦斯（John Fowles）的名著《法國中尉的女人》（*The French Lieutenant's Woman*, 1969），最後呈現兩種可供讀者選擇的結局：一是男女主角「有情人終成眷屬」；一是他們倆終於永遠的分手了。並置的依據是：事物的中心不復存在，事物沒有什麼必然性，一切皆為偶然性，什麼都有可能。在此，認同的基礎崩解了，只能將數學式無限多的可能性強加於人的經驗上，使人明白自己處身其中的世界沒有什麼歷史理性和必然性的法則，有的只是可能性，人的可憐就在他只能於無數多的可能性中將一種可能性變為現實性；而這種「並置」中的選擇是自由的，同時也是最不自由的。

3.非連續性（discontinuity）

非連續性是相對於現代主義的連續性而言的。後現代主義者認為後者那種意義的連貫、人物行動以及情節的連貫，乃是一種封閉形式（closed form）的寫作，必須打破，以形成一種充滿錯位式的開放形式（opened form）的寫作，亦即要竭力打斷其連續性，而使現實時間與歷史時間隨意顛倒，使現實空間不斷分割切斷。因此，後現代小說和戲劇，經常將

互不銜接的章節與片斷編排在一起，並在編排形式上強調各個片斷的獨立性，形成一種碎裂（fragmentation）的效果，例如布勞提根（Richard Brautigan）和巴特爾梅（Donald Barthelme）兩人的小說及短篇小說便具有此特性。這種中斷式及碎裂式的非連續性所造成的荒誕不經，給人以世界就是如此構成的啓示。

4.隨意性（contingency）

　　隨意性是對秩序（order）的背叛。它最常以所謂「拼湊」或「混合模仿」（pastiche）的手法來呈現這個混亂無章的世界。何謂拼湊？簡單地說，就是「大雜燴」（a hotchpotch），也就是將各種不同的要素予以混合（medley）之謂。這種拼湊的隨意手法，讓作者像在創作一種拼字遊戲（anagram）一樣，變成是一種文類的混合（a shuffling of generic）或隨意的交換（permutation）。例如薩波塔（Marc Saporta）的號稱「撲克牌小說」的《第一號創作》（*Composition Numero 1*, 1962），全書採活頁方式不予裝訂成冊，盛在一個撲克牌式的盒子裡，沒有頁碼，每頁（張）正面排版，背面空白，故事可以獨立成篇。最特別的是閱讀前應像洗撲克牌那樣將書頁洗動，每洗一次便可以得到一個新的故事，所以「一本書一輩子也讀不完」（Saporta, 1995:13-4）[16]。

---

[16] 《第一號創作》的台灣中譯本，形式上完全採法文原書方式製作，書

5.惡性循環（vicious circles）

惡性循環意謂「將文本與世界相互滲透到使人無法加以區別的程度」的一種創作手法。這種將字義（表面義）與喻義（深層義）予以合併的方式又可分為兩種情況：一是所謂的「短路」（short circuits），指的是作者進入文本中造成干擾（因此才短路），致使文本的內在世界與外在世界彼此混淆不清，後設小說使用的便是這種技倆，作者自己出現在小說中，使小說本身和外在真實的世界融合在一起[17]，例如蘇克尼克（Ronald Sukenick）的《小說之死及其他故事》（*The Death of the Novel and Other Stories*, 1969）以及費德曼（Raymond Federman）的《拿走或者留下》（*Take It or Leave It*, 1976）等都是這個類型的代表作。二是所謂的「雙重捆綁」（double binds），指的是現實生活中的歷史人物出現在文本（小說）中造成糾結（像雙重捆綁在一起一樣，糾結而難以掙脫），這就像精神分裂者在他們的妄想（或錯覺）中搞不清事實和幻想的區別（如病患想像他自己就是耶穌基督）。例如，在杜克妥羅（E. L. Doctorow）的《拼合旋律》（*Ragtime*, 1975）

中除前面主編者的叢書序、原作者的中文版序以及譯者序編有頁碼外，本文中均無頁碼，而且全書也缺目錄（Saporta, 1995）。

[17] 目前台灣已不乏有後設小說的作品，最早則以 1985 年黃凡的〈如何測量水溝的寬度〉及 1986 年蔡源煌的〈錯誤〉兩篇為代表。這兩篇後設小說同時收入瘂弦主編的《如何測量水溝的寬度》中，後設小說的概念也首次在該書中出現（瘂弦，1987:24, 168,170）。

一書中，我們竟然可以看到佛洛依德和榮格（C. G. Jung）兩人在可尼島（Coney Island）上結伴同行穿過愛之隧道（Tunnel of Love）；或者在達凡波特（Guy Davenport）的《基督在亨利賽舟會佈道》（*Christ Preaching at the Henley Regatta*, 1981）一書中看到吳斯特（Bertie Wooster）與馬拉美（Stéphane Mallarmé）兩人站在岸邊正在看船賽。

　　上述這五種後現代文學論述的特徵，雖然偏重在文學形式的表現上（亦即文學的技巧），然而也正是要借助這樣的表現形式，才能深切地將後現代有關人的認同（包括自我及其身分）所呈現出碎裂不堪而難以統合的窘境顯露出來。再以《第一號創作》為例，小說中的男主人翁是一個周旋在三個女人之間的「隱身人」，他既無名亦無姓，但是他確實存在著。那麼他到底是個怎麼樣的人物？「根據『洗牌』後所得頁碼順序的不同，他有時是一個市井無賴，行竊於各商行、公司，玩弄女人，追逐少女，是一個盜竊犯和強姦犯；有時他又是法國抵抗運動的外圍成員，雖身染惡習，但還不失愛國之心；有時他簡直就是一個反抗法西斯佔領者的愛國英雄」（江伙生，1995:14-5）。顯然這位男主人翁是位多重身分也具多重認同的「人」，而這樣面目模糊不清的人，則基本上是由隨意性的文學論述所製造的特殊「效果」。

　　後現代小說中的人物，很多就像巴斯（John Barth）在〈自

傳:自我錄音的小說〉這篇短篇小說中所要展現的──人的自我的不確定（認同因而也無著落）。小說中一開始第一人稱的「我」即強調：「我連個適當的名字都沒有，我現有的名字，縱使不假，也會產生誤導，而且也不是我自己選的」；自言自語絮聒一番之後這個「我」還進一步強調：「我瞭解我將自己當成一個半路停擺的敘述文：用無聊的第一人稱敘述。『我』是一個無前例、不接受委託、無可延緩的代名詞，是實際人物的代稱，沒有內容的形式，沒有利益的原則，是瞎眼對著空無眨眼。『我』是誰。這裡是一則不折不扣的『認同危機』」（Barth, 1991:47,48）。對，就是「認同危機」導致後現代小說人物自我形象的模糊，以至於身分、屬性的難以辨認。

然而，上述那樣的後現代認同顯然不是傅柯式論述分析真正在意的──我們的分析也不能僅止於此。我們真正要談的是認同政治，而這方面狹義的後現代文學本身較少觸及，因此我們還要將之擴大到和後現代有交疊部分的後殖民文學論述。如果說後現代（狹義）文學論述呈現的是一個消極的、碎裂的自我，那麼後殖民文學論述則希望在這些分裂的自我中積極地去尋找一個它們能肯定的認同，兩者在背後的動機有很大的不同。

以後殖民婦女的寫作為例，它所強調的是差異的多樣性，所以它的一個重要的特徵就是其本身五花八門或多樣化

混合而成的特質：它將自當地的、民族主義的以及歐洲的文
學傳統中所吸取的形式糅合在一起。她們自己有著非常不同
的文化背景，又強調寫作風格和敘述角度的多樣化。她們採
用的是史碧娃克（Gayatri Spivak）所謂的「邊疆風格」（"frontier
style"），提倡縱橫交錯、碎裂及合唱的形式。故事的敘述往
往自覺地運用多種聲音，或中途打斷與離題，就像口述故事
一樣。例如即有小說將琅琅上口的詩歌、敘事性散文以及書
信體的講話等糅雜在一起；也有人使用咒語、吟誦、字謎遊
戲、一串串的夢境及戲劇性的變化，以針對歐洲寫實主義傳
統中最常見的敘述視角統一的手法。如此的書寫方式，只是
想把她們自己生存經驗中最有特點的一部分凸顯出來，集中
表達她們那一種「獨特的現實」（distinct actualities）（Boehmer,
1995:227），以尋求並實現她們自己的認同。

　　西印度群島也是同樣的情況。為了填補母語退化或失落
而形成的空間，本土作家集中力量來修正語言、敘述風格以
及對殖民者或侵略者所做的歷史再現。他們的目的並不是要
用黑人取代白人，而是強調雜交（hybridity）：運用所謂「白
人的形式」（如小說）來寫本地的故事；不斷把本土與侵略
者的文化創造性地編織成一體；跨越既定的記載，去掉固定
的觀點；用原住民所謂的「胡說八道」或「屁話」，將幻想
與幽默相結合。換言之，本土作家嘗試著去包容各個層面上
不可避免的混雜性（ibid., 229-30）。試看下面這首由來自加

勒比海地區的黑人英國詩人齊菲尼亞（Benjamin Zephaniah）
發表於 1985 年題為〈我步行〉（"I trod"）的詩（為了便於分
析說明，茲以原文引述）：

> I trod over de mountain
>
> I trod over de sea
>
> one ting I would like to see is
>
> up pressed people free
>
> I trod wid I eye peeled⋯

（引自 Smyth, 1997:265）

　　本首詩的主題係在追求自由——這在加勒比海地區的歷
史中佔有相當重要的位置，也常出現在英國黑人的文化中。
詩人藉由在山水中一種身體的旅行（外在），以便呈現他那
種想要尋求手段以去除精神上和政治上被奴役的傷疤的心
境。詩人這樣的念頭在詩中則具體以語言的運用方式來加以
實現，他不使用所謂「標準的英語」（standard English）而是
使用牙買加及其他西印度群島民間（黑人）所通行的「牙買
加克利奧爾語」（Jamaican Creole）[18]。詩人特別運用牙買加

---

[18] 「標準英語」乃牙買加及其他西印度群島地區正式的官方用語，但民
間通行的卻是這種所謂的「牙買加克利奧爾語」。它係自十八及十
九世紀被奴隸的黑人文化中產生並發展而來。西部非洲中有不少部
落的黑人在那時被帶到西印度群島，而他們講自己不同的語言，便
於他們自己的溝通，結果後來逐漸發展成一種所謂的「洋涇濱式英

克利奧爾語那種特殊的重音及發音，因此詩中"the"變成"de"，
"thing"成了"ting"，而"with"則變爲"wid"；而且取代被
"oppressed"的，這些人（民族）變成是"up pressed"的。詩人
採用牙買加克利奧爾語而拒絕使用標準英語—— 此舉本身即
有藉此展現出英國黑人抵抗當代英國（宗主國）對其「奴役」
的意志。這首詩也就是哈勞（Barbara Harlow）所說的「抵抗
詩」（resistance poetry）（Harlow, 1987）[19]；而齊菲尼亞在面
對盎格魯撒克遜（Anglo-Saxon）文化的支配下之所以要強調
他這種獨特的言說模式和節奏，主要的原因在他想倡導西印
度群島的認同（Smyth, 1997:265）。台灣詩壇於九〇年代以來
所興起的一股「台語詩風」情形亦類似，台語詩人藉由台語
詩的創作，來鼓吹「台灣人的認同」。

　　這就是一種認同的政治，而且是一種後現代的認同政治
（指上述英國黑人意欲運用的牙買加克利奧爾語）—— 當
然，這是相對於正統的英國人而言的。作家（詩人以至於小

語」（pidgin）。這種「洋涇濱式英語」擷取自奴隸主的英語，但又
加進許多西非地區的語言，將之重新改造，成了現在這種所謂的「牙
買加克利奧爾語」（Smyth, 1997:264）。

[19] 哈勞所說的抵抗詩，可說是後殖民主義文化徵象之一，這些詩產生
自第三世界的反抗運動中，它們尋求民族的解放，對佔據且控制這
些民族及其土地的殖民者予以撻伐，並喚醒民眾集體的意識與記
憶，就像黎巴嫩一位小說家兼批評家古希（Elias Khouri）所說：「詩
扮演的角色之所以重要，不僅是因為它做為一種政治動員的工具較
諸其他寫作形式來得更有力量，而且也因為它在民眾的記憶之中維
繫了民族的持續性」（Harlow, 1987:34；孟樊，1998:187）。

說家）利用混血的語言以及來自不同語境的文化素質〔如齊
菲尼亞上詩中用"I eye"而不用牙買加克利奧爾語的"me eye"
係因他又運用了另一當地具教派色彩的拉斯塔法里主義
（Rastafarianism）的用語〕[20]，糅雜成一種一般人難以卒睹的
表現形式，來展現他們對其自我認同的追求，而這樣的自我
認同的追求則顯然已跨出個人一己小我的園地，而越進大我
族群（民族或性別等）的世界，也使得支配性認同因此對抗
論述的衝撞而面臨瓦解的命運。簡言之，這種（後殖民）抵
抗性文學論述的出現，本身就是一種多元的後現代認同政治。

　　最後我們仍要回到傅柯對於論述概念的特別提醒：論述
雖予人（或社群）的認同有建構性的作用，但論述所確認的
主體未必就是統合、連貫的，反而有分裂四散的可能；也正
由於此才讓認同政治有穿洞而出的機會。底下即以傅柯這段
話為本章做個結語：

　　在以上我提議的分析中，我摒棄了「單一」主體之「獨

---

[20] 拉斯塔法里主義為一牙買加黑人教派主義，旨在宣揚西印度群島黑
　　人回到非洲的思想。此一教派結合了某些特殊的文化實踐，諸如來
　　自牙買加的雷鬼音樂（reggae music）、大麻（marijuana）及駭人長
　　髮綹（dreadlocks），這些在近幾年來已變成西印度群島人認同（身
　　分）的主要意象。拉斯塔法里教徒則拒絕使用像"me"，"my"，以及
　　"we"這樣的字眼，而較喜歡用"I"一字，目的在強調說話者與其主神
　　「賈」（Jah，相當於英語中的 God）關係中那特有的認同（身分）
　　（Smyth, 1997:266-7）。

一無二」的綜合或一統功能，轉而強調各式各樣「陳述」
模式顯示了主體的分裂狀態。這樣的觀念指出了當主體
製作一論述陳述時所佔有之五花八門的「身分」、「場
地」和「地位」。也指出主體說話時之立場的不連貫。……
在這樣的構想下，論述不是將一有思想、能知覺、善述
說的主體很神奇的展現出來，而是相反的，論述要表現
一「統合」的現象，在其中我們只可以確認主體分散離
析、自相不連貫的狀態。論述是一外延的空間，在其間
我們也許可以看出各個特立獨行的「位置」的脈絡是如
何地四散分置。（Foucault, 1993:139-40）

第七章
後現代認同的運動政治

　　差異政治是後現代認同政治的一種表徵（也是策略），
而如第五章所言，在具體層面上，它則以新社會運動爲其訴
求，換言之，新社會運動係後現代的認同政治或差異政治的
實踐，如果沒有新社會運動的實踐，則所謂認同政治或差異
政治將流於空泛，或只是紙上談兵。所以，韋克斯即言：「認
同政治一開始即由新社會運動所界定，並且也是爲了新社會
運動之故」（Weeks, 1990:88）。從社會及政治的現實面來看，
我們幾乎是透過新社會運動的實踐形式及其引發的效應來認
識認同政治（從理論層面出發來瞭解則是另一回事），進一
步理解形形色色的認同——後現代的認同（與身分）。即便是
後殖民飄零的認同，亦是藉由每個國家國內少數族裔的運
動，彰顯出認同問題，以形成其政治上的訴求。

　　認同本身是 being（存在、實存）的問題，而新社會運動
關涉的則是 doing（行動、作爲）的問題，亦即如何實踐及完

成認同的問題，這是一種運動政治（movement politics），柯魯克（Stephen Crook）（Crook *et. al.*, 1992）及康林翰（Frank Cunningham）（1993）諸位學者便稱新社會運動即是運動政治。依據懷特（1991:10-1）及史華茲曼德爾（1998:169）的說法，新社會運動是後現代政治的徵象之一，後者即指出：

> 當今任何事物都是破碎的和分裂的，而這個可在新社會
> 運動的政治表達中而不是在老舊的官僚政黨裡看到。這
> 些〔新社會運動的〕結社通常可被視為各色各樣的認同
> 的載體，以及被挪用於後現代紀元的分立的問題，蓋「社
> 會運動可能的數目，只限於人們自願採納的集體認同的
> 潛在範圍有多大而已〔例如：婦女、地方納稅人、動物
> 愛護者、內城住民（inner-city dwellers）等等〕」。
> （Schwarzmantel, 1998:169）

可以說今天「分崩離析」的認同，係來自認同政治的崛起與擴散，而認同政治之勃興，則一方面是由於六○年代以來的諸如民權、學生、女性等各種新社會運動所肇致，一方面也因為在社會理論領域內馬克思主義的文化霸權被女性主義及各種後結構主義理論所取代之故；由於這兩方面的原因，使得我們對於認同本身的看法大為改觀，而「認同政治現在則被頌讚為是社會中文化與政治的抵抗性舞台（the arena of cultural and political resistance），而且往往還被視為是一個

移向新型態後現代或晚期現代社會的指標」（Hetherington,
1998:22）。

　　在梅魯奇（Albert Melucci）看來，新社會運動對於認同
的追尋（identity-seeking），係由於具有後現代主義特徵的四
個因素所肇致：物質的富裕（material affluence）、資訊的超
載（information overload）、有效之文化選項的寬視界的混淆
（confusion over the wide horizon of available cultural
alternatives），以及在為自我認同（self-identification）方面所
提供的制度性基礎與文化性規範選項（institutionally based and
culturally normative alternatives）的體系上之不足（system
inadequacies）（引自 Inglehart, 1990:347），新社會運動做為
後現代認同的一種運動政治，乃良有以也。

第一節　新社會運動的意義

　　做為運動政治的新社會運動，基本上將其動員化的因素
集中在文化的及象徵性的問題上，而這些問題則又和那些隸
屬於分化的不同社會團體的感情（sentiments of belonging to a
differentiated social group）相連，並且這些運動還可能具有次
文化的取向（sub-cultural orientations）以挑戰支配的體系。新
社會運動因而被說成是崛起於「對於認同的防衛」（in defense
of identity），它們認為應賦予其團體的成員權力——即賦予

其有「爲自己命名」的權力（to empower　members to "name themselves"）（Laraña *et. al.*, 1994:10），梅魯奇遂謂，在此「個人的集體性要求是，有權能實現他們自己的認同——處置他們的個人創造力、他們的感情生活，以及他們的生物性的與人際間的存在等等的可能性」（Melucci, 1980:218）。直截了當地說，崛起於六〇年代的新社會運動，最大的意義在於它所訴求的是一種認同的政治；而這樣的一種柯魯克等人所謂的「新政治」（new politics），則顯然有別於過去爲左派所強調的以經濟及階級爲基礎的「舊政治」（old politics）（Crook, *et al.*, 1992:138-42）。

一、新舊運動政治之別

　　要瞭解新社會運動則要先探究什是舊社會運動（也就是柯魯克等人所說的「舊政治」）。舊社會運動圍繞在以階級爲主的組織（尤其是工人階級）之上，它們關心的是政治的權力及經濟的結構，或者是經濟重分配的問題。舊社會運動帶來的觀念，有助於共產主義或社會民主的發展，從十九世紀中葉以迄於二十世紀的三〇年代，至少在歐洲，它和倡議激進政治（radical politics）的運動是有關係的，它會動員群眾去向主流者看齊。大體上言，舊社會運動帶來強烈的價值意涵，包括法西斯主義和共產主義的社會主義運動，都屬於舊社會運動，而且如同柯魯克等人所言，這種舊社會運動具有

半制度化的色彩（*ibid.*, 148；陳俊榮，1997:92）。

舊社會運動通常集結於它們對於不義的訴苦和認知（grievances and perceptions of injustice）的共享之處，而改善這些訴怨之因的計畫則構成動員的意識形態的基礎。意識形態做爲一種錯誤及不義的符碼化之物，被視爲是讓動員發生一種必要的過程（Laraña *et. al.*, 1994:21），於是在這種舊運動政治中，意識形態的作用便居於核心地位；而爲了有效達成其對於正義之訴求，這種組織化的運動有權力集中的傾向。柯魯克諸人甚至認爲，這種舊運動政治是一種以階級爲基礎（如前所述）的「權力政治」（power politics）。做爲舊社會運動之基礎的權力政治，具有行政權集中化的特徵，它藉由重要的市場範疇建立在組織化的利益之表達上，所謂的「官僚－組合主義國家」（bureaucratic-corporatist state）則爲其提供了－－制度性的架構；而強調經濟的成長及政治的共識乃組合主義國家的支配性意識形態（Crook *et. al.*, 1992:149）。

然而，六〇年代以來持續增加的也表達了它們的苦惱的這些新社會運動，並不植基於經濟與階級的利益，它們係基於諸如身分、地位、人道主義（humanism）以及靈性（spirituality）等這些較不「客觀性的」因素，從某種意義言，運動的動員和訴苦（grievances）之間的關聯比較不具強制性。這些新社會運動本身並非不具意識形態，而且不同的團體也有程度上的不同，不過這些運動仍較少有像社會主義與共產主義組織

的那種廣泛的意識形態的主張（Laraña *et. al.*, 1994:21）。

　　相對於舊運動政治，這些新社會運動對政治權力及經濟結構並不感興趣，它們感興趣的反而是文化的變遷、價值的轉變，以及日常生活本身。做為反官僚的新社會運動，也是反層級化的（anti-hierarchical），它們的內部享有高度的民主，對於社群（community）以及特定認同的維護與建構，顯示出主要的關注。依照艾波絲坦（Barbara Epstein）的分析，盛行於七、八〇年代的這些新社會運動（目前仍繼續存在），可以說幾乎全為年輕人（在大部分的場合中且是具有中產階級身分或至少是出身於中產階級的年輕人）的參與（Epstein, 1995:132）；若再加上柯魯克等人的意見，則這些以青年人為主的新社會運動，更懂得和傳播媒體結合（尤其是電視），表現出他們是反中心主義者（anti-centralist）、反形式主義者（anti-formalist）以及反國家主義者（anti-statist）。如果說什麼是他們最大的特徵，集合這些「反」的性格，一言以蔽之，即他們是反官僚政治的（anti-bureaucratic）（Crook *et al.*, 1992:148）。

二、新社會運動的特性

　　依照柯魯克與拉瑞那（Enrique Laraña）等人的研究，新社會運動所顯現出來的新的政治取向，歸納起來具有底下幾

種特性（*ibid.*, 148; Laraña *et al.*, 1994: 6-9）[1]：

(1)此一運動基本上是由普遍的道德關懷（universalistic moral concerns）而不是由工具性考慮（instrumental considerations）所推動。此一特性多被賦予下面這些標籤，諸如「反政治」（antipolitics）、「抗政治」（counterpolitics）、「象徵性及生活型態政治」（symbolic and lifestyle politics）以及「道德抗議之政治」（politics of the moral protest）等等。

(2)此一運動不具參與者的結構性的角色關係，亦即新社會運動的社會基礎有一種超越階級結構的傾向。參與者的背景，係來自相當廣泛的社會身分，諸如年齡、性別、性傾向、職業等等，而這些身分背景難以做結構式的解釋，尤其是兩個明顯的相當有力的運動：歐洲的綠黨和美國的生態運動。

(3)此一運動的意識形態的特點，明顯地相對於勞工階級運動以及馬派那種「把意識形態視爲集體行動的統合的及普全的因素」的主張。馬克思主義理論（在歐洲比美國更具魅力）往往成爲舊運動行動的認知典範。

---

[1] 底下這十二項新社會運動的特性，係綜合歸納柯魯克及拉瑞那等人的觀點而成（前者指出的特性有五點，後者則有八點），其中第(1)(4)(5)(6)(12)各點爲柯魯克氏諸人的主張；第(2)(3)(6)(7)(8)(9)(10)(11)各點則爲拉瑞那氏的看法。

　　但是新社會運動卻很難用這樣的語彙賦其特色，它們展現了理念和價值的多元主義，而且具有實用的取向，尋求制度的改革，以便擴大成員參與決策的體系。

(4)此一運動並不透過所謂的「組合主義的台柱」（the pillars of corporatism）將其建立在集權化的和官僚化的利益的調解之上；相反地，它依賴自我組織（self-organization），並利用半制度化的壓力的形式（semi-institutionalized forms of pressure），亦即準壓力團體的形式。

(5)此一運動重要的行動者，均公開地對已被建制化的菁英和集權化的國家機構表示懷疑；這些菁英與機構的效率性、合理性以及代表「集體之善」（collective good）的能力，全都受到質疑。他們的不信任，藉由運動的象徵符號表現出來，而其所採取的行動則是公眾性的，而不是菁英取向的，依賴的是他們半制度化的自我組織性的行動（self-organized action）。此一特性讓新社會運動又被冠上「公民政治」（citizens politics）和「市民社會」（civil society）的標籤。

(6)此一運動已擴及「社會－文化場域」（socio-cultural arena），並與之融合在一起；它蔑視傳統的形式和舊社會運動的「戲目」。做為一種抗議形式，它和休閒活動結合，並且讓它因此變成一種完全的「反的文化

樣態」（counter-cultural Gestalt）。它將動員的因素傾向集中在文化與象徵的問題上，而那些問題主要是認同的問題而不是像勞工運動那種關於經濟的訴苦（economic grievances）。

(7)此一運動所顯示的個人與團體之間的關係是模糊的，與上一點特性相關的是，新社會運動不少是出諸個人的行動而非透過動員化的團體——嬉痞運動（hippie movement）就是一個典型的例子；其他的運動，如果沒有明顯的結構性或階級性基礎，例如同性戀及女權運動，則集體與個人之間的界限就很模糊。這是因為此通常涉及個人對於他或她自己的界定，而這又和個人的及團體的認同的確認有關。

(8)此一運動包含我們生活中較為個人的和私密性的面向。例如主張同性戀權或墮胎權的運動，以及主張另類醫療或禁煙的運動等均有此特性。其他像新時代及自我轉型運動（New Age and self-transformation movements）以及女權運動，都涉及改變有關人的「性的及身體的行為」。他們（行動者）將運動擴及我們日常生活的舞台——我們吃什麼、穿什麼、做什麼享樂；如何做愛、如何克服個人問題，或者是如何計劃或推掉個人的事業。

(9)此一運動運用瓦解和抵抗（disruption and resistance）

的激進的動員戰術（不同於勞工運動所使用的方式），例如它所開發出來的諸如非暴力及公民不服從（civil disobedience）等新的動員型態，藉由戲劇性的展示行動，挑戰支配性的行為規範。

(10)此一運動的團體組織及其擴散，主要和西方民主國家傳統性參與管道出現的信心危機有關。新社會運動普遍對傳統的「大眾」政黨不懷好感，而另外尋找不同的參與和（為團體利益問題）決策的形式。

(11)此一運動和依賴黨工及集權化官僚的傳統政黨不同的是，它的自我組織（第(4)點）則傾向破碎、擴散與去中心化（decentralized），雖然運動的型態各不相同，但都傾向讓地區部門擁有相當的自主權（集體辯論及決策形式往往對地區與全國組織的聯繫造成限制），這被稱為新社會運動的「自我參照要素」（"self-referential element"）。

(12)此一運動高度地依賴大眾媒體。它結合了象徵的符號及圖像，建構了一種大眾性的光景（a mass spectacle），在其中影像取代了言說性的辯論而決定事實的結果，魅惑性的戲劇似乎比系統性的分析更為有效和重要，焦慮的情緒可能會遮蓋精確的計算以刺激集體的行動。

　　關於上述這十二點特性，其中相關的若干特點及其問題，將在底下的章節有進一步的闡述。當然，如同拉瑞那諸位學者指出的，新社會運動的這些特性並非和過去全無聯繫[2]，它的「新」主要在其表現及擴展的方式，以及運動本身的規模與顯著性上──而這已構成我們需要修正我們認知架構的基礎（Laraña et. al., 1994:9）。

第二節　新社會運動的理論依據

　　傳統的左派或受馬克思主義影響的理論，都在尋求一個革命的主體，並予以社會的具體化；這個革命的主體則以所有遭受不平等待遇的團體之名發言及行動──這種普遍性的宣言即有將認同的權力壟斷之嫌，新社會運動基本上就是這種普全主義式的馬派理論的破格（anomaly），所以懷特即言：「新社會運動所支持的是不能化約的多元主義，以及對於普全性革命計畫的懷疑」（White, 1996:10-1）。

　　畢竟這個革命的主體，亦即勞工階級，實際上只能代表一個特定階層（往往是官僚菁英）的利益──儘管他宣稱自

---

[2] 拉瑞那氏諸人特別說明，像女權運動便是根源於十九世紀晚期的美國的政權運動；新時代運動則可追溯到早期靈性論者（spiritualist）的教示和東方哲學；而當代的保健運動（health movements）乃源於二十世紀早期的準醫療趨向（quasi-medical orientations）（Laraña et. al., 1994:9）。

已可以體現（與其具相同境遇的人的）普遍的利益。按照這種主張，由於社會的討論被那些宣稱以普遍性名義發言的人（團體）所壟斷，那麼那些邊緣群體的聲音可能因此受到壓制，後現代主義如前所述即在抗拒這種壟斷與壓制，並且要求讓那些被壓制的群體各自不同的特殊的聲音能夠被聽到，這就需要具有多樣性與殊異性的色彩的新社會運動以為支撐，換言之，一種運動（訴求）一種認同，有多種多樣的運動，就有多種多樣的認同，勞工運動自然其所訴求的也僅能是工人階級的認同，其他不同的認同，它無法也不能越俎代庖。

　　有鑑於此，新社會運動基本上承襲後現代主義關於認同理論的主張，反對由現代性所帶來的具有普全主義及本質主義的主體，同時強調差異政治的概念，而如上所說，讓那些被壓抑的他者有發聲的機會，黑舍林頓（Kevin Hetherington）即闡述道：

　　對於認同問題及認同政治的興趣,過去幾年已將焦點主要放在與地誌學式的複雜性（topological complexity）相連的問題上：分散、碎裂、不確定、差異、偶發、混合、正反並存，以及多元性。這種認同的研究途徑主要依賴其對實在論與本質主義認同觀的挑戰（這種認同觀視事物為固定的且具有秩序的），以及其對新社會運動和能夠顯示不

同選擇的差異政治的推動。（Hetherington, 1998:25）

　易言之，新社會運動的認同政治，一來要挑戰實在論及本質主義的認同觀，二來也要鼓吹或促進差異政治的認同觀。在此情況下，艾波絲坦更言，新社會運動和兩種當代的理論，即後福特主義與後結構主義，產生互動式的影響，其中後結構主義指的則主要是拉克勞和穆芙以及傅柯等人有關的理論，茲簡述如下（陳俊榮，1997:87-91）[3]。

一、後福特主義

　如第二章所述，相對於強調大量標準化生產的福特主義的後福特主義，側重的是特殊性及小規模的生產方式，產品因而越來越多樣化，消費者的選擇性增加，微型市場（micromarket）的時代於焉揭幕（Kauffman,1995:156-7）。這種解集中化及碎片式的生產形式，不僅發生在經濟的生產領域，也擴及政治與社會生活的組織。艾波絲坦即認為，後福特主義對文化領域起著暗示的作用，在福特主義時代的社會，由於其穩定的結構及官僚化的組織，有助於紀律的維持與教誨；一旦後福特主義造成它們的崩潰，則不論社會控制或社會抗議的意識形態，在它們的教誨上，文化本身會越來

---

[3] 有關後福特主義及傅柯的後結構主義理論，本書相關章節（第二、三、六、九章）論及之處，在此不再重複。

越成爲一重要的領域（Epstein, 1996:130）。

艾氏還指出，互爲影響的後福特主義和新社會運動，它們兩者均認爲建立在鬥爭之上的階級政治現在已一去不復返了，蓋階級政治的重點放在生產上面（這是福特主義所強調的），如今著重生產的方式已過時，變成是消費者導向的時代（也即後福特主義的時代）。受到後福特主義影響的新社會運動，因而也像它那樣顯得地區化、去中心化，且將其關注的焦點放在文化及社會生活的問題上（ibid.），進而形成多元化的認同政治。

二、拉克勞和穆芙的激進民主理論

拉克勞和穆芙在他們的成名作《文化霸權和社會主義的戰略》（*Hegemony and Socialist Strategy: Towards a Radical Democratic Politics*）（1985）中引述並反對馬克思主義所堅持的本質主義，這種本質主義將工人階級等同於社會主義者的政治，並認定某一特定階級在社會中享有優先的地位。在他們看來，某一特定的階級地位未必與某一特定的政治立場（political stance）存在著既定的關係，每一政治立場只能被建構、被協商在「轉換中的串聯以及變遷中的鬥爭」（shifting alliances and changing struggles）的領域內，在此領域內則存在著眾多的社會行動者（Epstein, 1996:133）。

拉、穆二氏認爲，社會上同時存在著眾多不同的團體（形

成多元主義的社會），多元社會不要求一個「同質的集體性」
（a homogeneous collectivity），而是要讓競爭的團體形成多元
性以為民主的內容。民主的原則也即自由與平等的原則，階
級並非實現自由與平等的（唯一）行動體，對於不自由與不
平等的抗爭，要由諸如婦女、少數族裔、環保分子、倡導消
費權者，以及同性戀者等等的運動來共同參與。所以，新社
會運動即有其必要性。強調階級將會將這些對抗分隔起來，
為了避免抗爭力量的分散，這些運動應該構連（articulate）為
一個統合體（a unity）[4]；而要構連成一統合體，則須致力發
展一種新的文化霸權，這種文化霸權允許統合體內的各個組
成體仍享有其自主性（Laclau and Mouffe, 1985,152-71; Fisk,
1993:155）。這就是拉、穆二氏激進民主（radical democracy）
的主要內涵。

　　從拉、穆二氏的激進民主理論看來，社會上任何的認同
（身分）都是一連串「主體位置」（subject positions）組合而
成的，這些主體位置則隨著關係之不同而變化，易言之，任
何一個認同（身分）一直處於變動不居、無確定性的狀態中
（洪鎌德，1996:110），既如此，任何人的認同就不應被普全
化（be universalized），而應該講究「差異的表達」（expression

---

[4] articulate 或 articulation，國內學界或譯為串聯，或譯為接合。傳播學
　者張錦華譯為構連，比較傳神，茲援用之（張錦華，1994:152）。

of differences），穆芙因而即稱：「激進民主需要我們去承認差異性——特殊的、多樣的、異質的——事實上也就是那些被抽象的『人』的觀念所排除在外的事物。」（Mouffe, 1989:36）。

三、傅柯的泛權力理論

在傅柯看來，我們的社會中到處遍佈權力，權力就像佈滿人身的微血管無所不在，它在各種角落運作，在各種不平衡的動態點上交錯而生（Foucault, 1980a :94; 1980b:142）。雖然在《規訓與懲罰——監獄的誕生》（*Discipline and Punish: The Birth of the Prison*）一書中，傅柯具體描述了國家權力的各種壓制性措施及其效果，並追溯各世紀以來變遷的特性，指出國家運用其掌有的武力以保有其意志的貫徹，並日漸衍生出越來越為複雜的各種（統治）工具，依賴監視系統，對其屬民灌輸紀律以養成習慣，製造出依國家的社會控制計畫所形塑的主體（Foucault, 1979a）；但是如上一章所言，支配性的權力本身也和鬥爭或抗爭無法分開，傅柯自己也說：「只要有權力關係，就有抗拒的可能。我們可以永遠不落入權力的圈套，我們總是能夠在限定的條件下依據細心的策略來抑制或修改權力的控制」（Foucault, 1988:123）。

比如同樣在《規訓與懲罰》這本書中，傅柯也曾討論到對抗規訓與常態化機制的「民眾的非法性」（popular

illegalities）和不馴服策略[5]，傅柯說道：

> 在世紀轉變之際〔指十九世紀初〕，民眾的非法活動有三
> 種擴散形式（數量的擴展除外，因為這是有問題爭議性
> 的、難以統計的）：它們進入一種普遍的政治觀（a general
> political outlook）；它們明顯地與社會抗爭結合；不同形
> 式和層次的違法行為相互溝通。這些過程也許還沒有達到
> 最充分的發展程度，它們在十九世紀伊始確實沒有發展成
> 兼有政治性和社會性的大規模非法運動；但是，以它們剛
> 萌芽的形式，以及即便它們還很分散，它們已十分引人注
> 目……。（Foucault, 1979a:275）

　　支配的權力本身自然孕育反支配的抗爭，因此，依傅柯
所信，權力就絕非單向的或單一的，權力是一種關係網絡，

---

[5]　在該書中傅柯曾指出，在十八世紀，犯罪活動日趨專業化，這是主要
由於「法律的更新，勞動條件的嚴峻，國家、地主或雇主的要求，以
及十分細密的監視技術」增加了犯法的可能性，把許多生活在另一種
條件下的、本來不會去從事職業犯罪的人「拋到法律的另一邊」（threw
to the other side of law）。「正是在對抗新的財產法的背景下，在對抗
無法接受的徵兵方式的背景下，農民的非法活動在大革命最後幾年發
展起來，其結果則導致暴力、侵犯行為、盜竊、搶劫，甚至是更大規
模的『政治土匪活動』（"political brigandage"）的增多。也正是在對
抗立法或極其嚴苛的規章（關於工作手冊、勞動證書、租金、工時、
缺勤等規定）的背景下，工人的流浪現象發展起來，而且往往越界變
成實際的過失犯罪。整個系列的非法活動在前一個世紀往往是互為孤
立的現象，此時似乎聚在一起，形成一種新的威脅」（Foucault,
1979a:274-5）。

其中有多重的支配與反支配活動，並非單一的統治及被統治的壓迫關係所能涵蓋。蓋「沒有權力關係能倖免於抗爭」（Foucault, 1980b:142），而權力既是多樣分散的，那麼抗爭也就是形形色色的——這樣的觀點也符合了傅柯向來所強調的反總體化的策略。新社會運動本身即是形形色色的權力抗爭活動，傅柯上述這種「泛權力觀」，自然而然可以成為它們的理論依據。

第三節　新社會運動的行動策略

　　如第五章所說，後現代的認同政治強調差異政治，而強調差異政治則會接受多元的觀點主義，一個觀點就代表或反映一種立場，所以傳統的馬克思主義即反映工人階級的立場，新自由主義經濟理論則反映資產階級的立場，女性主義亦反映了婦女的立場，同志理論自然反映了同性戀者的立場……其他則以此類推。眾多的新社會運動——運動一詞既然是複數名詞，就表示不可能只存在一種立場，可以代表或反映所有的、整體的運動——各自有不同的觀點與立場；而每一種運動均由一種團體或社群所推動，站在後現代的立場看，任何一個團體很可能再細分為更小的團體，而任何一個更小的團體立場總是隨著時間之消逝而有數不盡的更動。如斯一來，就會有數之不盡的各種立場跟著增長起來，而眾多

的認同（身分）亦隨之分裂繁殖；重要的是，其中沒有一個可宣稱有特殊地位。

　　以台灣女同志運動的發展為例，女同志主體最初是隱身在女性主義陣營中滋長起來的，這是因為一來純女性的女性主義成長團體，強調女性經驗的分享，注重女人與女人互相扶持的氛圍，提供了發展純女性社交的便利空間；二來女性主義鼓勵女人獨立自主、反抗被定義的精神，與女同志們叛離主流、堅持己愛的勇氣，彼此很能投緣；三來女性主義組織比女同志組織較早成長起來，因而受過女性主義洗禮的一些女同志們，往往透過私下的人際關係，將更多的女同志朋友帶進女性主義組織裡面來（簡家欣，1998:92）。簡家欣在分析此一「併合」的現象時指出：

> 在台灣的女性主義陣營裡，特別是新生代的女性（主義）主體，往往是在女人慾望女人的女女戀情中所啟蒙、所建立的；許多女同志是因為慾望女人、愛戀女人，所以才將時間與精力貢獻到婦運當中。因著這些關聯，使得在九○年代日漸成熟的台灣婦運中，並存著女同志和女性主義兩種身分認同與主體位置。（簡家欣，1998:92）

　　然而，到了九○年代中葉，這種「女同志和女性主義兩種身分認同與主體位置」併合的問題，終於被搬上檯面來，

其間的衝突張力亦顯而易見[6]，女同志必須從女性主義陣營中出走，成了迫切的問題，而直接衝擊的則是女性主義的認同與主體位置的分化，至少在實際的行動策略上必須慎重考慮：婦運採行「女同志婦運」路線的必要和可能性[7]。

就一種尚未茁壯正在萌芽之中的社會運動例如女同志運動而言，採行寄生方式（parasitism）毋寧是一種可以選擇的行動策略（act strategy）；當然，這只是就運動發展初期的情況而言，而且也不能一概而論，當同志現象在社會上已變成「視而不怪」的事實，變成一個可以堂而皇之公開討論的問題時，女同志勢必「出櫃」，形成自己獨立的運動，建構自己的認同身分，而不能再在女性主義陣營中「寄生」。然則，一個獨立的以認同或議題（如環保）為其訴求的新社會運動，可以採取何種行動策略？為了使行動更有力量，並能彌補後現代那種多元的特殊性政治，不同的新社會運動之間是否可找出有效的行動策略？這個頗具實際性的問題值得進一步深

---

[6] 依據簡家欣的研究，這兩種身分認同的緊張性張力，其實又隱然有一種世代差異：中青世代的婦運工作者，以及新生世代校園裡女同志社團與女性主義社團中的女學生，在女同志認同與女性主義認同的拉扯之中，各自形成了不同的對話交點（簡家欣，1998:95）。

[7] 婦運本身的分化，不只是女同志運動如何從中分離一端而已，1997年間更因公娼存廢（台北市）的問題，婦運分子因對此議題及事件看法的分歧，分裂為贊成與反對兩派的對立，而娼妓的認同及身分問題，在此又成了一個主體立場抗爭的戰場，這也是認同的差異政治另一個典型的例子。

思，尤其是對於從事後現代運動政治的人來說。

　　為了實現其認同的訴求，新社會運動可以考慮採取底下所謂「行動三部曲」（the act triad）的策略：

一、召喚（interpellation）

　　召喚這個概念是新馬克思主義者阿圖舍在〈意識形態與意識形態國家機器〉（"Ideology and Ideological State Apparatuses"）一文中所提出來的[8]，它指涉一種主體被「呼喚」（hailed）或被傳呼（addressed）的過程，而主體之所以被呼喚則是和意識形態對於主體的建構有關，申言之，人們是透過意識形態對他們召喚的方式來「認識」（或「誤認」）他們自己，並進而反過來認識自己的自主性，因此所謂「召喚」，

---

[8] interpellation 在政治學中被譯為「質詢」或「正式質詢」（有別於一般的普通質詢），這種質詢制度淵源於法國，質詢結果可能會變成類似英國不信任案（nonconfidence）的提出情形，造成倒閣（法國第五共和以後即廢止）。惟阿圖舍在此的用法，意義與此不同（借用佛洛依德的說法）。若循前例譯為「質詢」，似有偏失。或有譯為「呼叫」、「呼喚」、「招呼」或「質問」等不一而足；以阿圖舍該文中的意思觀之，譯為「召喚」或較能凸顯其義。另外，韋伯在〈學術做為一種志業〉（"Science as a Vocation"）一文中曾主張，從事學術工作者內心要有被「召喚」（calling）之感，否則「他還是離學術遠點好些」。韋伯說：「沒有這種圈外人嗤之以鼻的奇特的『陶醉感』、沒有這份熱情、沒有這種『你來之前數千年悠悠歲月已逝，未來數千年在靜默中等待』——全看你是否能成功地做此臆測，你將永遠沒有從事學術工作的召喚；那麼你應該去做別的事」（Weber, 1985:123-4）。韋伯所說的「召喚」與本文所說有異，不能一概而論。譯名雖然雷同，但筆者仍認為 interpellation 一詞譯為召喚較呼喚、質問傳神。

換句話說，也就是將他們做為主體來招呼，直呼其名（Althusser, 1971:169）。

為解釋「召喚」一詞之義，阿圖舍在該文中曾舉了個例子說明。當警察（對著前面）大喊：「嘿，就是你！」（"Hey, you there！"），十之八九會有一個人轉身過來，相信繼而懷疑以至於知道（believing / suspecting / knowing）警察喊的那個人就是他（*ibid.*, 163）。阿圖舍認為，當這個人轉過身來確認了這個呼喊的對象就是他自己的時候，在那一刻這個人便已成為一個「主體」（subject），而在與一般的「意識形態的法律和犯罪的規範」（ideological codes of law and criminality）相關的情況下，做了個人的定位或再定位（position or re-position）。

阿圖舍這個「召喚主體」的說法，後來被引用到文學及電影的分析上來，尤其是古典的寫實主義（classic realism）作品，文學理論家貝爾西（Catherine Belsey）即認為，寫實主義的規約會召喚讀者至一（主體）位置，以便加強自由的人本主義意識形態，在《批評的實踐》（*Critical Practice*）一書中他寫道：

古典寫實主義文本的形式是與表現理論（expressive theory）以及意識形態同道的，藉由召喚做為主體的讀者而發揮作用的，讀者被邀請去感知與評價文本中的「真實」，由作者所領悟的對世界的一致、無矛盾的解釋……

古典寫實主義構成了一種意識形態的實踐，它向做為主體的讀者喊話（addressing），召喚（interpellating）他們以便使他們自由地接受自身的主體性和服從性。（Belsey, 1980:68-9）

　　新社會運動做為一種認同的文化政治，首先可從文學藝術的文本中（借用阿圖舍及貝爾西上述的說法）以召喚讀者——也就是該運動的參與者和訴求的對象（如女權運動之於婦女、同性戀運動之於同志），喚起他們或她們的認同意識，激化其「成為主體」的需求，進而做為採取行動的依據。簡言之，召喚主體的認同意識，是各類新社會運動行動的首部曲；沒有召喚，就不會有認同意識，而沒有認同意識，也就無任何認同可言，認同（身分）因而也無由形塑或建構。

　　召喚主體及其認同的具體行動，當不只透過文學藝術文本向受眾（audience）「喊話」而已（例如李小龍主演的《唐山大兄》、《精武門》中對「中國人」意識的召喚），還可藉由諸如在「公共論壇」中的討論（如出現在報紙媒體的文章）以及著書立說（包括舉辦演講、討論會等活動）等等[9]，

---

[9] 例如主張公娼權利（「妓權」）的台北市日日春關懷互助協會即於2000年2月出版了《日日春》及《公娼與妓權運動》二書，前書道盡九個公娼的生涯血淚，後書則以研究世界幾個國家的性產業政策為主，擬洗刷「性工作者」的污名。此舉顯示召喚「性工作者」的認同有迫切之必要。

做爲喚醒認同意識的手段，其中甚至可以提出一種簡潔有力
的口號或標語做爲認同的訴求（例如台灣 1994 年 5 月 22 日
的「女性連線反性騷擾大遊行」中提出的「我要性高潮，不
要性騷擾」的口號）[10]。

二、出場（presentness）

出場（或譯爲在場）這個概念是相對於後現代所反對的
「再現」（representation）而言的。再現是現代性的重要特徵，
簡言之，即以某物、某人、某地點或某時間代表（或再現於）
另一物、另一人、另一地點或另一時間（Rosenau, 1992:93），
因而它的哲學意涵也就是，真實（reality）被認爲是存在的，
而且可以藉由再現把它表徵出來[11]。後現代主義者認爲，再現

---

[10] 這個「我要性高潮，不要性騷擾」主張女性情慾自主的口號，後來
曾造成一度的流行，只是流行的口號似乎演變成「只要性高潮」。
事後該陣營的代表人物何春蕤在她的《不同國女人：性／別、資本
與文化》一書中，即曾糾正指出：「這個口號常被人誤認爲『只』
要性高潮，這是完全錯誤的。女人怎會『只』要性高潮呢？我們要
的各種歡愉和各方面的權力多著呢！」（何春蕤，1994:54）。

[11] 依羅森瑙的意見，representation 涵蓋了六種意思：(1)它是代表
（delegation）——在議院中某一個體代表著另一個體；(2)它是擬眞
（resemblance）——一幅油畫在畫布上再現了畫家所觀察到的東西；
(3)它是複製（replication）——照片（圖像）複現了被攝者（對象）；
(4)它是重現（repetition）——書寫者把代表他或她的思想（意義）的
語詞（語言）寫在紙上；(5)它是替代（substitution）——律師代表當
事人出庭辯護；(6)它是複印（duplication）——影印代表著原件
（Rossenau, 1992:92）；此外，它還有另外一種意思：(7)它是表述
（expression）——某人將其想法、感情等表達出來。另參閱上一章

鼓舞概括或通則化（generalization），而在概括的活動中它又注重同一性，因之忽視了差異的重要性。再現接納「在兩個事物之間的相似性」，並將之歸屬於「全等，拒絕差異」（complete congruence, denying difference）（*ibid.*, 97）。後現代既主張認同的差異政治，自然也反對再現，並以所謂的「出場」替代之。

　　然則何謂「出場」？一言以蔽之，出場不承認再現的必要性，它取消了再現和真實之間的距離，亦即真實不需再現來表徵，它只要「出場」即可，由參與者或當事人的出場、在場，不需透過任何中介（再現就是一種中介），彷彿就是真實的呈現。真實只需在場的直接呈現，不用中介方式的再現。新聞報導中日益風行的「災難現場」、「犯罪現場」，以路人的 V8 攝影機或是 SNG 轉播車，直接呈現出大地震、火災、警匪槍戰的場面，甚至近年來台灣社會出現賓館內隱藏式攝影機偷拍到的男女做愛的場面，都可視為後現代的反再現現象以及其對出場的饑渴（林芳玫，1998:73）。

　　新社會運動在召喚其訴求的認同意識之後，接下來便需進一步採取具體的行動，不能只淪為紙上談兵，出場則是新社會運動一種具體的行動表示，它採行的是一種類似早期傳播理論所說的「刺激－反應」（stimulus-response）模式，由

註 7。

於運動者親身的涉入現場，具有立即、當下反應的接觸感（tactile），不須經過意義的理解與詮釋，而是對刺激做出即時的反應，好比以針刺皮膚，皮膚馬上就有感覺，刺激一停止，皮膚的感覺也跟著停止。這正是布希亞所指出的——後現代政治、文化、媒體所顯現的反再現、觸感式的在場，以及隨之而來的意義的掏空（同上註；Baudrillard, 1993）。

即以 1997 年 9 月 6 日台北市（市政府與市議會）取消公娼執照並令公娼館停止營業所引發的反廢娼運動為例，以反廢娼為目的成立的公娼自救會，對於執政者所進行的抗爭，毋寧說是一種「以身相許」的出場活動，她們不斷以自己的身體以及陳水扁、李察基爾等名人的「在場」來凸顯自己的出場，從舉標語、演行動劇，到放天燈、唱那卡西，她們不斷從事符號的增殖衍生，把自己及他人（陳水扁等人）變成一幅可供媒體記者拍照的景象。即使在所謂座談會、研討會等論述為主的場合，與會代表的言論內容也不如其說話、衣著、髮型的風格來得重要；道德、偽善、中產階級等負面標籤滿場飛舞，與其相對的則是弱勢、邊緣、性工作權等富含正面肯定的符號。不論是正面還是負面，這些詞彙的意義與內容都不須經過界定與解說，成為不證自明的存在——在場（林芳玫，1998:73）。

這種出場式的抗爭活動，演變為一種「景觀的政治」（politics of sight），即它們往往透過各種表演（和身體活動），

以諷喻代抗議，把現場當做舞台，構造出一種景觀式的氛圍，相對於絕食抗議以及流血的街頭示威，毋寧這是一種「軟訴求」（soft appeal）。後現代的這種軟訴求能否奏效，雖被人質疑（同上註，74），但無疑的是，它為當代政治提供了與以往完全不同的景觀。

三、構連（articulation）

構連這個概念係源出霍爾的解釋，它一方面可做陳述、說明、表達（to express）解，另一方面亦可解釋為火車頭與其後車廂之間的連結（to connect），前後車廂可做不同的連結，亦可拆開，因此被引伸為辭意之間的連接（Hall, 1986:53; 張錦華，1994:152）。事實上，構連概念來自結構主義語言學的主張[12]，但發揚光大它的則是馬派的理論。後者把它用來描述不同經濟生產模式的共存狀況，也就是指「某些傳統的形式仍然存在，而且被構連到一些更新的形式」的狀況，例如封建與晚期資本主義經濟的並存（構連）；君主制與民主政制的共存（構連）等等（Brooker, 1999:10）。

構連做為運動政治的一種行動策略，後來在拉克勞和穆

---

[12]索緒爾即認為，語言係屬構連的領域，每一個語言的詞彙都是一個構件（a member），一個連結體（articulus），在這個連結體內，思想（意義）被一種聲音固定，而聲音則變成思想的符號。語言符號的這種兩端性（two-sideness），係植基於獨斷的、規約的關係（Saussure, 1966:120）。

芙身上得到更進一步的發展。首先，如前所述，在反本質主義的前提下，拉、穆二氏相信認同本身「總是關係性的」（always relational），它來自互動的關係，因此不是固定之點，也沒有一個政治的行動體及其目標具決定性，可由行動體的預定行動（predetermined action）實現其預設的目標。工人階級因此不是社會變革的重要的獨一無二的行動者，團體或社群的結盟（alliance）就有其必要，而且工人階級也無理由在任何一種結盟中扮演領導的角色。

其次，拉、穆二氏所認為的構連，係指涉「在組成因素之間建立一種關係的任何實踐」，而構連實踐的結果，可以改變認同本身的意義（Laclau and Mouffe, 1985:105）。拿到社會運動的層面上來看，則構連就不只指文化研究領域內的「意義的構連」而已，而是指涉了運動之間的結盟關係——這是構連的社會實踐。在拉、穆二氏看來，為了社會變革，各種不同團體的結盟，不應切斷它們和其他團體之間的任何一種論述性構連（the discursive articulation）。結盟必須開放，不能讓任一個團體屈從於其他團體所提出來的目標（Fisk, 1993:149-50）。簡言之，結盟做為一種構連的手段，為多元、分歧的新社會運動，提供了一種有效的策略聯盟的武器。非如此，則只有各個分立運動的出場，訴求與抗爭的力量便顯薄弱，形成一片散沙。

為什麼新社會運動彼此之間認為結盟不但有利而且本身

就是好事一椿?康林翰即進一步指出有兩點理由:一是對這些新社會運動來說,資本主義、國家以及父權等壓抑的來源,彼此即具相互連結性;既然如此,為何不聯合起來一致抗爭?二是這些屬於「弱運動」(weak movements)的新社會運動,每一個都有需要擷取他人的力量以壯大自己;那麼彼此聯合起來,自然可使任一方的力量相對增強(Cunningham, 1993:208)。儘管有人質疑,拉、穆二氏既反對本質主義,那麼結盟則如何可能?不過,這是另一個問題——在此即便不援引拉、穆二氏的說法,站在新社會運動的立場來看,為有效達成運動的認同訴求,結盟式的構連絕對有必要。所以,像女同志運動雖然最終必須從女性主義陣營「出走」,但彼此仍然可以採取結盟的行動策略,成為較強而有力的運動。

第四節 新社會運動的實踐

歐洲人反核子武器,會發動群眾組成人鏈,一群人面對軍警,突然「一、二、三」一聲口令下,全部脫下褲子,將光屁股對準軍警,以示鄙夷。法國人示威,會將雞牛豬趕上街頭,讓整條街道癱瘓。日本人反對美軍船艦上攜帶核子武器,竟然以萬船齊發的方式封鎖水道。全球動物權運動人士齊聚東京街頭示威(誰叫日本是各種皮草的最大消費國),他(她)們赤身裸體裹著假皮草,必要時就秀一下身體,用

人皮來諷刺獸皮（南方朔，1997:51）。

　　上述這些運動「景觀」，可說既酷且炫。不僅如此，如同評論家南方朔所指出的，城市中的許多示威活動都有高度的劇場性質：大家透過媒體要求在某個時刻齊鳴喇叭表示抗議；會在超級大樓上撒下彩色紙雨；也會派飛機到空中噴出特定形狀的煙霧或撒下傳單；有些則會像嘉年華會般化妝遊行；有時候登山高手會以攀岩技巧爬上摩天樓，掛出超級大標語；有些阻礙性的示威，幾百個示威者銬在一起，軍警連抓人送進偵防車都不可能。總之，示威的「動作」無所不能，從高科技、家禽家畜，以至於各種機具，最後是人自己的身體，任何東西都可以變成道具。南方朔於是結論道：「當任何東西都可變成道具，這種示威抗議也就最無可防範。新社會運動已逐漸出現一群專業性的『示威玩家』，大地就是他們的舞台，街道則是他們的劇場」（同上註）。

一、五一八大遊行及其啓示

　　類似的運動場景，可以 1997 年 5 月 18 日台北市的「五一八大遊行」爲例來加以說明。「五一八大遊行」的最大創意就是在遊行後的當天傍晚，成束的綠色雷射光，從距離總統府約五百公尺的景福門下射向空中，完全超越層層憲兵與鎮暴警力的阻隔，霎時間在總統府的立體建築上，清楚呈現一個綠光映射出來的大腳印圖案；隨後，「認錯」兩字也上

了總統府，讓群眾的情緒在此時沸騰到極點（陳建勳，
1997:46）。事實上，「五一八大遊行」還有底下幾項特色，
而和往昔社會運動有了明顯的區別（同上註，47-48）：

1.遊行中的語言不再成為民眾之間的無形界限

　　遊行的主辦單位所派出的活動指揮，以台語、北京話交
叉運用，而在發表「宣言」時，則再加上客語、原住民語共
四種語言，混合著將「宣言」唸完。當遊行隊伍在總統府前
的凱達格蘭大道上靜坐，遊行指揮車上的發言以北京話為主
時，現場曾有分別來自台建組織及新黨的部分群眾，叫囂抗
議著：「講台語！講台語！」，或是質問：「為什麼要說中
華民國的『國語』是『北京話』呢？」；然而，這類民眾都
在現場被其他更多的群眾以噓聲或是規勸方式，讓他們不得
不安靜下來。

2.遊行中的去階級化

　　僅從當天遊行的參與者他們的穿著打扮上就可以看出，
穿著名牌休閒衫的社會中上層階級，與普通衣著的中低層階
級，在這一次大遊行中，都站到了同一陣線上。年輕人裡，
牛仔褲、涼鞋的傳統學運裝扮，與染髮、勁裝的帥哥酷妹們，
也一起出現在遊行的行列中。

3.街頭運動中的「衝組」與激進分子被排擠到遊行的邊緣

以往那些街頭運動中的熟面孔，在這次遊行中，或者站在隊伍的旁邊冷眼旁觀，或者在民眾靜坐抗議、遊行結束撤離時，以說說風涼話或「訐譙」咒罵的方式，表達不滿，他們不再站到與警察直接接觸的第一線，成為遊行的主角。最具體的例子是，當天遊行結束人群漸散時，一輛「國家改革聯盟」的宣傳車不願撤走，被警方強制登車驅離，對車上人員以警棍又捅又打，但事後並沒有太多人注意到此事。

4.遊行中的諸多軟性創意活動

遊行中出現了很多具有創意的活動，上所說的雷射特效，「就足以在世界的街頭運動歷史上寫下一筆」。此外，像以粉筆畫下自己的身形、足印；喊口號時以集體跺腳來「震動大地」，象徵震動權力高層，這些都是遊行當中出現的新點子。即便不談活動本身的部分，而從更細微的地方觀察，譬如對於遊行的整體動線的規劃，以及沿途麥克風位置的架設安排，顯見都有新的思考與創意。

「五一八大遊行」訴求的是「社會安全」與「免於恐懼的自由」兩大主題，這正符合了後現代新社會運動的「議題取向」的特色。雖然這次訴求的主題非關認同問題，卻是為台灣後現代的新社會運動樹立了一個典範。原來台灣從八〇

年代中葉到九〇年代中期，在這十年中所進行的各式各樣舊運動政治，可以看到的場面除了遊行、靜坐、絕食之外，更有衝、撞、流血、水柱、木棍、鎮暴警察、蛇籠鐵絲網等等的「景觀」—— 嚴格說來，並沒有比解嚴之前的高雄美麗島事件當時高明多少。這類舊社會運動多半是政治性的（訴求），令人有喘不過氣來的感覺。根據警政署的一項統計資料顯示，自 1986 年到 1996 年的十年間，政治性遊行就佔了社會性遊行的三‧七倍；其中 1994 年由於省市長大選，更是集會遊行在這十年內的顛峰，一年內高達 11,294 件。可見台灣過去這十年中的街頭遊行，幾乎都屬政治性的運動（同上註，48）[13]。

　　這些舊社會運動除了政治性的訴求外，往往還出以狂飆的方式，例如 1990 年的「五二〇遊行」，群眾的第一顆汽油彈擲進了「反郝」的行動中；1992 年的「四一九」，民進黨發動群眾佔據台北火車站，要求總統民選。然而，也是在這一場霸佔台北火車站的激烈抗爭結束後，之前政治性味道濃厚的狂飆式街頭遊行，才算告一段落。「四一九」以後，大型的政治性群眾遊行愈發不易動員。

---

[13] 這十年中的 1989 年由無住屋者團結組織掀起的「九一八遊行」，以「無殼蝸牛」的名義夜宿台北市忠孝東路，同時推出「蝸牛裝」及「蝸牛飛彈手冊」（後來更成立「崔媽媽租賃服務中心」），別具新意，在當時一片慘烈的政治抗爭中，無疑呈現出與眾不同的特色，預先透露出新社會運動出現的訊息。

　　事實上，在「五一八」未出現前，1994 年的「四一〇教育改革」以及（前已述及的）「五二二女人連線」等較為人所熟知的幾場遊行，已具有新社會運動的後現代意味，例如它們也透過道具（如教改的人偶、「聯考窄門」）、口號（如女人連線的「我要性高潮，不要性騷擾」）等方式，增加了這些遊行在非政治領域裡的創意性（同上註）。「五一八」之後，如前所述，反廢娼運動唱那卡西、演行動劇等等手段，更是新社會運動具體的後現代出場展示。

　　從上述這些新社會運動的實踐行動來看，可得而言者有如下三點：

　　首先，如同黑舍林頓所強調的，新社會運動來自的不只是一種道德性的社群或團體（moral communities），更是一種感情的社群（emotional communities），它們同情那些被壓制的他者（如公娼），以做為表達其認同的基礎。由於是感情性的社群，新社會運動的文化面向便相當地重要，文化面向成為其更為明顯的政治特徵（Hetheringten, 1998:37），如同志運動中所要求的專屬於他（她）們的諸如餐廳、咖啡館、酒吧、書店、電影院、公園、三溫暖等公共的活動場所，這些令其可以「出櫃」的地方，不需政治力的介入。

　　其次，與哈伯瑪斯只強調新社會運動的價值理性行動（value rational action）並忽視其感性的表達形式不同的是，黑舍林頓強調的是新社會運動本身那感性的一面，恰恰是這

種感性的特性，始與集體的認同及其象徵性有關——而這是許多新社會運動可看得到的認同政治的特徵（*ibid.*, 33）。例如女人連線的「五二二遊行」的訴求手段，不僅未有流血事件發生，而且令人見識到「豪爽女人」那感性（情慾解放）的一面。

再次，雖然新社會運動初始多以「單一議題」主張（single-issuism）為其訴求，惟如同康林翰所指出的，後來的發展往往始料未及地超出單一議題的主張（Cunningham, 1993:207），例如 1996 年 12 月 21 日為抗議彭婉如女士遭姦殺而舉行的「女權火，照夜路」大遊行，雖然參與的性解放運動者臂上綁著「妖精出洞」的臂章，但遊行途中卻高呼同性戀人權的口號，使得原先的主題訴求因而變得駁雜多向。這樣的轉變主要和上所說社運團體結盟或串聯（coalition）有關，康林翰認為，社運團體之間的聯盟本身便極具弔詭，一方面就因為社運團體擁有有限的目標，始能有助於聯盟的形成，一方面聯盟形成之後接著擴大了參與者（團體）自身的目標（*ibid.*, 209-10），而原先單一議題的訴求也因此被打破。

二、運動的象徵符象

由於新社會運動基本上缺乏統合的意識形態、利益和計畫，各個團體如何構連或結盟，在落實於具體的行動上確實會遭到困難。就組織和組織的聯繫以及行動的結合來看，不

容諱言,新社會運動中參與的團體所表現出來的,往往像是「烏合之眾」,而且也是短暫的「個案的聯合」(行動結束後有可能一哄而散)。有鑑於此,為了獲致聯合行動的有效性,達成其訴求的共同目標或利益,最簡便也最有效的方式,如同柯魯克等人所主張的,乃是要將運動所展現出來的象徵符象予以統合起來(unity of symbolic-iconic),即便是這些象徵符象大部分是具否定、負面意義的參照符號(negative references)(Crook *et al.*, 1992:154)。

新社會運動所使用的象徵符象的語言,有如下五點特徵(*ibid.*, 154-5):

(1)它以一種反對的、拒絕的和抗議的逆反形式(an adversarial mode of opposition, rejection and protest)表現出來。它常借助一種具剝奪性意涵的符號標語,諸如「停止」("Stop")和「禁止」("Ban")等口號;或者使用強調(比如戰爭、核射)危機、危險等字眼的圖像來表達。這類逆反性符象形式,為這些新運動的各個不同的抗議團體提供了接合之點,並形成一廣泛的「公分母」("common denominator")。

(2)它所運用的象徵性符號或圖像是一般性的和非特定性的。這些符號往往是曖昧的、多音的、開放的,以便容許人做出新的詮釋,它們和很多意義可以共鳴;可

以開放和其他象徵領域連結，亦即其符象的語言可以適合於運動本身那種意識形態及運動綱領的模糊性，也適合它們構連的一般性價值關懷。同時，這些符象還併吞了其他象徵性元素，諸如服裝、行為、美學品味以及飲食習慣等樣式，以變成一種可被辨識的、獨特的「反的文化生活風格」，而這些生活風格不難仿效，並橫切過階級、年齡層、地域和族群的劃分。

(3)這些運動象徵符象通常是簡單的、合成的、可見的和有教訓意味的。它們擷取自不同的歷史與社會文化脈絡（socio-cultural context）的流行物件，包括路標、民俗傳統以及民族符號。符號和圖像則常常過於簡化，以便於用在壁畫、旗幟及歌唱上，注入運動本身意味深長的精神。

(4)新社會運動所使用的語言密度是飽和的。它高度地依賴壓縮性的符號、口號和訴求的字眼——這些則形成了極易辨認的意象。像這樣的經濟式呈現形式，相當有助於它的散播，而且也非常地適合於大眾媒體（尤以電視為然）的消費與擴散。

(5)至於有關運動的事件本身，內容和形式的區分則是模糊不清的。媒體變成訊息。諸如抗議性遊行、集會與靜坐，以及較新穎的嘉年華會、音樂演奏會、街頭表演與即興演出等，藉由它們獨特的形式提出其訴求主

張──這些形式則是非正統的、非正式的，尤其是批判的與具價值意涵的。

顯而易見，新社會運動所運用的上述這五種符象語言的特色，迥然不同於傳統（如壓力團體）政治的表現方式，這樣的行動方式頗具草根（grass-roots）性格，與官僚的議會政治恰成鮮明的對照。而且其參與者還包括一般的家庭（通常擁有兒童成員的家庭），其行動計畫是開放的，甚至經常不連續的，使用的陳述（statements）則有：自發的訴求、政治式宣言、遊戲、玩笑話、歌唱和個人式告白。至於運動中出現的演講人，既不穿著正經八百的服飾，也不遵照傳統演講的型態，反倒可以隨興發揮。其中不少運動嘗試用旗幟、汽車張貼、壁畫、樹掛（彩標），以及汽球等等做為表現的「道具」（ibid., 155）。一言以蔽之，新社會運動所使用的這些符號圖像，充滿戲劇性，亦即它們展現的其實就是「戲劇語言」。

總的來看，新社會運動被視為後現代激進民主的一種手段，它之所以是「激進的」，是因為它對間接的議會代表制不表信任；它之所以是「民主的」，則是它仍有別於前現代的民粹主義（populism）那種假民主的作風，而強調自由的、多元的決定方式。它對於各種認同（女性、同性戀、原住民族、行動不便者、遊民、老兵……）的訴求，本身即充滿著「符號性的抗爭」（參看上一章），不論這「符號性的抗爭」

是否出以「戲而不謔」的遊戲或表演形式，已與舊運動政治
劃分開來，並賦予政治領域一新的風貌。

第八章
後現代認同政治的批判

　　如同薩伊德所指出的，自我（以及他者）的認同絕不是一件靜物，它是一種包括歷史、社會、知識及政治諸方面的由個人和團體參與競爭的不斷往復的過程，因此，自我認同的本身（不論是個人的或團體的）就不是固定不變的，而是流動的。此其一。在目前文化交流及資訊傳播空前蓬勃、無遠弗屆的全球化時代，構成認同（例如民族、族群）的諸要素，包括語言、血緣、風俗習慣等等，由於全球化的影響，已難分出「自我」及「他者」之界限，不可避免的混合在一起，呈現出所謂的認同（身分）的雜交性（hybridity of identity）（如 creole，mulatto，mestizo/mestiza）[1]，也就是「認同的不純粹」。所以，季洛意便認為沒有所謂種族的純粹性，蓋「認

---

[1] mestizo/mestiza 指的是西班牙人和北美原住民族的混血兒，前者是男性，後者是女性。

同的不穩定性與易變性，讓它總是未完成的，總是被塑造的」（Gilroy, 1993:xi）。此其二。

　　就前述第一點言，認同之所以不是一件靜物而是一種身分流動的過程，是因爲如第一章緒論所說，認同本身是關係性的，它是根源於個人或團體與他者之間的關係，並從其間的差異去形成自我的認同。就第二點來說，我們很難用客觀的構成要素來指認、歸類或塑造認同（身分），這不僅因爲認同的雜交性瓦解了本質主義的認同觀，更因爲如第一章緒論所言，認同本身是想像的。認同鮮少牽涉個人（或團體）身分的客觀事實，更重要的是涉及個人如何對這些客觀事實予以詮釋，而由於認同牽涉到主觀的詮釋，它必定在本質上是選擇性與策略性的。所以，族群的認同（女人、原住民、同性戀者……）基本上就是一種「想像的共同體」，而它有一句簡單的口號，即「我認同，所以我存在」（I identify, therefore I am）（陳奕麟，1999:119）。

　　然而，「我認同故我在」這句話其實並不是一句單純的口號，這句話出口的當兒必有其存在的社會脈絡或語境，這個「當兒」及「語境」就是「想像的共同體」存在的時空背景，且如第六章所說，它由論述予以形塑，而形塑的同時也對它加以限制。這也就表明，如第一章所言，認同不在我們之內存在，它是以敘事的方式存在，亦即論述以敘事的形式來建構認同，因而敘事的方式改變，認同及其意義也會隨之

起變化。霍爾便強調，就（文化）認同來說，比較重要的是它究竟會「變成什麼」（becoming）而非它本身「是什麼」（being），電影《浮生》所敘事的飄零的認同，即為顯例。進一步言，認同乃是「暫時性地和主體位置（subject positions）相結合之點」（所以有變動的可能）。至於主體位置係由論述實踐為了我們所建構。因此，我們可以說，認同是主體進入論述之流（the flow of the discourse）成功地構連或連結的結果（Hall, 1996:6）。

　　如果按霍爾的觀點來看，後現代認同政治主要的焦點在此就會變成：如何藉由論述有效地將主體本身「縫合」（suture）進所謂的「主體位置」[2]；但問題是如何進行「縫合」？如上一章所言，首先，主體要被召喚，亦即被召喚到主體位置來，而且主體還要進入主體位置中，並出場展現實際的行動。不惟如此，縫合本身更應是一種構連，如霍爾所說，它不只是「一種單方的過程」（a one-sided process）而已，要形成各種

---

[2]　「縫合」一詞係來自拉岡的心理分析概念。拉克勞和穆芙二氏則有更進一步的說明。就主體與論述的關係來說，縫合具有雙重的作用。首先，它是一種替代（stand-in），而這是由於結構匱乏（lack）所造成的結果，也就是指涉主體在論述鏈環中的一種結構的替代。其次，它是一種填補（filling-in），這是因為替代的結果，同時還具有凝聚、充實的可能性，結構的匱乏也就被填補了。由於縫合具有這雙重作用，拉、穆二氏認為可將此一概念引伸到政治領域，此時縫合成了一種文化霸權的實踐，而其所發生作用的領域本身則充滿不確定性，它原本的匱乏則正是這些文化霸權的實踐打算填補的東西。請參閱 Laclau and Mouffe,1985:88, 註 1。

力量的串聯，才能達到有效的認同訴求，而後現代的認同政治始有實現的可能。

乍看之下，從認同本身的主張到認同政治實現的途徑，後現代的推論似乎言之成理‧理所當然；然而，誠如多位論者指出的，在這個過程中確實存在不少問題，這些質疑構成了對後現代認同及認同政治的批判，而這些批判均值得吾人進一步深思，從而才有超越後現代認同政治之侷限的可能。底下按上述各章進行之次序分別提出相關問題之檢視，指出後現代主義者的盲點所在，然後在最後一節試圖提出一種修正的看法，用以補其理論上的缺漏。

第一節　後現代認同的批判

如第二章所言，現代政治的認同旨在發現和確認什麼是「決定我是誰？」的內在本質── 也就是認同的主體的特性，這些「人之所以為人」的主體的特性包括：同質的、統合的、理性的、自主的、穩定的及個體的，一言以蔽之，這是一種本質主義的認同（觀）。本質主義的認同觀強調人本身是有一既定的內在的本質，只等著被發現和被命名。與之相反，如同第三章所說，後現代政治的認同，強調的則是自我與他人互動的關係性，意謂人的認同脫離不了社會脈絡，而這也就是說認同是一個社會的構造物，它並沒有所謂「既

定的本質」，簡言之，後現代的認同係植基於社會脈絡的一種建構主義的認同。

　　然而，誠如唐恩指出的，這種後現代建構主義的認同觀，做為一種分析的方式，稍嫌簡化，基於以下幾點而不得不讓人質疑（Dunn, 1998:38-42）：

1.建構主義本身未被界定清楚與充分的理論化

　　由於建構主義認同觀的理論化程度不足，因而它本該包含的意思並未被清楚的表達，比如有關認同建構的層面及來源（dimensions and sources），它們之間有什麼重要的區別就很少被提及。首先，即有關分析單元（the unit of analysis）的問題。簡單地說，在自我或認同的建構中，什麼是建構的行動體（the agent of construction）？是社會結構、社會關係呢？還是文化、歷史呢？抑或是其他東西？到底是哪一個層面？所有的這些決定項在認同形成及差異關係中，各自扮演了不同的角色，同時也顯現不同的過程，絕不能一概而論。其次，是有關時間架構（temporal frame）的問題。建構主義的認同觀究竟是具有決定性或者未定性的意涵，端賴它是否涉及過去（亦即指涉孩提時代的社會化）的敘述或者是成人經驗的說明，蓋如指涉前者，則其意謂認同有較難變異的後果（認同的決定性），若是牽涉後者，則其暗示認同存在有意識性及選擇性，亦即有解構的可能性（認同的未定性）。所以，

建構主義的認同觀未予清楚表達的問題在於：在認同的建構中各種不同的社會及文化過程所產生的實際的後果，以及這些後果如何發生或者如何地不穩定。

2.建構主義與本質主義的硬爲分界是有問題的

建構主義的認同觀做爲一種主張，似乎變成一種意識形態了。事實上，建構主義與本質主義兩者之間的界限是頗具問題性的，前者常令人誤以爲它反對後者，而變成一種虛僞不實的主張，認爲兩者是錯誤地對立的。比如建構主義就集結了很多有關差異的理論性概念，以此來暗示認同本身是多元的甚至是流動的。所以爲了避免變成一種（本質主義的）統合的認同的概念，遂使建構主義者變得要仰賴多元主義的文法形式（pluralistic grammatical forms），因而在「多元化的過程」中便儘量使用一般化或集結性的陳述，如用英文字women 而不用 woman，但也因爲藉著這另一種統合的方式（如集體性的 women 字眼），讓本質主義「借屍還魂」（Fuss, 1989:4）。同時我們也可發現，有爲數不少的語言學性的陳述，這些陳述含有不少理論性的概念（如「差異」），不管它們本身如何，卻被試圖用來擷取與傳達那附屬於本質主義的異質性。這就像胡絲（Diana Fuss）所說的，本質主義者的思想是將事物分屬於不同的種或類（species or kinds），而建構主義者的思想則透過語言，儘管是專橫地，務必將名字分配給

事物，以語言學的手段藉此來建構及固定範疇。這兩者在運作上的差異，其實是很單純，不過是將「真實的本質」（real essences）（即本質主義）對立於「名義的本質」（nominal essence）（即建構主義）罷了（*ibid.*, 4-5）。

3.建構主義過於強調社會及文化層面的因素

由於後現代主義認為差異先天上不存在所謂的「基礎」（foundation），因而不論如何，它都排除了本質（essence）存在的可能性，例如芭特勒（Judith Butler）便主張，性和性別本身在嚴格的意義上來說，乃是一種社會的建構，我們這個被性別化的身體，除了將它建構成真實的各種行為外，本身並沒有具本體論意味的地位。我們有關個人之間「自然的」差異的概念，其實是被建構的（Butler, 1990:336）[3]。純粹的建構主義者很難去承認生物差異的事實，譬如種族和不同年齡群彼此在形貌上的差別、男性和女性在哺乳能力上的不同，儘管這些差異或不同在實際上有可能是被社會性地、文化性地甚至是政治性地建構。建構主義的認同觀往往太過忽視客體有形世界的本體論真實（the ontological reality），而拒絕了前論述領域（a prediscursive realm）真正的可能性。有些

---

[3] 這裡引述的雖是女性主義者的看法，但如第三章所述，其與後現代主義對認同的主張有交疊之處，這裡的說法也是後現代建構主義者的觀點。

建構主義者甚至只容忍自己那唯心主義式的傲慢,卻拒絕了
形體世界的物質性真實。

4.建構主義究竟是過程性或結構性概念未被釐清

　　一般以爲持建構主義認同觀者似應支持變遷的觀念(即
認同如果是被建構的,原則上當然也可被解構),然而建構
主義的理論中卻不見它有和社會或政治革新相結合的觀念;
相反,即有人認爲建構主義的研究取徑不過是在基於本質主
義的社會及文化觀之下,於生物的決定論中再加上它自己的
社會的決定論。甚至主張更強烈的建構主義者還有這樣的觀
點,即早期的社會化以及社會結構是如此地強而有力,以致
它們可以長久地固定認同的模式。但是,不可否認,如前所
述,建構主義的認同本身亦含有變異的可能性,或許性是生
物性的區別,本身無法更改(變性人除外),但性別既爲社
會及文化上的建構,就應有扭轉的可能。既是如此,問題便
來了:如果建構主義被理解爲一種過程性的概念,那麼在認
同的形成中,社會互動與自我反思性(self reflexivity)將發揮
構成性的效果,而這在某方面也暗示了存在有一意識性的行
動者以及容許變遷的潛在性;反之,如果建構主義被視爲一
種結構性的概念,那麼這就意味著認同係載有既存社會信仰
及規範的知識的一種內化,或者是制度性規約與控制的一種
效果,而它所顯現的意涵不可避免地乃是一種決定論式的,

也即暗示了認同的固定性。

5.建構主義的理論與現實世界本質主義的認同並不相符

　　進一步言，如果說建構主義的認同觀在理論上及政治上均屬「正確」的觀點，那麼它這種不受質疑的認識論的文化霸權（the epistemological hegemony），也和現實世界存在的本質主義的認同有所扞格，就像卡豪所說，事實上，在現實世界中有很多的認同「持續地被召喚而且往往還被深切地感受」（Calhoun, 1994:14），諸如女性、猶太人、行動不便者、阿拉伯人、黑人……這類身分的認同實在非常普遍，而這樣的事實告訴我們的無非是，認同的形成仍深深地植基於固定的、統合的，以及甚至是生物的自我的觀念。不少建構主義者傾向否定單一的或鞏固的認同，並視認同乃由眾多的決定項所賦予；然而這往往和人們事實上所看到的、感受到的或確認他們自己的方式並不一致。如此一來，特別對那些被支配團體來說，就出現了所謂「策略性的問題」，也就是如果自動要放棄比如說是性別的或種族的本質主義的觀念，那麼就要考慮到它的政治後果，即無法將這些認同的範疇個別予以集體化，試想黑人做為一個認同的範疇，本身若不具本質主義的內涵，那麼他們如何成為一個族群（集體）？其認同又何由形成？

　　唐恩上述這五點質疑，雖不無道理，惟從後現代的觀點來看，亦有待斟酌之處：

　　首先，是有關認同建構的行動體問題。認同的形成到底是由誰建構的問題，就後現代主義者而言，不是被忽略了，而是它本身並不是一個重要的問題。不論由社會結構、社會關係，或者是歷史、文化來建構自我的認同，在後現代主義看來，它們都屬於社會脈絡或社會語境（social context），而社會脈絡同時也包含歷史（或時間）的向度，此其一。做為分析的單元，儘管如唐恩所指出的，社會結構、社會關係、文化、歷史（以至於政治）等等，這些決定項在認同形成的過程中各自扮演不同的角色，甚至也會造成過程中的差異，惟由於後現代主張泛層決定（over-determination），也就無必要再去區別個別決定項的特性——因為它們均有可能對認同的建構「同時」造成影響，此其二。

　　其次，是有關時間因素影響認同建構的問題。唐恩關於此點的指摘似有誤解。後現代主義從來就未做過「早期的社會化有助於認同的鞏固以致使其難以改變」這樣的假定，諸如拉岡者流，甚至認為人的認同在社會化未開始之前先天上即呈現分裂的特性，而社會化時間的早晚對於認同（變遷）的影響不容二致。反過來倒要問問唐恩：幼年時期的自我認同是不是更欠缺自主性？換句話說，也就是更易於變異？蓋其自我的認同往往由他人（即成人）決定，台灣光復前曾一

度盛行的童養媳習俗即爲顯例。

復次，是有關建構主義本身係屬何種概念的問題。建構主義既強調社會脈絡對於認同的形塑有絕對的影響力，則建構主義當屬一種結構性的概念。惟建構主義也認爲，如果社會脈絡改變，原來的認同也將因此發生變異，關於這點，前述傅柯的理論已說得很清楚了，所以建構主義本身亦屬過程性的概念殆無疑義。問題在：一個詞彙（或是一個理論）是否不能同時既是結構性的概念又是過程性的概念？解構理論之所以能超越結構主義的地方，最主要係在前者把時間這個因素考慮進去，這是「貫時的」（diachronic）對「並時的」（synchronic）的顛覆，不，應該說是補充。所以，對於唐恩的答覆，也就是建構主義本身既是結構性又是過程性的概念。

縱使如此，後現代的建構主義認同觀對於下述的問題仍有待其予以克服：

第一，如第一章所言，後現代的認同，一來它是想像的，二來它又是敘事的，所以先天上它會傾向注重社會及文化的面向，而忽略自然的尤其是生物性的差異，這在第四章所討論的所謂虛擬的認同上更能看出來。網路上虛虛實實的性別扮演及性別認同，即係出於想像與敘事的方式：在網站上對話中的男性，真實的身分很可能是女性，真實的女性透過想像的方式讓自己成爲男性，並在與對方的交談之中以敘事自己的形式扮演異己的性別，從而自先天上的生物性桎梏中脫

困——此舉本身即具社會及文化意涵。只是生物性的自然差異在實際生活中不能被抹殺,女人之所以為女人,男人之所以為男人,不能和其原有性徵的區別脫離,如果捨棄這個差異,則也就無男女兩性之分了,蓋如斯一來,男與女在生理上並無不同。同理,黑人身分之認同難道跟「黑」無關嗎?後現代的建構主義認同觀漠視這種自然性的差異,在理論上是站不住腳的。

第二,順著上述第一點的推斷,由於後現代這種建構主義的認同太過「形而上」,其結果就如唐恩所指摘的,未免有點「空中樓閣」,也就是與我們對實際生活的認知脫節,例如雖然現代男性可以從很多不同的向度(文化的、社會的、政治的……)來瞭解女性,女性主義者的論述尤其更具顯明性,但是無論如何,他都不能不正視她在形貌、身體上不同的特徵。後現代的建構主義認同觀不談這個,顯然和現實世界便有距離。這樣說並非意味社會及文化的向度不能也不必談,而是說如果任由論述主導我們對於認同的理解,並因而不談更為基本(形體世界)的差異,那麼我們仍可能昧於事實,只不過是昧於事實的角度不同罷了。

第三,這樣看來,如果我們不想昧於事實,不讓理論與現實二者太過脫鉤,那麼建構主義的認同在某種程度上也就不能捨棄本質主義的成分,換言之,儘管認同本身是被建構的,甚至可以分裂以致破碎,也允許變遷的可能,但既談認

同，則非有一存在之「同」做爲基礎不可，至少須做爲認同的標的。如唐恩所說，這對邊緣性團體的認同建構來說尤其重要，若欠缺一固定的、統合的認同標的，則族群如何成爲族群、女人又如何認同女人本身，就萬難想像了。沒有本質主義的認同做爲基礎，建構主義本身便無由建構。正因爲如此，所以有不少學者才認爲，要同時談後現代和認同（政治），特別是要將兩者綰合在一起，由於它們彼此具有的矛盾性，是件吃力不討好的事，這個理論難題難以解決。

第二節　差異政治的批判

如第五章所說，後現代強調差異政治，但差異這個概念先天上卻不免和認同政治本身發生衝突。嚴格而言，認同政治仍和現代主義的自由（主義）政治模式相聯繫，蓋其既講究認同，就不得不倚賴具統合性的、固定性的及本質主義性的概念（如上節所述），因而也得從傳統的自由主義的論述中汲取理論的養分。然而，後現代主義如上所述強調的是異質性、多元性、變異性、分裂性和曖昧性等概念，所以一旦將後現代（主義）和認同政治兩者綰合在一起，即便「後現代認同政治」這個詞彙聽來不會有怪異之處，其格格不入之感仍會油然而生。最主要的原因乃是橫亙其中的「差異」在作怪。

　　雖然如第五章第一節所言，認同與差異這兩個概念未必就完全分道揚鑣，由於存在「同中存異，異中存同」，使得同與異二者變成一體的兩面，而具有辯證性的關係。然而，我們要進一步追問的是：後現代所說的「異中求同」指的究竟是什麼？一言以蔽之，也就是第五章所說的「排除」兩字而已。依照該章的分析，由於立場或位置的不同，求同的排除會造成壓制及反壓制（或抵抗）的不同效果。就支配者或掌權者來說，利用排除的手段，可以保持我類的純粹性，進而鞏固其利益，第二次世界大戰納粹黨人為強調並保存其雅利安種族的優越性和純粹性，大舉屠殺猶太人（排除手段的激進表現），即為顯例。被排除的他者也就是那「差異的部分」了。反過來就被支配者或弱勢者而言，在他們嘗試發言，以主張自己的權利與利益的同時，藉由各種抗拒的手段或活動（如新社會運動所示）以達到反壓制的效果，這些形形色色的各種手段，其實也是一種排除，換言之，無排除即無他者的存在。

　　所以，排除是一刀兩刃，進一步言，即一邊是現代自由主義政治的那一刃，一邊是後現代認同政治的那一刃。也正因為如此，後現代主張的差異政治透過排除作用來達到它對於弱勢團體認同的訴求，如履薄冰，不能不小心。然而，問題還沒這麼簡單。儘管站在弱勢者的立場來談後現代差異政治的排除作用，在某方面言，它所形成的後果其實是和現代

自由主義者（如第五章所談的傑佛遜）所造成的相同，道理並無二致，即「非我族類，其心必異」。簡單地說，也就是不是我們「他者」這一邊的，我們要將之排除在外，予以抵抗。雙方一樣在「異中求同」，彼此只是互為反面的鏡子罷了。關鍵在他者既然也要「異中求同」，則所謂的「差異」邏輯只能在此戛然止步，否則相對於支配者的他者難以形成（一個團體），蓋缺少那「同一」的部分，他者如何成為一個足以對抗支配者的團體？又如何去尋求自己獨特的認同呢？

　　「同一」的部分係認同的基礎，所以後現代認同政治儘管強調差異，但是仍然無法避免要面臨這個它所批判的本質主義的問題，因為「同一」的基礎就是本質主義。看來這似乎是後現代不得不面對的「必要之惡」（the necessary evil），但這「必要之惡」也因而成了它致命的罩門。有鑑於此，唐恩即指出，後現代往往為了差異政治，似有逐漸拒絕認同政治的傾向，而有意避免那些本質化及固定化的概念。然而這樣的結果，卻使差異本身無法被充分地理論化，就如第五章第一節所說的：「於是，認同與差異，兩者同時變成簡單的承認、描述和修補的範疇」，甚至它們也無法成為可被表述的理論性和策略性問題（Dunn, 1998:29）── 這對後現代來說是很嚴重的指控。

　　然而，反過來也有人認為，如果差異和認同無法取得協

調，而終究必須犧牲一方的話，那麼要放棄的不是後者而是前者，葛蘭特（Iain Hamilton Grant）在〈後現代主義與政治〉（"Postmodernism and Politics"）一文中便坦言：「因爲差異提供了釋放的潛力侵蝕自我，必須予以終結，以便於有某種認同能夠做爲認同政治的基礎」（Grant, 1997:32）。這種差異與認同孰重的爭執頗類似女性主義陣營有關認同主張的內鬨。後現代女性主義如芭特勒之流便認爲，並不存在核心的認同，既無本質化的認同，更無屬於本質主義範疇的「女人」概念，做爲大眾政治運動的統合性目標；相反，自我及其性別僅能藉演出（performances）來實現。另一方的女性主義者卻主張，應予保有這個本質化「女人」的概念，否則女性主義哪有其可認知的目標做爲她們奮鬥的依據？如果不正視女人被壓迫的這個基本的事實，則將使女性主義淪爲學院裡的研究工作（ibid.）。女性主義的爭執也是後現代主義的爭執，這裡存在一種兩難式的抉擇。

問題尚未在此打住。如果誠如唐恩所言，後現代主義者在上述那兩難式的抉擇中，多半傾向選擇差異而捨棄認同，那麼他們也有可能變成唐恩所指出的情形：不管在他們的著作中是否透過含納或排除的策略，差異本身已被尊奉成另一種本質主義了（Dunn, 1998:29）。這不是弔詭而是反諷，他們用「差異」來取代「認同」，不啻複製了前者本身的同一性——這是不是五十步笑百步呢？差異如果被奉若神明，變

成一種「真理」，那麼它也就成了一種本質主義，而差異也就不再是差異了。後現代主義強調反本質主義、反普全主義，但這種擇善固執到頭來卻變成它的致命「反向標靶」，而這也是它被人詬病而最難自圓其說的所在。

以魯西迪（Salman Rushdie）事件為例，魯西迪出版他的《魔鬼詩篇》（*The Satanic Verse*, 1988）之後[4]，由於小說內容被視為對回教的冒瀆，被什葉派的何梅尼長老（Ayatola Khoment）敕令追殺[5]。對於此舉，西方人士大表不然，英國政府為了魯氏的安全甚至還派出不少警力，長期為他護駕（每年要花費一百六十萬英鎊的保護費用）。後現代主義者面對此一事件卻顯得尷尬至極。如果誠如其主張真心擁護差異政治，那麼他們就沒有立場去反對回教什葉派的這道死亡判決

---

[4] 《魔鬼詩篇》是典型的一本後現代兼後殖民的小說，不論在內容或技巧上均值得進一步分析，特別是它涉及到後殖民的主體及認同的問題。李佩然即指出：「《魔鬼詩篇》的啟示，在其放膽地說明了在『後殖民』的歷史環境中，主體意識的重建、個人在民族文化中對『自我身分』的定位再不能自限於傳統權威論述或真理的密封瓶子裡；另一方面，將這些瓶子炸碎的代價，可能是文化防線崩潰、文化身分的無所適從」（李佩然，1995:118）。在此，限於篇幅無法詳細討論該書所欲呈現的認同問題；欲進一步探究者可參酌李佩然氏該文，見參考書目。

[5] 伊朗革命領袖何梅尼於 1989 年 2 月 14 日對魯西迪發出誅殺令，理由是他褻瀆回教。伊朗外長曾於 1998 年與英國外相於紐約會晤，向英國保證不會執行對魯氏的誅殺令。但迄至 2000 年 2 月，伊朗的革命衛隊仍表示誅殺令並未失效，顯示《魔鬼詩篇》所招惹的「禍」，目前仍未完全解除。

令，因爲他們必須尊重後者「差異的看法」，什葉派對於認同的主張，自有其別於西方國家不同的看法，後現代主義者甚至要揭竿而起以支持其作法。試問：後現代主義者敢冒西方之大不韙而「出此下策」嗎？

進一步言，如果對方反對你的差異主張──這表示對方的看法與你有差異，那麼你也不能加以拒絕，否則你自己將陷入本質主義的陷阱中，因爲你既然主張差異，就要對所有的不同的主張一視同仁。如此一來，另一個具實際意義的問題立刻浮現：如果對所有的認同以及認同的敘事均一視同仁的話──就像它們擁有同等的地位與權力，那麼如同喬丹與魏登二氏所說的，此舉將導致對被壓抑的特殊性的排斥（a denial of specificity of oppressions）（Jordan and Weedon, 1995:564）。畢竟不是所有的認同（及其敘事）都是等值的（如有強勢者的認同，亦有弱勢者的認同），且各自的認同因爲彼此具有不同的特性，也不能全部抹平一概而論，否則將此原則落實在新社會運動上，難保不出問題。

第三節　認同論述的批判

如第六章所言，後現代的（政治）認同是由論述所建構的，極端地說，沒有論述也就沒有認同。論述經由各種言說及書寫活動生產出特定的認同，所以特定的政治論述生產特

定的政治認同，而政治批判的首要工作便是去理解論述如何
協助某一政治體制合理化它獨特的認同觀。後現代認同的論
述理論，使後現代主義（以及後結構主義）能和社會理論及
政治理論相聯繫，從文藝領域越界到社會與政治的場域中，
有其貢獻之處。

　　然而，由於論述理論本身過於抽象，被人誤解之處在所
難免，使它受到的批評往往是一種「稻草人式的攻擊」。為
此，涂非音（Jacob Torfing）在《新論述理論》（*New Theories
of Discourse: Laclau, Mouffe and Žižek*）一書中曾為它所受到的
四種誤解提出辯護[6]，但是他的辯護仍無法為我們底下所提出
來的幾點質疑予以澄清[7]。

---

[6] 有關論述的特性本身所遭到的四種誤解如下：(1)客體（對象物）係由
論述建構，那麼實在論（realism）所主張的「在思想（論述）之外存
在的世界」之說就要被拒斥，亦即在論述之外不存在真實之物；(2)
論述只能處於一更廣大的社會領域內去指定一個語言學的區域（受到
傅柯早期著作的影響）；(3)在具體的論述之內的關係與身分（屬性）
乃是完全地專橫、獨斷的（受了索緒爾意符與意指專橫式符號關係的
說法的影響）；(4)論述係由渾沌之流（chaotic flux）所組成（受到
德希達「缺乏一超越的意符及意義無限延伸的遊戲」之說的影響）
（Torfing, 1999:94-6）。

[7] 針對上述四種誤解，涂非音的辯護也包括下列四點：(1)論述理論並不
否定存在真實之物；(2)論述理論主張語言的語意學面向和行動、運動
與客體的實際面向是相互交織在一起的；(3)具體論述中的關係和身分
是「必要的」而非「專橫的」，因它們只是整體的部分，而這個整體
又是處於與其部分一種交互狀態的關係中；(4)論述的組成具有一種不
可決定性（undecidability），此一滲透到每一具體論述中的不可決定
性，卻隱含有一決定項（*determinate*），在實際上有決定的可能性中

　　首先，由於論述分析多只強調其對於認同的形塑及限制等功能，則如同安德森（Perry Anderson）所說的，論述理論傾向於摧毀因果性這個觀念（Anderson, 1984），換言之，它不做因果性的分析，而如第六章已說明的，這是基於一來後現代的論述本身即有服從於「不確定原則」的傾向，常常呈現出混雜、多變的特性，而且論述與論述之間的轉換，更未必是線性的發展，往往是跳躍式的；二來後現代的論述所建構的認同，只讓我們在其中「可以確認主體分散離析、自相不連貫的狀態」，誠如傅柯所言，論述所強調的陳述模式，顯示了主體的分裂狀態（如第六章第四節所舉《第一號創作》的例子）。既然如此，那麼要做因果分析是有所困難的。社會科學的研究值不值得做因果分析是一回事，但吾人從後現代認同的論述中，難以追尋認同形成的來龍去脈，頂多只能瞭解論述本身的產生、功能與變遷，卻難以追究貫穿其間的線索，不免是一項遺憾。

　　其次，雖然認同做為一種客體在論述中所獲致的可理解性並不會比較不真實；反過來說，在論述之外活生生的人物對象（至少擁有生物性的特徵）所獲致的可理解性也不見得較論述所建構的人物不真實。身為一個白種男人，當活生生

擺盪，它指涉一種決定式的開放性（a determinate openness）（*ibid.*）。涂非音的這四項辯解之所以不在本書中做進一步的說明，而在此僅以註解方式簡述，是因為他的辯護不是本書針對的重點。

的黑人和女人站在你面前，即便你欠缺「黑人」和「女人」的概念（由論述所形塑），你的直覺當下也會告訴你：他／她乃「非我族類」，而不可能會和他／她認同的。所以「論述之外無一物有意義」這句話恐值得商榷，至少論述之外的事物是「可感知的」（perceptible）。

進一步言，論述雖建構了意義的帝國（empire of meaning），然而我們依舊要問：難道以人類的智慧在論述的帝國之外就無法去瞭解事物（認同）的意義？過於榮寵論述而讓它凌駕於實踐及制度之上，反而「無法提供一個社會動態及權力效應的較為直接立即性的畫面」，而這些社會動態及權力效應則是展現在社會上個人的生活中——這正是傅柯論述理論的漏洞所在（Dunn, 1998:37）。

再次，依拉克勞和穆芙二氏所信，論述不僅包括語言和非語言的實體，而且在他們看來，每一種論述結構都疊合於物質性的制度和實踐，因而可以說所有的實踐在性質上都是論述的，顯然拉、穆二氏在此懷有將論述帝國版圖向外擴張的野心，所以他們拒絕去區分論述和非論述，甚至視其為多餘。但是就像貝斯特與凱爾涅所指出的，真正的問題出在：他們將非論述拆解為論述的條件。誠然論述與非論述之間並沒有確鑿的區別，可是其間的差異卻也不能就此被一筆抹消，因為「論述」一詞本來就不是很清楚，不易為人所理解，也因此容易誤導而被當成唯心論式的用語，像拉克勞便將農

民被剝奪土地也說成是一種論述的形式（Best and Kellner,
1991:203）。論述難道真的無所不包、無所不能嗎？

貝斯特與凱爾涅二氏還進一步指出，雖然論述理論可以
闡明社會矛盾在政治鬥爭中被經驗、被表現的方式，然而在
分析社會中論述以外的層面（諸如國家、經濟結構、現存的
政治運動等等）時，政治經濟學以及對於支配與抵抗力量的
分析仍是必要的，因為這些層面無一能夠詮釋成「論述」的
形式而被妥適地理論化（ibid., 203-4）。這提醒了我們：在分
析新社會運動對於認同的建構時，論述理論有其先天上的限
制，也因此後現代主義關於認同政治的主張不是萬靈丹。我
們應該注意後現代認同論述的這個盲點。

最後，這個最重要的問題，也是本節集中火力批判的地
方。由於傅柯等人的論述理論基本上不談「發言人究竟是誰」
的問題，而使論述分析的效果打了很大的折扣。如第六章所
言，在談到論述的萃化作用時，傅柯即便提出「作者」（類
似於馬克思主義的「行動者」的概念）之說，但這「個」作
者卻是一位被繳械、被奪權的「作者」（不就等於「作者的
死亡」嗎？），作者是論述的發言人，作者既亡，則發言人
夫復何求？後現代主義（及後結構主義）刻意將「作者」的
概念模糊化—— 確實有不少論述難以尋繹其原先「創作」之
具體作者；然而，一旦我們落實到實際政治，尤其針對後現
代所談的認同政治時，「論述由誰而發？」（攸關論述如何

被塑造及散播）就顯得異常重要，不能不注意。

　　理由很簡單。蓋認同政治針對的是人的問題（誰認同？
認同誰？這二個「誰」都是人的問題），而這個人的問題則
向上向下涉及論述之「發話者」與「受話者」，亦即論述的
來源及作用，那麼當我們在討論認同政治時，就不能只重視
論述的作用及其限制而已，更要分析論述的來源。而談論論
述的來源時也不只在分析其組成的構造（元素），更重要的
是「誰是論述的製造者」這個問題。

　　傳統政治理論以國家爲其主要的研究焦點，所以認同的
論述很少直接出自人民本身，而是由國家——其實也就是統
治者、既得利益者以至於知識分子——所發出，並且它（他們）
理所當然地更以宣稱代表「社會整體」的姿態或立場發言。
現代市民社會爲了要保有自己的公共領域而試圖和國家搶奪
這個論述的發言權。後現代欲反傳統政治，則不能也不應對
這個重要的問題視而不見。

　　其實應該說，後現代對「發言者」並非視而不見，而是
它認爲「很難看清楚」，即難以確認誰是發言人，乾脆將「他」
抹消。如此一來就像陳奕麟指出的，倘無視於明顯的發言者
「作者」性質，則此將「造成認同似乎成爲一個價值中立
（value-free）的建構」（陳奕麟，1999:108），而這勢將抵銷
認同政治所能發揮的影響力。然而事實上，論述的發言者正
好與此相反，絕對沒有什麼「價值中立」的事，在傳統政治

裡，論述的生產是國家在合法範圍內運作不可或缺的一部分，所謂「國家從未停止說話」就是這個意思（同上註）。雖然後現代的論述分析並未假定「價值中立」（或「客觀」）這回事，因為它總是認為論述本身乃處於一個特定的論述情境（社會脈絡中）；可是正因為它對「作者」問題的「存而不論」，便難免陷入「價值中立」的陷阱中。

政治學者博爾（Terence Ball）還進一步指出，在研究人的政治行為方面（如認同政治的行動），人的動機很重要，要認識一個人的「政治」行動，必須先確認行動者的動機（例如「在那邊的冰非常的薄」這個話語，它的意思究竟是一個短評、描述或者警告，則要依賴發話者的動機）。然而，論述本身並非自我涵納（self-contained）的實體，如果不指涉其行動者（agency），那麼要加以研究與瞭解是不可能的。我們在面對論述時，只知道如何將字辭放在一起是不夠的。我們還要瞭解誰將它們放在一起？是在什麼樣的情況下？又是基於什麼樣的動機？有何結果？也許「我們瞭解一個話語的意義，只要確認構成它的語句、片語、命題的排列次序即行；但是政治話語至少不是那類『文本』！」（Ball, 1988:7-8）。

後現代主義者應該看看凱洛爾（Lewis Carroll）的《愛麗絲鏡中遊記》（*Through the Looking Glass, and What Alice Found There*）中下面這段胖蛋人（Humpty Dumpty）和愛麗絲（Alice）的對話：

「當我使用一個語詞時，」胖蛋人說（以相當輕蔑的語
氣）：「這只是意味著我選擇它來表示某種意義，就是
這樣而已。」

「問題是，」愛麗絲說：「你是否能使語詞同時指涉很
多不同事物的意義？」

「其實問題是，」胖蛋人說：「看看到底誰是主導者，
如此而已。」（Carroll, 1987:124）

第四節　新社會運動的批判

　　如前所述，後現代既反對勞工階級乃社會變革的獨一無
二的行動者或代理人，從而強調施行差異政治的重要，自然
而然將致力於並且支持各式各樣的認同的社會運動，蓋每一
種「差異」代表一種主體立場，而每一種主體立場則從事一
種社會運動：階級、種族、族群、地區、世代、性別、性傾
向……這就是第七章所談的運動政治亦即新社會運動的由
來。後現代理論在此所提供的教訓乃在於，它讓我們瞭解到
我們都是被建構於範圍廣泛的種種主體立場之中，同時也受
到主體立場的束縛。

　　惟如果太過強調差異性原則，做為一種認同政治的各種
新社會運動，將因為趨於泛散而使其運動的力量無法凝聚。
為此，如第七章所述，拉克勞和穆芙二氏才主張構連的重要。

簡單地說，在資本主義社會中備受壓迫的婦女、黑人、少數民族、同性戀者……同樣也受到資本主義的壓迫，而這本身即具備和同是受壓迫者的勞工階級相結盟的實際基礎，所以他們應該串聯起來，採取一種聯盟政治（alliance politics）——亦即拉、穆二氏所謂的「激進政治」。然而，如同葛蘭特所說的，這種所謂的「聯盟政治」，究其實乃是一種「微型政治的聯盟」（micropolitical alliances），它雖然是為了克服差異政治力量分散的先天弱點因應而生，在實際的結盟中則往往因為流於本身的單一議題傾向而成為鬆散的結合（a loose coalition），彼此甚至亦發現有相互衝突的可能（如黑人團體和婦女團體），難以獲致長期的合作（Grant, 1997:31），通常在出場完成一項議題的訴求活動之後，不是「聚散倆依依」而是「聚散倆匆匆」各自隨即分道揚鑣，真合了所謂「一拍即合，一拍即散」的寫照。

為什麼這麼容易就「一拍即散」呢？貝斯特與凱爾涅二氏指出，這是因為它們各自難以找到相互之間共同的匯聚之點，而究其原因又在後現代本身過於強調差異性之故。「結果，政治鬥爭成為不過是單一議題的政治，僅能為不同的個別團體實現短期的成果，而無法將各式各樣的團體組成聯盟，從而為更普遍的社會轉型而戰」（Best and Kellner,

1991:212）[8]。貝、凱二氏因而主張，如果要爲當代的激進政治提供一種合作的基礎的話，那麼應該要進一步鼓勵各種不同陣營之間進行彼此的對話（ibid., 212-3），這樣看來，哈伯瑪斯所倡導的「理性的溝通」倒不失爲一帖解決上述問題的良藥。

但是貝斯特與凱爾涅二氏對於新社會運動——尤其是對拉、穆二氏的質疑，尚不僅限於此。後者如前所述雖能於後現代所強調的差異性中揭櫫運動政治結盟的「策略」，卻欠缺具體、深入的分析。「誠然，他們提供了歷史的脈絡來說明這些運動出現的條件，但卻很少提到它們的目標、戰略及抗爭的形式」（ibid., 204）。關於此點，在第七章的第三節中，筆者提出新社會運動的「行動三部曲」，也在該章第四節中以具體實例爲其抗爭的實踐形式做了扼要的分析，應可稍補拉、穆二氏具體分析之不足。當然，這樣簡略的說明仍感不足，後現代主義者還須在這一部分研究工作上再予建樹；或者企盼拉、穆二氏能對此批評做充分的回應。

然而，拉、穆二氏要對批評者予以回應的問題，最重要的也是幾乎所有的批評者都會質疑的一點，亦即他們齊頭削

---

[8] 依據艾波絲坦的分析，在美國每一回的新社會運動常常在一連串劇烈的大眾動員之後，便趨於沉寂。在八〇年代中葉，新社會運動整體甚至瀕於結束，例如生態女性主義只是曇花一現後便退縮到學院內。激進基督行動主義（radical Christian activism）的情形亦類似（Epstein, 1996:13）。

平了各種運動政治的力量，而這又源由於一來是他們對於本質主義的恐懼，二來是差異原則的被徹底實踐所致，使得對於各種社會運動不得不予以「等量齊觀」。但是他們似乎並未考慮到這個問題：「爲了獲取政治的文化霸權，以及達成資本主義社會的社會主義的轉型（a socialist transformation of capitalist society），是否有一些構連性的行動者或實踐比其他的更爲重要？」（ibid., 202）。

我們不禁要問的是：難道所有構連性的實踐都具有同等的決定性作用嗎？是不是所有的團體（運動）都一樣重要？在改變既存體制時，性解放的抗爭和勞工的抗爭在分量上彼此是否無分軒輊？（ibid.）或者動物解放和性解放在改革社會的日程表上可以不用分出先後次序？事實上，不僅是拉、穆二氏，包括其他後現代主義者都很難對這個問題予以充分的解答。如果答案是否定的（應該是否定的，否則就不用回答了），無非是要他們對本質主義「棄子投降」，蓋社會運動既有先後之分，或者有重要及次要之別，那麼中心及邊緣的相對（主體）位置必然要劃出，本質主義便駸駸然「再度復出」。看來本質主義已成爲後現代主義揮之不去的夢魘。

退一步想，即便暫時撇開本質主義這個「大麻煩」，承認所有的運動力量可以無分軒輊，各自爲其訴求的認同展開自己的抗爭行動；惟到頭來我們很難想像，各個團體（運動）不會爲了爭取和保有文化霸權而發生衝突。文化霸權在經過

各種鬥爭之後會「花落誰家」，最終總會「水落石出」，此時各個團體之主體位置將不得不重新區劃。或許我們只能採取「最低度的差異原則」（the lowest principle of difference）來運用在新社會運動的認同政治上，這包括：

(1)團體內部尊重差異——一個團體在進行其認同運動時，不能以壓制其內部不同的聲音來達致其團體認同的訴求。

(2)團體外部尊重差異——團體和團體在進行其認同運動的構連時，所有的行動要取得協議為原則，亦即尊重彼此不同的意見。

　　為了維護這個原則，新社會運動的倡導者恐怕得要費心去找出一種機制，以便壓制（內部）或衝突（外部）發生時，得以做出適切的處置，發揮其「安全瓣」的功效。

第五節　肯定論的後現代認同

　　為了解決上述所說認同與差異本身固有的矛盾，唐恩在《認同的危機——後現代性的社會批判》（參閱第一章）一書中提出了一個所謂的「社會關係研究途徑」（a social relational approach），試圖來緩解認同與差異二者的衝突。這個「關係性的原則」認為，一個實體（entity）係由它與其他實體的關

係（既是內在又是外在的）所制約，而且也被安置在這個關係中。這個「關係性」的概念比諸「過程」的概念更進一步，後者原則上只強調要我們去瞭解結構如何地生產、維持與變遷；但是前者還要我們避免那種單一的、單線的、統合的過程的概念，而要承認結構那多元的、不連貫的效果（Dunn, 1998:30）。

一、「關係性」的認同分析途徑

在唐恩看來，這個關係性的分析模式基於以下三點可以做為我們在思索「認同與差異」的難題時一個一般性的前提（*ibid.*, 30-1）：

首先，認同與差異並不能被理解為一種「非此即彼」的對立（an either-or opposition），而應該被認為是處在一種「既此且彼」的關係（a both-and relationship）中。易言之，如果我們不同時考慮到差異的話，那麼是無法想像認同是怎麼一回事的（就像結構主義符號學所說的，認同必須被瞭解為「差異關係」之系統裡的一部分），這也就是胡絲的另一種說法：我們是在認同裡放置差異（We are to locate "differences within identity"）（Fuss, 1989:103），亦即認同必須被視為「它的內在本身即潛在性地由構成它的差異所區分」。

其次，關係性的概念可以讓我們表述並建立認同與差異的社會基礎。這是因為社會本身是由互動的，屬於團體及社

群的，並且在制度中發生作用的個人之間的關係所構成。所以，社會係處在不同的認同之間相互依存的關係之上，且構成差異可以被建構及界定的場域。個人在做為主張、形成或獲得認同的過程中的一部分，發展了他社會的角色，而社會即以此基本的方式進入（個人）認同與差異的建構中。

第三，這也是最重要的一點，即如果「關係性」自然地會導致一個「社會」關係性的概念，那麼這就立刻要將注意的焦點擺在自我與他者的關係上。做為自我，在我們身上棲居著一個經驗的、意義的與意向性的內在世界，無論如何被差異性所劃分，它都以個體來界定我們的主體性；做為社會的成員，我們生活而且行動在一個與他者的關係中所形成的外在世界，並由外在差異的社會結構賦予特徵。原則上這二者（自我與他者）的關係經常會變成不平衡的狀態，即最終常予社會與文化（他者的外在世界）較重的分量，但自我的內在關係和他者的外在關係則是相互決定的，所以認同是在構成「自我－他者關係」（the self-other relation）的差異中形成的。

基於上述三點理由，唐恩認為如果我們要將社會脈絡內認同與差異的動態予以理論化，那麼可以說自我的過程、社會的過程，以及它們二者相互的依存關係，構成了一個基本的分析架構。這個分析架構的好處是可以避免二分法的弊病，而就這個意義來看，此一「自我－他者關係」總是會生

出自由與限制這兩個涵義。唐恩這個社會關係的理論如他自己所說，係從社會學中的形象互動主義（symbolic interactionism）的理論中借用過來的[9]，而形象互動主義的核心概念乃米德所說的「社會我」（social self）（Dunn, 1998: 32）。

二、形象互動論的「社會我」及社群主義的「社群」

在米德看來，社會我具有雙重的特性，這個社會的自我是個人行為和團體行為二者的結晶體，也是社會互動交流的主要媒介。自我與社會不能分開，經由和他者的互動以及規範性的影響，自我乃由社會所建構，米德即言：「個人的行為僅能按照個人在整個社會團體內的行為來瞭解，因為個人的行為必牽涉到那包括許多其他個人的社會行為」（Mead, 1934:6）。

但是另一方面，自我之所以是自我，也是因為它擁有自我意識的反思能力，亦即它有能力將自我做為客體來認識，個人要透過自我才能瞭解外在事物的存在，所以自我同時是

---

[9] 形象互動主義又簡稱為互動論（interactionism）。由於這個學派大多數主要的代表人物係出自美國芝加哥大學，因而有時也被稱為芝加哥社會心理學派（Chicago School of Social Psychology）。另外，因為這個學派的基本概念多源自於米德（George H. Mead）的社會心理學理論，所以又稱為米德社會心理學派。他們的研究重點主要放在人與人的互動過程。

主體也是客體。由於社會本身是一種動態而非靜態的實體，所以人的認同出現於流動的過程中，也就是處在「介於社會影響力以及自我反思性回應的一種辯證的與形構的互動關係（the dialectical and formative interplay）」中（Dunn, 1998:33）。

唐恩還認為，這個關係性的理論可以彌補後現代論述理論關於認同闡釋之不足。如第六章所說，後現代強調認同由論述形成，認同是論述實踐的結果，在其中差異則揭露了認同先天上那種流動的、變遷性的特性。然而，使認同不穩定的差異的關係，則不能只用論述性來概念化，也要從社會性來概念化，畢竟認同係發生在社會中極為真切的生活經驗中，而米德強調形塑認同的社會過程的層面，正好填補了後現代論述理論後面的這個漏洞。蓋「差異被視為認同形成的一個創生性因素（the generative factor），不僅是由論述，也是由社會性的結構所構成，是同時由語言及社會互動所產生」（ibid.）。唐恩的「關係性」說法，部分化解了第三節中對後現代認同論述理論的批判。

唐恩上述的說法應該要再加以補充。就認同政治來說，唐恩這個具有「關係性」特質的社會我，不夠具體，還要進一步落實到社群主義所說的社群身上，才更具實踐的效果。社群主義和唐恩上述的主張一樣認為自我並非孤零零地形成的，它的身分的確認（認同）是要在社會中完成的，誠如麥金泰爾所說：「我們都是以一個特定社會認同的承載者來接

觸我們自己的環境」（MacIntyre, 1984:220），自我的認同必定落在特定歷史社會的人際關係中來完成，而這個「特定歷史社會中的人際關係」具體地說就是社群。

社群主義者基本上認為，自我的認同首先是透過個人的成員資格——也就是做為社群（家庭、鄰里、城市、部落和國家等等）的一員而被發現的。與自由主義認為個人可以自主地選擇自我不同的是，社群主義主張個人只能發現自我，是社群決定了「我是誰？」，而不是我選擇了「我是誰？」，亦即自我的認同是被社群所建構的，更確切地說，個人（自我）係以其做為社群的成員的資格而被決定其認同的意義，因此，自我的認同又被一些社群主義者稱做「成員資格的認同」（俞可平，1998:53）。

然則何謂「社群」？雖然社群主義者很少為「社群」一詞下明確的定義，而且每一位社群主義者所說的社群亦不見得完全相同，但是大體上來說：

> 社群主義者把社群看做是一個擁有某種共同的價值、規範和目標的實體，其中每個成員都把共同的目標當做其自己的目標。因此，在社群主義的眼中，社群不僅僅是指一群人；它是一個整體，個人都是這個整體的成員，都擁有一種成員資格。社群主義者所說的社群有許多個基本的向度，如地理的、文化的和種族的。不同的向度

分別構成了不同類型的社群。（俞可平，1998:55）

在此須特別指出的是，這樣的社群概念並不等同於結社（association），誠如另一位社群主義者桑德爾（Michael J. Sandel）所說的，只有構成性的社群（the constitutive community）才是他所強調的社群（藉此區別於一般的結社），而所謂構成性的社群，簡言之，乃人們認定其所屬的社群，在某種程度上定義了個人的自我認同（Sandel, 1982:150-1）。進一步言，它是指社群本身已成為一種「善」，「不僅可以規定公民同胞可以擁有什麼，而且規定了他們是誰；不只提供了他們像自由結社那樣可以選擇建立的關係，也提供了可以讓他們慢慢去發現的相互依存；不只成為個體的一種特徵，也成了他們認同中的構成部分」。在這種社群中，結社可以進化為共同體，互利合作可以進一步滋長為分享參與，而集體屬性則演變成共同歸屬。桑德爾認為這才是真正的社群（江宜樺，1998:79）。而這也是後現代認同的起點。一言以蔽之，認同政治所指涉的「我是誰？」這個問題，確切地說，實在就是「我們是誰？」的問題，而所謂的「我們」指的就是社群——社群的認同。

三、建構主義的本質主義認同

雖然如此，把唐恩的「關係性」分析模式加上社群主義

的「社群」概念，事實上仍未解決本質主義予後現代建構主義所帶來的困境（儘管它解決了認同與差異的衝突問題），因為無論是個人的認同或社群的認同，必定要有其認同的標的做為基礎，捨此基礎則何來認同？其實要解決這個困境也不難，簡言之，即承認某種程度的本質主義仍有必要存在，尤其對後現代的認同政治來說。這並非完全放棄後現代本有的立場。誠如羅森瑙（Pauline Marie Rosenau）指出的，後現代主義有各種不同的傾向與派別：「有多少個後現代主義者，就有多少種後現代主義的形式」（Rosenau, 1992:15）。這裡試以羅森瑙自己的分析來說明。

在《後現代主義與社會科學》（*Post-Modernism and the Social Sciences*）一書中，羅氏將形形色色的後現代主義粗略地分為兩派，即懷疑論（派）的後現代主義（the skeptical postmodernism）和肯定論（派）的後現代主義（the affirmative postmodernism）[10]。前者（多為歐陸學者）的態度是否定的、

---

[10] 其他學者類似的分法，據羅森瑙在該書中所說，包括建樹性的後現代主義者（establishment postmodernists）和激進的、批判的後現代主義者（radical critical postmodernists）；「冷漠的」後現代主義（"cool" postmodernism）和「熱情的」後現代主義（"hot" postmodernism）；「解構的或消亡的」後現代主義（"deconstructive or eliminative" postmodernism）和「建構的或修正的」後現代主義（"constructive or revisionary" postmodernism）；「憤世嫉俗、悲觀絕望的」後現代主義（"apocalyptic, desperate" postmodernism）和「耽於幻想、放浪形骸的」後現代主義（"visionary, celebratory" postmodernism）；以及反動的後現代主義（postmodernism of reaction）與反抗的後現代主義

消極的、沮喪的，認為後現代時代是一個破裂的、分離的、抑鬱的、缺乏道德變數的，以及社會渾沌的時代，他們看到的是後現代主義陰暗的一面，所以強調死亡的急迫性，如主體的駕崩、作者的終結、真理的不可能性，以及再現秩序的撤廢。後者（多為北美學者）對於後現代時代的看法較為樂觀，較為期待，他們對積極的政治行動諸如鬥爭與抵抗，採取開放的態度，願意尋求非教條的、暫時性的以及非意識形態性的哲學與本體論的智識實踐，而且不羞於做規範性的選擇，以及努力去建立特定議題的政治聯盟（*ibid.*, 15-6）。就前者而言，本質主義自然被棄如敝屣；但對後者來說，本質主義仍有其存在的空間。

　　當然，就後現代的認同政治而言，此既為退而求其次的「權宜之計」，則其所謂的本質主義就不是絕對主義和普全主義的本質主義，而是一種具相對主義精神的建構主義的本質主義。建構主義的本質主義不同於本質主義的建構主義。後者認為認同的形塑或建構，完全出於不同特定時期的社會脈絡，亦即不同的歷史時期與社會脈絡決定了不同的人的自我與認同，而認同與認同之間彼此尚具有所謂的「不可共量性」，它們相互間先天上不但沒有比較的標準，而且更無「求

（postmodernism of resistance）等。參閱該書第一章註釋 11（Rosenau, 1992:16）。

同」的可能；不僅不同的社群認同之間難以取得協調一致的
可能，甚至連社群認同本身是否能形成亦遭懷疑。而新社會
運動的「聯盟政治」在此便無可能實現。如果推於極端的話，
那麼本質主義的建構主義只能承認個人原子式的認同（atomic
identity）（亦即原子身分），而原子式的認同則飄浮不定，
難以「定於一」，它是碎裂的而無法凝固。

　　但是建構主義的本質主義就不同了。建構主義的本質主
義仍然同本質主義的建構主義一樣，相信無論是個人或社群
認同的建構，無法脫離其所處特定時空亦即社會脈絡，不同
的社會脈絡形塑了不同的認同；不過，它承認不同的認同有
其不同的認同基礎，不僅個人有其認同之依據，連社群本身
亦有其各自不同的認同根據。它首先相信，不管是何種認同，
最終皆有其認同之所「從出」，構成其認同的基礎，即便是
虛擬的認同，也有其化身或隱身的依據。其次它認為，各個
認同之所「從出」，有其不同之處，彼此應予尊重，在實際
政治中，更要關心那處於邊緣位置的他者的認同。在此，建
構主義的本質主義認同觀，基於這樣的出發點，乃提倡一種
懷特所說的「多元主義者的正義」（a pluralist justice）。

　　懷特認為，傳統的正義理論（以自由主義與馬克思主義
爲代表），基於普全性的原則所強調的統合與同一性係以犧
牲多元性與異質性爲代價；但是懷特以代表後現代主義的李
歐塔及代表社群主義的華爾澤（Michael Walzer）爲例指出，

李、華二氏則認為：

首先，傳統的自由主義思想太過重視獨立自主性的個體（the sovereign individual）── 個人選擇他或她自己的「神或財貨」（gods or goods），然後加入團體以追求之。然而，新的多元主義思想強調的則是更為廣泛的社會面向，蓋「神及財貨」唯有置諸社會脈絡中始具有其凝固的意義，這樣的主張並不意味它在貶抑個人，而只是在強調他或她（對於社會）的嵌入性（embeddedness）。所以像華爾澤所關注的是，處於並跨越文化的財貨── 它的意義的多元性；而李歐塔則重視敘事的多元性以及語言的遊戲。

其次，新的多元主義思想強調，「聆聽」（listening）乃是維護正義的一個重要部分── 此意味著它要從固定在創始性的決定原則轉移到另一種能與承認異質性世界的邊界合拍的程序上來。從這個角度看，華爾澤和李歐塔兩人，同時都強調一種對他者要更為開放的正義觀，這種正義觀簡言之即是主張我們要對他者富有責任── 要聆聽他者的聲音。為此，懷特主張：一來我們應將研究（關注）的焦點擺在那些非正義的現象上，二來除了要對他者有所寬容外，更要以積極培養他者（fostering otherness）的理念來補充傳統自由主義對歧異性的寬容價值之不足（White, 1996:117-47）。

這種尊重多元性（亦及於差異性）並強調對他者寬容以至於還要積極培養他者的建構主義的本質主義認同觀，可以

說是一種肯定論的後現代認同理論；而後現代的認同政治也唯有站在這個肯定論的立場，才能使它的致命罩門消弭於無形，從而使它在現實中成為可能，並發揮它真正的功效。

第九章
結　論

　　後現代的認同已如前述，不再是一個理性的、統合的主體，而且誠如艾佛拉德（Jerry Everard）所強調的，這個主體更是浸染在論述裡，被建構爲多元主體立場所行動的場域，所謂的「主體性」（subjectivity）毋寧是一種主體分化過程的效果，艾氏遂言：「所以，這個主體也許可被視爲一種邊界形成實踐的徵象（a symptom of its practices of boundary making）」（Everard, 2000:47）。易言之，後現代的主體穿梭在浮動的認同邊界上，難以被「定於一」。

　　艾氏還指出，國家本身更可能是這樣的一種場域。這是因爲他特別強調網路在形塑認同的重要性。蓋現今國家本身由於已被網路以及更爲廣泛的電子傳播網絡所穿透，無法再以完全地統合的方式運作，致使被視爲國家構成之活動（the activities identified as constitutive of states）所賴以建立的基礎亦因此而轉變，而傳統以國家爲基礎所形成的認同結構自然

而然受到挑戰。網路之力無遠弗屆，穿越各種邊界，國家做為被網路穿透的場域，景觀已然變遷。現今民族主義再度興盛，不是沒有道理的（*ibid.*）。

網路對於現代國家政治的衝擊，已無庸置疑。它所形成的如第四章所說的「虛擬的認同」，對於認同政治的影響正方興未艾。如前所述，促成後現代認同政治的勃興，當不只來自網路的挑戰，對於諸種形成因素及相關的理論，已在前面各章節中予以分別探討，在此筆者只是特別再次強調，進入廿一世紀之後，網路對各行各業以及各個學科領域所造成的衝擊，尤為重要也尤為重大。其對於後現代認同政治之形成更有推波助瀾的功效。無論如何，後現代認同政治已對原來的政治領域，包括理論和實際，產生深遠的影響，政治學界及其研究者無法置之度外，必須正視它的挑戰及其所造成的後果，這是最後在本章的結論中所要進一步探討的。

第一節　政治景觀的變遷

按照李歐塔的說法——這個說法也成了大多數後現代主義者的共識，後現代普遍表現出對於所謂「大敘事」的不信任（參閱第一章），簡言之，即認為並不存在有一大型的藍圖可以將所有的「語言戲局」（language games）綰合在一起，這意思是說，並沒有理由讓我們相信，不同的知識之間享有

其共同的概念背景或基礎，而且在未來終止的一天，它們都
將對於偉大的人類事業做出貢獻。李歐塔爲我們描述了一個
宏觀思想（the grand ideas）塌陷的世界，任何一種思想所擁
有的不過是部分的價值（a partial value）。在這裡，所謂真理
只是一種短期的契約而已，你無法以普全性的人的原則
（universal human principles）的名義發言，而期望以這些原則
去形成一個可用來評判他人觀點的固定準繩。你無法再爲自
己的觀點找到諸如道德、正義、啓蒙或人性這類理念，以做
爲全世界都能接受的基礎。一言以蔽之，後現代主義者認爲，
我們無法再寫出一種所謂「萬事萬物的理論」（a "theory of
everything"）（Ward, 1997:162-3）。

　　後現代的認同政治正如李歐塔所說,也不承認所謂的「大
敘事」,只有大敘事性的「萬事萬物的理論」才會認爲存在
有統合性的主體,以做爲現代政治所強調的國家、議會、政
黨這類組織體制的行動基礎。做爲現代政治之基礎的大敘事
既已破產,連帶的現代政治本身的風貌亦將因此跟著改觀。
簡言之,後現代認同政治促成了宏觀政治的結束,同時也造
成微觀政治的勃興,政治景觀已然產生重大的變化。

一、宏觀政治的結束

　　如同上述所說,現代政治著重國家、議會、政黨、法律
等等建制（establishments）,在以族國爲統治的疆界之內,其

所涵蓋之面向與範圍是具有普全性的,即使存在地方性或局部性的政治活動或政治主張,相對而言皆屬次要。湯普遜認為,上述現代政治的這種所謂的「宏觀政治」(macropolitics)具有如下三項特徵(Thompson, 1998:151):

(1)它植基於具有普全性效力(universal validity)的理念和價值,比如人權的理念便被認為是適合於用來評判所有文化的一個基準。

(2)它對於普全性的問題尋求一種普全性的解決辦法,例如一種特定的西方民主模式便被當做所有社會應該想望的政治理想。

(3)它可能支持普全性鬥爭(universal struggle)的觀念,主張只有一種歷史的行動者被視為解放的引進者和接收者,譬如正統的馬克思主義便相信勞工階級可以實現這個角色。

宏觀政治主要顯現在公民政治上。被視為具有理性、統合的主體的現代公民,做為民主社會的成員以公民的身分參與國家的公共事務,透過意見的自由表達以及定期選舉,組織議會形成政府,制定民眾所需之法令政策。這樣的公民政治如賀勒和費荷二氏在《後現代政治狀況》一書中所說,乃是一種結構性的政治,政治即發生在國家、政黨或工會等以階級為基礎的組織之間的衝突(Heller and Fehér, 1988:3)。

　　然而，賀勒與費荷亦進一步指出，今天的政治已無法再從現代主義這種結構性（尤其是階級範疇）的觀點來理解，如此將產生荒謬的後果；當前的政治趨勢已轉向後現代所強調的功能取向，不論是右派或左派，同時都以功能為基礎與目標（*ibid.*）。既以功能導向為主，則後現代政治不再植基於現代性的解放政治的舞台（the emancipatory political platforms of modernity），而且如柏騰思所言：「宏觀政治讓位給短期微觀政治的多樣性（a multiplicity of short-term micropolitics）」（Berterns,1995:187）。

　　蓋後現代的認同政治不像現代政治那樣訴求的是國家的認同，如前幾章所說，後現代的認同政治是一種文化政治，它追求的不是普世涵蓋的國家認同，而是（在國家之內各個不同的）社群（參閱上一章）的認同，這樣的認同是多元而分化的，更不以什麼解放的目標自詡。但是現代政治則反是，以自由主義為首的見解便認為，政治社會的共同基礎不能訴諸這些歧異性的文化認同，只能以各個族裔都接受的東西為準，而這一部分比較可能在政經制度方面尋得，例如憲政體制、基本公民權、經貿體系及福利措施等等。江宜樺即謂：

　　　　自由主義的信念是不管一個人生活的精神泉源是來自基
　　　　督教、猶太教、佛教、回教，或任何其他宗教，也不管
　　　　一個人在族裔文化上自覺歸屬於華人、猶太人、英國人、

義大利人……他（她）們都會珍惜自由民主體制本身，會樂於享有這種體制所保障的各種權利。在這個基礎上，他們可以形成足夠的國家認同，並且視其他宗教文化族裔的成員為公民同胞（fellow citizens），而對他人的價值信念與文化認同予以適度的尊重與寬容。（江宜樺，1998:107-8）

顯然上述那樣的說法已遭到加拿大的魁北克人以及英國的北愛爾蘭人的質疑與挑戰。不談族裔（社群、共同體）的文化認同，甚至以犧牲自己（族裔）的文化認同去成就普世的國家認同，在當前的政治局勢中已勢有所不能——加拿大和英國都是實施民主憲政的國家，但已無法取得這種宏觀政治的基本共識，誠如柏騰思所說的，這是宏觀政治的結束（the end of macropolitics）。

二、微觀政治的勃興

宏觀政治之亡，反面言之，即暗示了微觀政治之生（the rising of micropolitics）。如同先前賀勒及費荷二氏所說的，後現代政治一反現代政治那種結構性取向而轉為功能性的取向，而它的這種功能性取向強調的是單一的功能，換言之，後現代政治是單一議題運動的政治（the politics of single-issue movements）（Heller and Fehér, 1988:3）。所以，如第七章所

言：「一種認同，一種運動」（one identity, one movement），
例如女性主義運動追求的是婦女自身的認同，而婦女追求其
自身之認同，從事的也只是一種婦女的運動。如今大敘事既
已分解爲眾多的並存的小敘事（small narratives），則現代政
治解放性的國家認同已不再被強調（那是大敘事），側重的
反倒是後現代眾多的有關單一認同的小敘事。

　　依據湯普遜的意見，上述這種後現代的微觀政治亦有如
下三項特徵（Thompson, 1998:151-2）：

(1)就它的詮釋的方式來看，使它對於局部的規則與理解
　　特別敏感。這是由於它將每一個特定的政治世界視爲
　　一個文本；因而在每一個世界的內部，政治理論家的
　　工作便是提供那個文本的詮釋。華爾澤便認爲我們不
　　應試圖從抽象的形上學中去演繹正義的本質，而應該
　　是去爲公民同胞詮釋我們所分享的意義的世界
　　（Walzer, 1983:xiv）。這也就是說它重視的是局部、
　　具體而非普全、抽象的原則。

(2)它關注政治行動眾多的不同的脈絡（contexts），相信
　　政治實踐的廣泛的變異性具有其效度。貝斯特及凱爾
　　涅二氏便舉出，像李歐塔的後現代主義就迴避了合法
　　性的大架構，「支持異質性、多元性、經常的創新，
　　支持參與者所同意的局部規則與前提的實用性建構，

因而是支持微觀政治的」（ Best and Kellner,
1991:165 ）。李歐塔將正義化約為多元性的正義，這
樣的正義必然是局部的、暫時的與特定的（ *ibid.*,178 ）。
如斯一來，後現代的正義觀就被模塑成局部狀況（ local
conditions ）。

(3)由於接受政治行動者的歧異性，它所關注的只是這些
行動者局部的抗爭以及他們對特定的解放所提出的要
求，例如它會將焦點擺在為承認特定團體和社群所引
發的鬥爭之上。史邁特（ Barry Smart ）即指出，「我
們必須承認所有的社會鬥爭都只是部分的鬥爭，而且
鬥爭的目標只是局部的解放而非『全球人類的解放』」
（ Smart, 1993:29 ）。所以像反種族主義者的鬥爭，只
能依其自己的語彙來瞭解與評價，而不能視為是像勞
工階級的解放這種更大範圍鬥爭的一部分。

　微觀政治的抗爭之所以是局部的、特定的，這是因為它
眼中所見到的權力不再僅侷限在一個獨佔的國家或階級手
中，就如傅柯所言，權力的運作已穿透世俗的日常生活中的
小網絡，從污損廣告牌到偷賣盜版錄影帶，日常生活中的每
一件事都可能是政治，多數的後現代理論便認為，「每一件
事情在某種意義上來說都是政治的」（ everything is in some
sense political ）。後現代政治不再把目標指向那將改變人類命

運的大型烏托邦式的計畫（grand Utopian scheme），反而認為更值得吾人挑戰的是日常生活的權力問題。日常生活中這些瑣碎的活動沒有一樣會讓你特別的激進——它們大概不會引發革命，惟從李歐塔的觀點來看，它們可被評定為「分裂性的小衝突」（disruptive skirmishes）（Ward, 1997:163）。

　　後現代這種將焦點轉移到日常生活上的微觀政治，用紀登斯的話說，就是一種生活政治（life politics）。生活政治關涉的是個人在自我實現的過程中所引發的政治問題，簡言之，即自我認同如何決定的問題。以生活政治的先驅學生運動和婦女運動而言，它們試圖要把個人的情緒與對「生活方式的反叛」（lifestyle revolts）做為一種向官僚挑戰的方式。它們想要表明的，不僅僅是日常生活所代表的國家權力的那些方面，而且還有那種靠完全改變日常生活模式來威脅國家權力的行為（Giddens, 1991b:215-6）。

　　顯然，後現代的認同政治主要不是發生在官府衙門或議會廟堂之內，男人和女人的戰爭，白人和黑人的衝突，屢屢發生在家庭、學校、市場、街坊、公共交通工具……各種日常生活中隨處可見的場合裡，在這種生活政治的領域中，已向宏觀政治的夸夸其談揚手道聲再見；個人認同「事小」，但雖「小道」亦有可觀哉——蓋微觀政治也讓「人身的（或個人的）便是政治的」（the personal is political）。

第二節　政治定義的重探

　　「人身的便是政治的」這句話其實已經暗示：原來現代政治學對於「政治」一詞的看法——或者更進一步說是政治定義——在後現代崛起之後，已有修正的必要。在第一章一開頭筆者即強調，人性，或者更確切地說，人，是政治理論或政治研究的基礎或起點。就現代政治學而言，這個人是具有普全的抽象意味的「人」（human），而且這個「人」只是政治理論或政治研究的起點，以拉斯威爾「誰得到什麼？什麼時候得到？如何得到？」這個典型的「政治」的定義來看，真正的焦點係擺在「利益的分配過程」，重點是其中所涉及的權力的運用，也即 what、when、how 的問題，雖然如第二章所言，這些問題最終可能都要落到 who 身上，但是現代政治學關心的顯然不在具體的「誰」（團體或個人）的身上，毋寧說它更重視的是擁有所謂正當性（legitimacy）權力的政府，以及與其有關的議會、政黨等建制，是故狄勒始言，拉氏的這個定義，指的其實就是「政治即關於政府權力的運用，以便去管制社會的互動，並且分配稀少的資源」（參閱第二章第一節）。

　　現代政治學者對於「政治」的界定，主要有兩個關注點，以伊斯頓這個在政治學界普被接受的定義「政治係權威性的

價值分配」來說，第一，它指涉有一個權威者的存在，這個
權威者則指享有正當性或合法性權力的「人」，這個「人」
通常指的是政府（或馬克思主義所說的階級），而正當性或
合法性權力對其適用的對象具有約束的能力；第二，它指涉
的權力（或權力的運用）具有上對下的關係，或者說這種權
力係來自一個權威的中心，也因此它才具有管制或約束的能
力。就此而言，個人通常是非政治的，除非他或她涉及「權
威性的價值分配」，譬如在選舉時去投票，或者代表壓力團
體向國會議員遊說—— 然而，通常這和一般人的日常生活無
關。「權威性的價值分配」是宏觀政治的事。

　　然而，就如第二章所指出的，後現代政治在「誰得到什
麼？什麼時候得到？如何得到？」這個界說中，關注的不是
what、when、how 的問題，而是 who 的問題，而且這個 who
不是那種代表權威中心的政府或階級，而是指涉具體的你或
我或他。簡言之，後現代政治學關注的是「我是誰？」的問
題，也就是認同的問題；而後現代政治學不啻就是認同政治
學。狄勒說，政治本身總是涉及兩個（相關的）問題。第一
個問題是：個人（或個人的團體）在社會環境中運作了什麼
權力在他人身上，以便獲取其利益？——這是現代主義者所關
切的。第二個問題則為：社會環境運作了什麼權力在個人（或
個人的團體）身上，以便去建構其認同？——這是後現代主義
者所關切的（Thiele, 1997:75）。顯然，兩相對照之下，與現

代政治學側重「利益」不同的是，後現代政治學強調的是「認同」。

　　後現代政治學強調的認同，第一，如前所述，它不是現代政治學中那種抽象的人，它是擁有特定特徵的具體的認同（如女人、黑人、印地安人等等）；第二，這種認同不是單向度的、獨一的，或者不會改變的，而是多向度的、複雜的，且會隨時間而發展；第三，所謂的認同必定同時和差異並存，也就是認同必須藉著將它和他者區分開來才能存在（ibid.）。這樣的認同通常和與生俱來較無關係，而往往係來自社會的建構，這也是狄勒所說的第二個問題與第一個問題主要的差別所在。

　　進一步言，真正的差別還在於權力的運用。誠如剛剛所言，現代政治所說的權力指的是發自權威性中心的權力，權力的衝突則係各造之間為競逐此一權威而來。然而，由於後現代主義不承認存在有一穩固的行動者，政治上自然不承認有一權威中心，至少權力未必全係來自權威的中心，這也就是傅柯所說的，權力並非由上向下而來，權力是散播的。在傅柯看來，權力反倒是以一種由下而上的毛細管方式在運作，既然如此，權力就不是由於統治和被統治階級之間根本的二元對立而來。

　　打個比方來說，權力的本質就像一張沒有蜘蛛的蜘蛛網，我們每一個人都深陷在其中，被這張權力之網所網羅。蜘蛛網中既無蜘蛛，此即表示並無菁英的領袖以掌握權力，

權力散播於整個社會之中，就像蜘蛛網那般綿密。如果我們認為權力應由特定的行動者或代理人（the specific agents）來運作，那麼這種對於權力概念的瞭解，在傅柯看來，仍然受到「君主的魅力」（"spell of monarchy"）的蠱惑。以為權力要有其行動者或代理人——這樣的政治思想與政治分析，傅柯說，那是「我們尚未砍斷君主的頭」（Foucault, 1978:88-9）。如果還維持這君主式的權力觀，在現在看來顯然已經過時。權力不會只單獨或甚至主要由可被確認的權威的行動者所運作，權力已延伸超越法律的影響與政府的統治（Thiele, 1997:89）。所以，後現代政治學已不再從現代國家的制度及其行動者來看權力運作的概念，傅柯即言：

> 如果一個人都是在國家機器的基礎上來描述所有的這些權力的現象，這就意味著，它們的集結基本上是壓制性的：軍隊是一種死亡的權力，警察和正義是站在懲罰的立場等等。我並不是要說國家不重要；我要說的是，權力關係及其分析必須讓它們超出國家界限……因為國家就是它做為機器的全能而言，是不能夠佔據整個真正的權力關係領域，同時這甚至是因為國家只能在其他已經存在的權力關係的基礎上來運作。國家在整個一系列包圍著身體、性、家庭、親屬關係、知識、科技等等的權力網絡上是超結構的。（Foucault, 1980b:122）

　　在後現代看來，權力關係既不爲國家機器所獨佔，而分散在包括身體、性、家庭、親屬關係……的社會網絡之間，主要係和形塑與轉變其成員的認同有關，在這過程之中，權力運作則不會依據特定的設計公然去爲特定個人的利益服務，這個所謂「無名的權力形式」（a anonymous form of power）乃是爲多元的與變遷的利益服務。多元的與變遷的認同，因而係來自權力分散的運作，而非由單一的權威中心一手包辦。

　　顯而易見，對後現代主義來說，政治已不是伊斯頓等人所說的，由一權威中心（政府或政府體系）所做的「權威性的價值分配」。政治的定義應該改寫爲：「係由多元的、複雜的、眾多的權力形式（已不存在唯一的權威或中心）所做的價值的分配」，甚至更應進一步再改爲：「政治乃指社會上多元的、複雜的、眾多的權力運作在個人或團體之上以之去形成其特定的認同之謂」。這個新的政治界說，可以說是傅柯式的後現代計畫（Foucault's postmodern project）對於霍布斯式的現代計畫（Hobbe's modern project）的翻轉。

　　如第一章第一節所說，霍布斯認爲，在自然狀態中畏懼的、孤立無援的個人，爲了避免無政府式的人人互戰的惡果，始選擇一個專制的「利維坦」（Leviathan），以創制並執行爲眾人所遵行的法令規則。相反，傅柯則認爲，規範我們思想與行爲的社會的「利維坦」早已存在，而我們個人的認同則大部分已爲這個「利維坦」所形塑。換言之，霍布斯的政

治學係主張由一專制者（即權力的集中者）施予權力在被視為是獨立的、自主的行動者的個人身上，以避免人人互戰的無政府狀態。傅柯的政治學擔心的卻是所謂的「社會專制」（social despotism）而不是無政府的問題，也就是我們要憂慮的不只是個人的自主性被限制的問題而已；我們更需要在潛藏式的專制而又散播的社會權力中，去激勵所有的個人能為他們的自主性抗爭（Thiele, 1997:92）。霍布斯的政治學可歸為伊斯頓的政治定義範圍之內，而傅柯的政治學則為上述後現代的政治定義下了最好的註腳。

這個新的政治定義與舊的現代政治學的定義，主要有底下三個不同之處：

(1)社會本身的重要性要大於政府等政治機制所扮演的角色。
(2)權力不再是集中的而是多元的、分散的。
(3)是認同而不是利益成了個人或團體獲取或競逐的標的。

在後現代看來，權力的分散反而不會威脅人的自由，怕的是各自不同的權力形式被化約為一無法對抗的霸權。個人要獲取自由，就要參與權力的運作，而且還要與權力相抗衡（即傅柯所言，有權力即有抵抗），就像葛利克（Bernard Crick）所說的：「自由的代價不只是持久的警惕而已……它還是要

持久地參與政治的活動」（Crick, 1992:171）。後現代的認同
政治不是要變成一種自戀性的肯定，不應在否定公共生活和
私人生活的界限之餘，把自我認同的改變就視為社會的改
變，只強調某一特定認同的重要，而對構連不同認同的社會
政治理論漠不關心，使其最終變成考夫曼（L. A. Kauffman）
所說的「認同的反政治」（the anti-politics of identity）
（Kauffman, 1990）。政治由於權力的擴散而無所不在，吾人
則唯有積極參與政治，才能獲得自由——這個結論不論是現代
或後現代都是可以接受的。

第三節　政治研究的更新

　　在第二章的開頭筆者即言，對於政治問題的研究，其起
始點和如何界定政治有關；非但如此，對於政治概念的界說，
其實也是政治研究的終點。顯然，經由前述各個章節的討論，
由後現代認同政治所拈出的課題，最終仍必須回到一開始對
於政治的界定上，而其結論則是，如前述所說，現代政治學
典型的對於政治的定義，不管是伊斯頓的或拉斯威爾的，都
必須重加界定，否則對於新起的微觀政治所引發的現象和問
題將莫名所以，而無法或難以再加解釋——此係顯示舊的現代
「政治」的定義已「不堪使用」，而必須另覓新義。從上述
此一新定義中，可得而言者有底下數項，以為本書的結論。

一、政治研究範圍的重劃

當代政治研究在九〇年代以前，基本上可以劃分爲兩個階段：在五〇及六〇年代盛行的是強調客觀性的實證主義（positivism）；在七〇及八〇年代則變成社會建構主義（social constructionism）當道（Leftwich, 1984:4）。及至九〇年代伊始，由於後結構主義的擅場，興起了另一種不同的研究觀點，不啻宣告第三個階段的來臨。後現代的認同政治基本上是屬於這第三個階段的時期。從上述政治的新定義來看，相對於之前的定義對於經驗事實描述（反映基本的社會關係）的強調，它著重的是那種形塑「真實」世界的積極的手段，如同那許（Kate Nash）所說，政治理論不是去反映既存的社會關係，而是「它本身即是試圖去建構它們〔即社會關係〕的一部分」（Nash, 1998:50; 引自 Squires, 1999:8）。如上所述後現代政治旨在形成個人或團體的特定的認同，則這種政治研究的本身就不再像現代政治學那樣只重客觀的描述與分析，而是有積極介入政治本身的意味。例如強調女人的認同，不只是純客觀的（學術的）研究而已，它更寓有採取行動以建構此一認同之意。政治研究的焦點與範圍因此也起了很大的變化。

原來政治研究的焦點主要擺在政府體制（institutions of government）及權力關係（relations of power）之上，前者研究的範圍不外乎權利、正義及責任等問題——這是法律性的

（juridical）；後者研究的範圍則主要涉及權力、政策與務實作法（pragmatism）的問題——這是工具性的（instrumental）。政治研究中的權利理論、正義理論著重的是前者；而功利主義與實用主義強調的則是後者。強調政治的制度性概念，政治被界定為政府體制的問題，其研究範圍自然也在政府體制上；而著重政治的工具性概念，政治被界定為權力及決策的問題，其研究範圍當然便落在權力關係上（Squires, 1999:8）。

然而，政治學者史奎爾斯（Judith Squires）指出，上述兩種政治研究均有其侷限與缺點。九〇年代以來更新的發展顯示，學界試圖以更寬廣的定義來看待權力研究的問題，這也就是將上述政治的工具性定義再予擴大。原先工具性的政治理論主張有客觀的標準以做為政治劃界的基礎，然而新的政治理論（如認同政治）則不僅對特定的政治邊界本身提出質疑，而且甚至對是否能提出劃界的標準亦表懷疑。就如女性主義所主張的：「個人就是政治」，因為權力是無所不在的（the power is ubiquitous），所以政治亦是全部包圍的（the politics is all-encompassing）。權力既是無所不包，那麼，再強調劃界也就不具意義（ibid., 23）。

為什麼傳統的政治劃界會有問題呢？現代政治的自由主義者在基於維護個人的自由之下，主張將公領域（public realm）和私領域（private realm）彼此劃分開來，私領域係維護個人自由所必須的政治園地，它要免於代表公領域的國家

的鎮制。公領域是國家，私領域便是自由主義者所強調的市
民社會。政治等於國家的公權力，而自由則等於國家公權力
所施予的限制的「缺席」。市民社會的私領域只有在免於國
家公權力的限制之下，才得以更具有活力，個人也才能夠享
有更多的自主性。這裡所謂的「私」，顯然指的並不是個人、
密友或家庭。

　　然而，史奎爾斯指出，上述這種公私領域二元劃分的方
式，已被同樣貼上「私人」（即個人）標籤的另一個第三領
域給擴大了。這個第三領域指的是有別於市民社會的個人生
活領域，於是上述二元對立的關係便演變成國家、市民社會
及個人（the　person）這新的三角關係。顯而易見，國家自然
仍屬於公領域，而個人也應被劃爲私領域；至於原來的市民
社會定位則稍顯混淆：當它和國家對立時爲私領域，而在它
與個人對立時則又屬公領域（ibid., 25）。試看下列三圖：

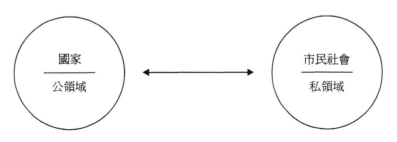

圖一　公領域與私領域的對立

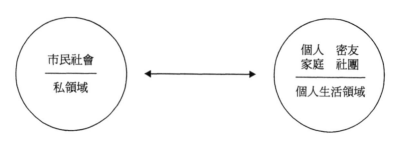

圖二　私領域與個人生活領域的對立

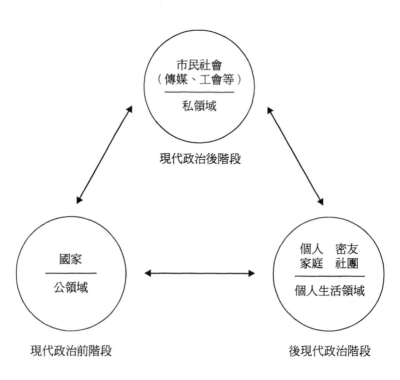

圖三　公領域、私領域及個人生活領域三角互動關係

就**圖一**來看，象徵公領域的國家範圍是和代表私領域的市民社會相對立的，此時個人生活領域被涵蓋在市民社會的私領域範圍內，而私領域之所以從公領域劃分出來並取得與之對立的立場，旨在避免政治的侵害以維護個人的自由。然而就**圖二**來看，個人生活領域在被私領域涵蓋下予以劃分出來並取得與之對立的立場，這是鑑於個人生活受到的限制不只來自國家，而且越來越多的是受到（市民）社會的限制，傳播媒體的疲勞轟炸、工會的強迫式罷工等都是顯例。因此，個人自由要獲得保障，或者個人要追求其特定的認同，就必須同時明白國家及市民社會對其所施予的限制。

再就**圖三**來看，個人生活領域既從私領域獨立出來，則與原來的公領域與私領域形成彼此互動且對立的新三角關係。國家公領域的範圍，是現代政治發展前階段主要的焦點；市民社會的私領域範圍，則是現代政治發展後階段的主要焦點。這兩個領域亦即宏觀政治主要的研究範圍。涵蓋個人、密友、家庭、社團、社區……等的個人生活領域，也是日常生活的領域（the realm of daily life），這是新起的後現代的認同政治主要的研究範圍，而這個研究範圍乃是微觀政治運作的場域。

上述的劃界顯然不是後現代的目的，它主要其實是要表明：第一，傳統的政治劃界（涉及定義）已難以反映政治實情；第二，個人生活領域不能再和私領域混淆；第三，個人

生活領域不僅要防範國家更要注意市民社會的侵犯；第四，
權力現象在諸領域均存在，不獨國家為然；第五，既如此，
政治乃無所不在，而個人生活領域的政治，亦即微觀政治，
更應該是政治學研究的範圍與焦點。

二、政治研究方法的變革

把政治的界說劃在政府體制上，則主要的研究方法不脫
制度研究途徑（institutional approach）及法律研究途徑
（legalistic approach）等傳統的研究方式。若把政治的界說劃
在權力關係上，則運用的研究方法可包括行為的研究途徑
（behavioral approach）、心理的研究途徑（psychological
approach）以及決策的研究途徑（dicision-making approach）
等。當代政治研究在五〇、六〇年代主要為以實證主義為理
論基礎的行為主義擅場的時代，行為主義主張以自然科學方
法的原則去研究政治，包括政府體制及權力關係皆可以此方
法從事研究。六〇年代以後後行為主義（post-behavioralism）
初興，政治的價值主張再度受到重視，政治哲學之規範性政
治研究甚至有東山再起之勢（洪鎌德，1977:17-33），羅爾斯
（John Rawls）、諾錫克（Robert Nozick）等人著作的出版，
反映的即是此一現象。

後現代的政治研究基本上亦同後行為主義一樣，反對行
為主義的價值中立主張，在分析方法上則重視內省法、民族

誌學法及詮釋法（methods of introspection, ethnography and interpretation），它甚至強調解構的技藝（the art of deconstruction），以便去挑戰並拒絕政治科學賴以建構起來的二分方式，諸如科學／藝術、公共／私人、政治的／道德的、合法的／犯罪的、正當的／顛覆的……。它更主張多學科、多方法的融合運用，反對研究者只遵循一種研究策略，像原先被視為互斥的量化及質性研究方法，便可加以綜合使用（Gibbins and Reimer, 1999:169-73）。

在多學科、多方法的綜合運用上，最為特別的是屬於文化（包括文學）的文本的分析以及論述的分析法——這主要得力於文學研究理論與方法，而政治與文學也不再像以往那樣涇渭分明。紀賓斯（John R. Gibbins）及雷默（Bo Reimer）兩位學者在《後現代性的政治學》（*The Politics of Postmodernity*）一書的結論中即言：「文學研究的課程目前支配了很多現代的社會科學——諸如作者、讀者、閱讀、文本、文類（genres）、敘事（narratives）以及正典（Canons）等觀念——而我們期望從其他領域引進的方法能持續下去」（*ibid.*, 172）。

本書如第一章所言，採用了借自文學研究的文本分析法（如第四章）；此外，亦兼及論述分析法（如第六章）的運用。事實上，這兩種方法的運用均和當代語言學的興盛有很密切的關係，紀、雷二氏在上述該書中即指出，未來政治科

學的研究顯然要運用到不少有關的語言學的裝置（linguistic devices）（*ibid.*, 170），像本書中提及的論述、聲音、作者（以至於文本）等概念即屬之。本書對於文學研究方法的引用，爲後現代政治研究結合文學研究的嘗試提供了一種可能性。

三、政治學的新版圖

個人即政治——也就是政治是無所不在的，這樣的界說會不會使我們的日常生活過於泛政治化？令人擔憂的是，政治領域滴水不漏、無遠弗屆地擴大，是否會導致國家（以官僚行政體系運作）公權力對於個人生活的全面介入，以至於剝奪或侵犯個人的自由？而這會否成了另一種極權國家的寫照？如此看來，公私領域的劃分應是必要的。此其一。

此外，我們既然談「政治」的觀點，那就必須存在有某種活動被稱之爲「政治」，並與其他活動、活動的關係與型態都要有所區別，否則怎能被稱爲「政治」？如果說所有的概念界限都是模糊難辨，公私領域分不清楚，那麼誠如艾許坦（Jean B. Elshtain）所言，此時沒有政治可被界定（Elshtain, 1981:201），亦即政治如果真的是無所不在，那麼其實也沒有政治可言。此其二。

就上面第一項質疑來看，其對於後現代關於權力本質的看法似有所誤解。後現代認爲個人生活領域到處之所以充斥著權力現象，主要並非來自國家公權力的侵犯，例如家庭中

權力不平等的分配，尤其是婦女不平等的地位，主要係來自
父權的壓迫——此與國家公權力的侵犯無涉。換言之，這種日
常生活的泛政治化不是來自國家公權力「魔爪」的入侵，而
主要係由於「私權力」（相對於國家的公權力而言）的作祟。
也就是說，即便這是一種「極權」，亦非國家的極權，對於
個人自由與權利的被剝奪或侵犯，要防範的對象反倒是社會
要甚於國家的。

　　就第二項質疑來看，確實政治與非政治（apolitical）應該
要有所區分，否則誠如上述論者所說，政治本身就難以被辨
認。問題是：要怎麼區分？是否一定要將公領域與私領域劃
分開來才是區分政治與非政治的方式？如果硬要區分，那麼
政治並不應和政治自己本身劃分，政治應該是和經濟、社會、
文化……諸領域做區分。退一步想，如果非要將公私領域劃
分不可（以區別政治及非政治），而且也避免到處都是政治
的「尷尬」，我們不妨只將後現代政治的範圍縮小集中在認
同政治上——也就是本書所探討的主題。換言之，後現代政治
亦即認同政治，在個人的生活領域中，它只指涉和認同有關
的權力運作的範圍。

　　然而，後現代的認同政治，由於它不以徹底改變國家體
制（即革命）為其鬥爭目的，也不以選舉策略為唯一手段，
而只是在社會中爭取其特定的認同，進而形成一種具有自我
解放意識的獨立文化，以此來實現其激進民主的目標，因此

充其量只能做為現代公民政治的補充,而不應取公民政治而代之。雖然誠如第二章所言,現代政治業已發生危機且趨於沒落,然而迄至目前為止尚無更好的政治型態足以取代之,後現代的認同政治只能說擴大了我們的政治視野,並開始嘗試將研究的焦點轉移,尤其是在政治研究上,不僅使得原來的研究範圍擴大,而且也導致研究方法的變革。

正因為如此,以邇來英美出版的政治學教科書為例,其所涉及的內容範圍已悄悄做了些改變,譬如黑武德於 1997 年出版的《政治學》(*Politics*)一書,即已將有關的後現代政治及認同政治的問題編寫進去,政治學的版圖顯然已被擴大,蓋這些問題已越來越重要得讓你不能視而不見。反觀國人有關的政治學著作,基本架構與內容範圍仍不脫一、二十年前的模樣——這是不是反映了國人在政治學研究上的落伍?企盼未來的政治學著作能避免這樣的盲視。

事實上,對於政治理論的研究,現代與後現代均有其各自側重的面向,就像狄勒所指出的,兩者具有互補的功能,而且近來還有綜合的趨勢(Thiele, 1997:101)。現代政治學的研究方法依舊有用,其所探究的主題與焦點,即便過時,也仍然是研究者不能忽略的。後現代政治不在取代現代政治,如上所述,應是對它的補充。狄勒下面這段話就代做本書的結尾:

後現代主義者承認認同僅僅經由互動而形塑。因而,對於互動的管制,要依據理性的過程,要遵循正義的標準,要留神保留自由的特權,或者應該保留他們所關切的這個重要的成分〔即自由之特權〕。輪到現代主義者,他們則將其社會互動的理論建立在搖晃的基礎上——除非他們去質問互動者的認同被建構及確認的態度。基本上,現代及後現代政治理論家,兩者同時都關切公共事務的領域,在這個領域中,各種不同的政治形式遭逢對抗,也為自由力戰。瞭然於此,現代及後現代主義理論家彼此必定可以得到更多開放的相互交換。(Thiele, 1997:101)

參考書目

一、中文部分

王岳川

　　1993　《後現代主義文化研究》，台北：淑馨。

王禎和

　　1984　《玫瑰玫瑰我愛你》，台北：遠景。

石之瑜

　　1995　《後現代的國家認同》，台北：世界。

　　1999　《政治心理學》，台北：五南。

江伙生

　　1995　〈關於法國新小說〉，收入江伙生（譯），《第一號創作》，台北：天肯。

江宜樺

　　1998　《自由主義、民族主義與國家認同》，台北：揚

智。

李佩然

　1995　〈後殖民地主體意識的泯滅與重現——《魔鬼詩篇》
　　　　的啓示〉，收入張京媛（編），《後殖民理論與
　　　　文化認同》，台北：麥田。

何春蕤

　1994　《不同國女人——性／別、資本與文化》，台北：
　　　　自立晚報。

林芳玫

　1997　〈認同政治與民主化：差異或統合？〉，收入游
　　　　盈隆（編），《民主鞏固或崩潰——台灣二十一
　　　　世紀的挑戰》，台北：月旦。

　1998　〈當代台灣婦運的認同政治：以公娼存廢爭議爲
　　　　例〉，《中外文學》，27 卷 1 期，頁 56-87。

周華山

　1995　《同志論》，香港：香港同志。

邱貴芬

　1995　〈「發現台灣」—— 建構台灣後殖民論述〉，收
　　　　入張京媛（編），《後殖民理論與文化認同》，
　　　　台北：麥田。

　1997　〈壓不扁的玫瑰—— 台灣後殖民小說面貌〉，《中
　　　　國時報》，2 月 13 日。

林照真

　　1999　〈消逝的憤怒之愛〉，《中國時報》，9 月 6 日。

孟樊（陳俊榮）

　　1998　《當代台灣新詩理論》，台北：揚智。

吳濁流

　　1977　《亞細亞的孤兒》，台北：遠行。

南方朔（王杏慶）

　　1997　〈專業的示威玩家正掀起新社會運動〉，《新新聞》，553 期，頁 50-52。

俞可平

　　1998　《社群主義》，北京：中國社會科學。

施正鋒

　　1998　《族群與民族主義：集體認同的政治分析》，台北：前衛。

洪鎌德

　　1977　《政治學與現代社會》，台北：牧童。

　　1996　《跨世紀的馬克思主義》，台北：月旦。

　　1997a　《人文思想與現代社會》，台北：揚智。

　　1997b　《馬克思社會學說之析評》，台北：揚智。

　　1998　《社會學說與政治理論》，台北：揚智。

　　1999　《從韋伯看馬克思》，台北：揚智。

　　1999　《當代政治經濟學》，台北：揚智。

2000 《人的解放－21 世紀馬克思學說新探》，台北：
揚智。

唐士其

1998 《美國政府與政治》，台北：揚智。

唐君毅

1978 《中華人文與當今世界》，台北：台灣學生。

陳孝平

1999 〈疑幻的後現代現象；疑真的人文社會代價〉，
《中國時報》，8 月 22 日。

翁秀琪

1999 〈眾聲喧嘩中談國家認同機制〉，《中國時報》，
8 月 24 日。

陳秀容、江宜樺（編）

1995 《政治社群》，台北：中央研究院中山人文社會
科學研究所。

陳奕麟

1999 〈解構中國性：論族群意識作為文化作為認同之
曖昧不明〉，《台灣社會研究季刊》，33 期，頁
103-131。

陳建勳

1997 〈五一八遊行用大腳印走出新遊行時代〉，《新
新聞》，533 期，頁 46-49。

陳俊榮

　　1997　〈後現代的激進民主〉，《思與言》，35 卷 4 期，
　　　　　頁 77-101。

華力進

　　1983　《行爲主義評介》，台北：經世。

孫大川

　　1992　〈原住民文化歷史與心靈世界的摹寫〉，《中外
　　　　　文學》，21 卷 7 期，頁 153-178。

陶東風

　　1998　〈全球化、後殖民批評與文化認同〉，收入王寧、
　　　　　薛曉源（編），《全球化與後殖民批評》，北京：
　　　　　中央編譯。

奚廣慶、王謹、梁樹發（編）

　　1992　《西方馬克思主義辭典》，北京：中國經濟。

單德興、何文敬（編）

　　1994　《文化屬性與華裔美國文學》，台北：中央研究
　　　　　院歐美研究所。

張小虹

　　1995　《性別越界》，台北：聯合文學。

張佑生

　　1996　〈後現代政治人物飆起？〉，《遠見》，127 期，
　　　　　頁 86-90。

張茂桂等

　　1993　《族群關係與國家認同》，台北：業強。

張啓疆

　　1996　〈一位陌生女子的來信〉，收入廖咸浩（編），
　　　　　《八十四年短篇小說選》，台北‧爾雅。

張錦華

　　1994　《傳播批判理論》，台北：黎明。

葉永文

　　1998　《排除理論》，台北：揚智。

廖炳惠（編）

　　1995　《回顧現代文化想像》，台北：時報。

劉克襄

　　1984　《漂鳥的故鄉》，台北：前衛。

劉靜怡

　　1999　〈科技何以為科技？人何以為人？—— 身分界定
　　　　　的科技與規範思考〉，《中央日報》，6 月 15 日。

盧建榮

　　1999　《分裂的國族認同：1975-1997》，台北：麥田。

瘂弦（編）

　　1987　《如何測量水溝的寬度》，台北：聯合文學。

簡家欣

　　1998　〈九○年代台灣女同志的認同建構與運動集結：

在刊物網路上形成的女同志新社群〉，《台灣社會研究季刊》，30 期，頁 63-115。

顧燕翎（編）

　　1996　《女性主義理論與流派》，台北：女書。

二、外文部分

Althusser, Louis

　　1971　*Lenin and Philosophy and Other Essays*. Trans. Ben Brewstew. London: New Left Books.

Anderson, Benedict

　　1991　*Imagied Communities: Reflections on the Origin and Spread of Nationalism*. London: Verso.

Anderson, Perry

　　1984　*In the Tracks of Historical Materialism*. London: Verso.

Ang, Ien 著，施以明譯

　　1992　〈不會說中國話——論散居族裔之身分認同與後現代之種族性〉，《中外文學》，21 卷 7 期，頁 48-69。

Arac, Jonathan (ed)

　　1986　*Postmodernism and Politics*. Minneapolis: University of Minnesota Press.

Aronowitz, Stanley

　　1987　"Postmodernism and Politics". *Social Text* 18:99-115.

1988   "Postmodernism and Politics". In A. Ross (ed),
        Universal Abandon? The Politics of Postmodernism.
        Minneapolis: University of Minnesota Press.

Ashcroft, Bill, Gareth Griffiths, and Helen Tiffin
1989   *The Empire Writes Back.* London & New York:
        Routledge.

Ashley, Richard
1988   "Geopolitics, Supplementary Criticism: A Reply to
        Professors Roy and Walker". *Alternatives* 13 (1):
        88-102.

Babcock, B.
1978   *The Reversible World: Symbolic Inversion in Art and
        Society.* Ithaca, NY: Cornell University Press.

Bakhtin, Mikhail
1981   *The Dialogic Imagination.* Austin: University of Texas.

Ball, Terence
1988   *Transforming Political Discourse: Political Theory and
        Critical Conceptual History.* Oxford: Basil Blackwell.

Barber, B.
1984   *Strong Democracy: Participatory Political for a New
        Age.* Berkeley, CA and London: University of
        California Press.

Barth, John 著，陳淑卿譯

　　1991　《巴斯》，台北：光復。

Battersby, Christine

　　1989　*Gender and Genius: Towards a Feminist Aesthetics.*
　　　　　London: Women's Press.

Baudrillard, Jean

　　1981　*For a Critique of the Political Economy of the Sign.* St.
　　　　　Louis: Telos Press.

　　1983　*Simulations.* New York: Semiotext(e).

　　1988　*Selected Writings.* Ed. and introduced by Mark Poster.
　　　　　Cambridge: Polity Press.

　　1993　"The Order of Simulacra." In *Symbolic Exchange and*
　　　　　Death. Trans. Iain Hamilton Grant. London: Sage.

Beck, Ulrich 著，孫治本譯

　　1999　《全球化危機── 全球化的形成、風險與機會》，
　　　　　台北：台灣商務。

Belsey, Catherine

　　1980　*Critical Practice.* London & New York: Methuen.

Benveniste, Emile

　　1971　*Problem in General Linguistic.* Florida: University of
　　　　　Miami Press.

Berger, Arthur Asa

1995   *Cultural Criticism: A Primer of Key Concepts.*
        Thousand Oaks: Sage.

Bertens, Han

1995   *The Idea of the Postmodern:A History.* London & New
        York: Routledge.

Best, Steven and Douglas Kellner

1991   *Postmodern Theory : Critical Interrogations.* London:
        Macmillan.

Bhabha, Homi

1994   *The Location of Culture.* London: Routledge.

Bluhm, William

1965   *Theories of the Political System.* Englewood Cliffs, NJ:
        Prentice-Hall.

Bobbio, Norberto

1996   *Left and Right: The Significance of a Political
        Distinction.* Cambridge: Polity Press.

Bocock, Robert

1986   *Hegemony.* London & Chichester: Tavistock & Ellis
        Horwood.

Boehmer, Elleke

1995   *Colonial and Postcolonial Literature.* Oxford & New
        York: Oxford University Press.

Bradley, Harriet

1996   *Fractured Identities: Changing Patterns of Inequality.*
        Cambridge: Polity Press.

Brodsky, Garry M.

1987   "Postmodernity and Politics". *Philosophy Today* 31, 4/4:
        291-305.

Brooker, Peter

1999   *A Concise Glossary of Cultural Theory.* London:
        Arnold.

Bluhm, William

1965   *Theories of the Political System.* Englewood Cliffs, NJ:
        Prentice-Hall.

Butler, Judith

1990   "Gender Trouble, Feminist Theory, and Psychoanalytic
        Discourse". In Linda Nicholson (ed), *Feminism / Post-*
        modernism. New York: Routledge.

Calhoun, Craig

1994   "Social Theory and the Politics of Identity". In Craig
        Calhoun (ed), *Social Theory and the Politics of Identity.*
        Cambridge: Blackwell.

Carroll, Lewis

1987   *Through the Looking-Glass, and What Alice Found*

There. London: Treasure Press.

Connolly, William E.

1988　*Political Theory and Modernity*. Oxford & New York: Basil Blackwell.

Connor, Steven

1997　*Postmodernist Culture: An Introduction to Theories of the Contemporary*. Oxford: Blackwell.

Crick, Bernard

1992　*In Defense of Politics*. Chicago: University of Chicago Press.

Crook, Stephen, Jan Pakulski, and Malcolm Waters

1992　*Postmodernization: Change in Advanced Society*. London: Sage.

Crystal, David

1987　*The Cambridge Encyclopaedia of Language*. Cambridge: Cambridge University Press.

Culler, Jonathan

1997　*Literary Theory: A Very Short Introduction*. Oxford: Oxford University Press.

Cunningham, Frank

1993　"Radical Philosophy and the New Social Movements" In Roger S. Gottlieb (ed), *Radical Philosophy:*

Tradition, Counter-Traditions, Politics. Philadelphia: Temple University Press.

Currie, Mark

1998 *Postmodern Narrative Theory*. New York: ST. Martin's Press.

Dahl, Robert A.

1956 *A Preface to Democratic Theory*. Chicago: Chicago University Press.

1963 *Modern Political Analysis*. Englewood Cliffs, NJ: Prentice-Hall.

Dalton, R. J.

1988 *Citizen Politics in Western Democracies*. Chatham, NJ: Chatham Publishers.

Dalton. R. J., S. C. Flanagan, and P. A. Beck

1984a "Electoral Change in Advanced Industrial Societies" In R. J. Dalton, S. C. Flanagan , and P. A. Beck (eds), *Electoral Change in Advanced Industial Democracies*. Princeton, NJ: Princeton University Press.

1984b "Political Forces and Partisan Change" In R. J. Dalton, S. C. Flanagan, and P. A. Beck (eds), *Electoral Change in Advanced Industrial Democracies*. Princeton, NJ: Princeton University Press.

Daly, Mary

1984   *Pure Lust: Elemental Feminist Philosophy*. Boston: Beacon Press.

Dean, Kathryn (ed)

1997   *Politics and the Ends of Identity*. Aldershot: Ashgate.

Deleuze, Gilles and Félix Guattari

1983   *Anti-Oedipus*. Minneapolis: University of Minnesota Press.

Derrida, Jacques

1976   *Of Gammatology*. Trans. Gayatri C. Spivak. Baltimore and London: Johns Hopkins University Press.

1981   *Positions*. Trans. Alan Bass. Chicago: University of Chicago Press.

Descombes, Vincent

1979   *Modern French Philosophy*. Trans. L. Scott-Fox and J. M. Harding. Cambridge: Cambridge University Press.

Devos, Ton 著，張福建譯

1979   〈政治的意義〉，收入黃紀等譯，《政治學名著精選》，台北：洪流。

Dews, Peter

1987   *Logics of Disintegration: Post-Structuralist Thought and the Claims of Critical Theory*. London & New

York: Verso.

Diamond, L. and M. F. Plattner (eds)

1996　*The Global Resurgence of Democracy*. Baltimore and London: The Johns Hopkins University Press.

Downs, Robert B. 著，彭歌譯

1980　《改變美國的書》，台北：純文學。

Dunn, Robert G.

1998　*Identity Crisis: A Social Critique of Postmodernity*. Minneapolis: University of Minnesota Press.

Eagleton, Terry

1991　*Ideology : An Introduction*. London: Verso.

Easton, David

1960　*The Political System*. New York: Alfred A. Knopt.

Elshtain, Jean Bethke

1981　*Public Man, Private Women: Women in Social and Political Thought*. Oxford: Martin Robertson.

Epstein, Barbara

1995　"Radical Democracy and Cultural Politics: What about Class? What about Political Power?" In David Trend (ed), *Radical Democracy: Identity, Citizenship, and the State*. New York & London: Routledge.

Everard, Jerry

2000   *Virtual States: The Internet and the Boundaries of the Nation-State*. London: Routledge.

Ferguson, Ann

1993   "A Feminist Aspect Theory of the Self ". In Steven Jay Gold (ed), *Paradigms in Political Theory*. Ames: Iowa State University Press.

Fisk, Milton

1993   "Post-Marxism: Laclau and Mouffe on Essentialism". In Roger S. Gottlieb (ed), *Radical Philosophy: Tradition, Counter-Traditions, Politics*. Philadelphia: Temple University Press.

Fiske, John

1987   *Television Culture*. London: Routledge.

Flax, Jane

1990   *Thinking Fragments: Psychoanalysis, Feminism , and Postmodernism in the Contemporary West*. Berkeley: University of California Press.

Foucault, Michel

1970   *The Order of Discourse: An Archaeology of the Human Sciences*. London: Tavistock.

1971   *Madness and Civilization: A History Insanity in the Age of Reason*. London: Tavistock.

1972   *The Order of Things*. London: Tavistock.

1977   *Language, Counter-Memory, Practice*. Ithaca: Cornell University Press.

1978   *The History of Sexuality: An Introduction*, vol 1. New York: Vintage Books.

1979a *Discipline and Punish: The Birth of the Prison*. New York: Vintage Books.

1979b "Truth and Power: An Interview with Alessandro Fontano and Pasquale Pasquino". In Meaghan Morris and Paul Patton (eds), *Michel Foucault: Power/ Truth/ Strategy*. Sydney: Feral Publication.

1980a *Power/ Knowledge*. New York: Random House.

1980b *Power/ Knowledge: Selected Interviews and Other Writings 1972-1977*. Ed. Colin Gordon. Brighton: Harvester.

1981   "The Order of Discourse". In Robert Young (ed), *Untying the Text: A Poststructuralist Reader*. London: PKP.

1982   "The Subject and Power". In Hubert L. Dreyfus and Paul Rabinow, *Michel Foucault: Beyond Structuralism and Hermeneutics*. Chicago: University of Chicago Press.

1988   in Lawrence D. Kritzman (ed.), *Michel Foucault: Politics, Philosophy, Culture*. New York: Routledge.

1993   《知識的考掘》，王德威譯，台北：麥田。

Fukuyama, Francis

1992   *The End of History and the Last Man*. New York: The Free Press.

Fuss, Diana

1989   *Essentially Speaking: Feminism, Nature, and Difference*. New York: Routledge.

Gallop, Jane

1986   *Reading Lacan*. Ithaca: Cornell University Press.

Gamble, A.

1990   "Theories of British Politics". *Politics Studies* XXXVlll, 3: 404-420.

Gibbins, John R. and Bo Reimer

1999   *The Politics of Postmodernity: An Introduction to Contemporary Politics and Culture*. London: Sage.

Giddens, Anthony

1991a   *The Consequences of Modernity*. Cambridge: Polity Press.

1991b   *Modernity and Self-Identity*. Cambridge: Polity Press.

Giles, Judy and Tim Middleton

1999　*Studying Culture: A Practical Introduction*. Oxford: Blackwell.

Gilroy, Paul

1990/91　"It Ain't Where You're from, It's Where You're at...The Dialectics of Diasporic Identification". *Third Text* 13, Winter 1990/91:3-16.

1993　*The Black Atlantic: Modernity and Double Consciousness*. London: Verso.

Gitlin, Todd

1989　"Postmodernism: Roots and Politics". In Ian Angus and Sut Jhally (eds), *Cultural Politics in Contemporary America*. New York & London: Routledge.

Gorz, André

1994　*Capitalism, Socialism, Ecology*. London: Verso.

Grant, Iain Hamilton

1997　"Postmodernism and Politics". In Stuart Sim (ed), *The Icon Dictionary of Postmodern Thought*. Cambridge: Icon Books.

Grazia, Alfred de

1965　*Political Behavior*. New York: Free Press.

Guattari, Félix

1979　"A Liberation of Desire: An Interview with George

Stambolian". In George Stambolian and Elaine Marks (eds), *Homosexualities and French Literature*. Ithaca: Cornell University Press.

Guéhenno, Jean-Marie

1995 *The End of the Nation-State*. Trans. Victoria Elliott. Minneapolis: University of Minnesota Press.

Habermas, Jürgen

1987 *The Philosophical Discourse of Modernity: Twelve Lectures*. Cambridge: Polity Press.

1989 "The Public Sphere: An Encyclopedia Article". In S. E. Bronner and D. M. Kellner (eds), *Critical Theory and Society: A Reader*. Trans. S. Lennox and F. Lennox. New York: Routledge.

Hall, Stuart

1986 "On Postmodernism and Articulation: An Interview with Stuart Hall". *Jounal of Communication Inquiry* 10.2:45-60.

1990 "Cultural Identity and Diaspora". In Jonathan Rutherford (ed), *Identity: Community, Culture, Diffe-rence*. London: Lawrence & Wishart.

1992a "The Question of Cultural Identity". In S. Hall, D. Held, and T. McGrew (eds), *Modernity and its Futures*.

Cambridge: Polity Press.

1992b　"The West and the Rest". In S. Hall and B. Gieben (eds), *Formations of Modernity*. Cambridge: Polity Press / The Open University.

1996　"Introduction: Who Needs 'Identity' ?" In S. Hall and Paul du Gay (eds), *Question of Cultural Identity*. London: Sage.

1997　"The Spectacle of the 'Other'". In S. Hall (ed), *Representation: Cultural Representations and Signifying Practices*. London: Sage.

Harlow, Barbara

1987　*Resistance Literature*. London: Methuen.

Hassan, Ihab

1987　*The Postmodern Turn: Essay in Postmodern Theory and Culture*. Columbus: Ohio State University Press.

Hawkes, David

1996　*Ideology*. London: Routledge.

Hebdige, Dick

1988　*Hiding in the Light: On Images and Things*. London: Routledge.

Heidegger, Martin

1962　*Being and Time*. New York: Harper Collings.

Hell, Agnes and Ferenc Fehér

    1988   *The Postmodern Political Condition*. Cambridge: Polity Press.

Hetherington, Kevin

    1998   *Expressions of Identity: Space, Performance, Politics*. London: Sage.

Heywood, Andrew

    1997   *Politics*. London: Macmillan.

Hollinger, Robert

    1994   *Postmodernism and the Social Sciences: A Thematic Approach*. Thousand Oaks: Sage.

Huntington, Samuel P. 著，黃裕美譯

    1997   《文明衝突與世界秩序的重建》，台北：聯經。

Inglehart, Ronald

    1990   *Culture Shift in Advanced Industrial Society*. Princeton: Princeton University Press.

Isaak, Alan C.

    1975   *Scope and Methods of Political Science: An Introduction to the Methodology of Political Inquiry*. Homewood, Illinois: The Dorsey Press.

Jameson, Fredric

    1992   *Postmodernism, or, The Cultural Logic of Late*

Capitalism. Durham: Duke University Press.

Jenks, Chris

    1993   *Culture*. London and New York: Routledge.

Joffe, Josef

    1996   "The First Postmodern President". *Time International Magazine* 148(15). Online. Internet. 7 Oct. 1996. Available HTTP: pathfinder. com/ @iPHiOQYADOZFNEPM ... magazine/domestic/1996/961007/essay.

Jordan, Glenn and Chris Weedon

    1995   *Cultural Politics: Class, Gender, Race and the Postmodern World*. Oxford: Blackwell.

Kathry, Dean (ed)

    1997   *Politics and the Ends of Identity*. Aldershot and Brookfield: Ashgate.

Kauffman, L. A.

    1990   "The Anti-Politics of Identity". *Socialist Review* 1:67-80.

    1995   "Small Change: Radical Political since the 1960s". In Marcy Darnovsky, Barbara Epstein, and Richard Flacks (eds), *Cultural Politics and Social Movements*. Philadephia: Temple University Press.

Kellner, Douglas

1992 "Popular Culture and the Construction of Postmodern Identities". In Scott Lash and Jonathan Friedman (eds), *Modernity and Identity*. Oxford: Blackwell.

1995 *Media Culture: Studies, Identity and Politics between the Modern and the Postmodern*. London: Routledge.

Kitchelt, H.

1990 "New Social Movements and the Decline of Party Organization". In R. J. Dalton and M. Kuechler (eds), *Challenging the Political Order*. Cambridge: Polity Press.

Kojéve, Alexander

1969 *Introduction to the Reading of Hegel*. Trans. James H. Nicholls Jr., Ed. Allan Bloom. New York: Basic Books.

Kristeva, Julia

1982 *Powers of Horror: An Essay on Abjection*. New York: Columbia University Press.

Kuhn, Thomas

1962 *The Structure of Scientific Revolutions*. Chicago: University of Chicago Press.

Kumar, Krishan

1995 *From Post-Industrial to Post-Modern Society: New Theories of the Contemporary World*. Oxford: Basil

Blackwell.

Laclau, Ernesto (ed)

1990　*New Reflections on the Revolution of Our Time.* London: Verso.

1994　*The Making of Political Identities.* London: Verso.

Laclau, Ernesto and Chantal Mouffe

1985　*Hegemony and Socialist Strategy: Towards a Radical Democratic Politics.* Trans. W. Moore and P. Cammack. London: Verso.

1990　"Post-Marxism Without Apologies". In E. Laclau (ed), *New Reflections on the Revolution of Our Time.* London: Verso.

Laffey, John

1987　"The Politics at Modernism's Funeral". *Canadian Journal of Political and Social Theory* 11(3): 89-98.

Laraňa , Enrique, Hank Johnston, and Joseph R. Gusfield

1994　*New Social Movements: From Ideology to Identity.* Philadelphia: Temple University Press.

Lassman, Peter (ed)

1989　*Politics and Social Theory.* New York: Routledge.

Lasswell, Harold

1958　*Politics: Who Gets What, When, and How.* New York:

Meridian Books.

Leftwich, Adrian

　　1984　"On the Politics of Politics". In A. Leftwich (ed), *What is Politics ?* Oxford: Blackwell.

Lent, Adam (ed)

　　1998　*New Political Thought: An Introduction*. London: Lawrence & Wishart.

Lévi-Strauss, Claude

　　1970　*The Raw and the Cooked*. London: Cape.

Lewis, Barry

　　1997　"Postmodernism and Literature". In Stuart Sim (ed), *The Icon Dictionary of Postmodern Thought*. Cambridge: Icon Books.

Lovibond, Sabina

　　1989　"Feminism and Postmodernism". *New Left Review* 178:5-28.

Lyotard, Jean-François

　　1984　*The Postmodern Condition: A Report on Knowledge*. Trans. G. Bennington and B. Massumi. Minneapolis: University of Minnesota Press.

Macdonell, Diane

　　1986　*Theories of Discourse: An Introduction*. Oxford and

New York: Basil Blackwell.

MacIntyre, Alasdair

1966　*A Short History of Ethics*. New York: Macmillan.

1984　*After Virtue: A Study in Moral Theory*. Notre Dame: University of Notre Dame Press.

McGown, John

1991　*Postmodernism and its Critics*. New York: Cornell University Press.

Mead, George Herbert

1934　*Mind, Self and Society*. Chicago: University of Chicago Press.

Melucci, Alberto

1980　"The New Social Movements: A Theoretical Approach". *Social Science Information* 19:199-226.

Mercer, Kobena

1990　"Welcome to the Jungle: Identity and Diversity in Postmodern Politics". In Jonathan Rutherford (ed) , *Identity: Community, Culture, Difference*. London: Lawrence & Wishart.

Mill, W. L.

1990　"Party Politics". In P. Dunleavy ed. al. (eds), *Developments in British Politics*. London: Macmillan.

Mills, Sara

　1997　*Discourse*. London and New York: Routledge.

Moore, Stanley

　1988　"Getting a Bit of the Other: The Pimps of Postmodernism." In R. Chapman and J. Rutherford (eds), *Male Order*. London: Lawrence & Wishart.

Mouffe, Chantal

　1989　"Radical Democracy: Modern or Postmodern?" In Andrew Ross (ed), *Universal Abandon? The Politics of Postmodernism*. Minneapolis: University of Minnesota Press.

Mulgan, Geoff

　1994　*Politics in Antipolitical Age*. Cambridge: Polity Press.

Nash, Kate

　1998　*Universal Difference: Feminism and the Liberal Undecidability of "Women"*. London: Macmillan.

Nietzche, Friedrich

　1956　*The Genealogy of Morals*. Trans. Francis Golffing. New York: Doubleday Anchor.

　1967　*On the Genealogy of Morals*. Trans. Walter Kaufmann. New York: Vintage.

　1979　"On Truth and Lies in a Nonmoral Sense". *Philosophy*

and Truth, Selections from Nietzsche's Notebook in the Early 1870's. Atlantic City, NJ: Humanities Press.

O'sullivan, Nöel

    1997a   "Difference and the Concept of the Political in Contemporary Political Philosophy". *Political Studies* XLV:739-754.

    1997b   "Postmodernism and the Politics of Identity". In Kathryn Dean (ed), *Politics and the Ends of Identity*. Aldershot and Brookfield: Ashgate.

O'sullivan, T., J. Hartley, D. Saunders, and J. Fiske

    1983   *Key Concepts in Communication*. London: Methuen.

Parekh, Bhikhu

    1973   *Bentham's Political Thought*. London: Croom Helm.

Rajchman, John

    1995   *The Identity in Question*. New York and London: Routledge.

Rosenau, Pauline Marie

    1992   *Post-modernism and the Social Sciences: Insights, Inroads, and Intrusions*. Princeton: Princeton University Press.

Ross, Andrew (ed)

    1988   *Universal Abandon? The Politics of Postmodernism*.

Minneapolis: University of Minnesota Press.

Rutherford, Jonathan (ed)

1990   *Identity: Community, Culture, Difference*. London: Lawrence & Wishart.

Ryan, Michael

1988   "Postmodern Politics". *Theory, Culture & Society* 5, 2-3:559-576.

Said, Edward

1994   *Orientalism*. New York: Vintage Books.

Sandel, Michael J.

1982   *Liberalism and the Limits of Justice*. Cambridge: Cambridge University Press.

Saporta, Marc 著，江伙生譯

1995   《第一號創作》，台北：天肯。

Saussure, Ferdinand de

1966   *A Course in General Linguistics*. Trans. W. Baskin. London: Collins.

Schrift, Alan D.

1988   "Foucault and Derrida on Nietzsche and the End(s) of 'Man'". In David. Krell and David Wood (eds), *Exceedingly Nietzsche*. London: Routledge.

Schwarzmantel, John

1998   *The Age of Ideology : Political Ideologies from the American Revolution to Post-Modern Times*. London: Macmillan.

Scruton, Rogert, Peter Singer, Christonpher Janaway, and Michael Tanner

1997   *German Philosophers: Kant, Hegel, Schopenhauer, Nietzche*. Oxford and New York: Oxford University Press.

Seidman, Steven (ed)

1994   *The Postmodern Turn: New Perspectives on Social Theory*. Cambridge: Cambridge University Press.

Selden, Raman and Peter Widdowson

1993   *A Reader's Guide to Contemporary Literary Theory*. Hertfordshire: Harvester Wheatsheaf.

Sheridan, Alan

1980   *Michel Foucaul : The Will to Truth*. London and New York: Tavistock.

Shotter, John

1993   *Cultural Politics of Everyday Life*. Buckingham: Open University Press.

Smart, Barry

1993   *Postmodernity*. London and New York: Routledge.

Smyth, Gerry

    1997   "Ethnicity and Language". In Mike Storry and Peter Childs (eds), *British Cultural Identities*. London and New York: Routledge.

Squires, Judith

    1999   *Gender in Political Theory*. Cambridge: Polity Press.

Stallybrass, P. and A. White

    1986   *The Politics and Poetics of Transgression*. London: Methuen.

Taylor, Charles

    1990   *Sources of the Self*. Cambridge: Cambridge University Press.

    1994   *Multiculturalism*. Ed. Amy Gutman. Princeton: Princeton University Press.

Thiele, Leslie Paul

    1997   *Thinking Politics: Perspectives in Ancient, Modern, and Postmodern Political Theory*. Chatham, NJ: Chatham House.

Thompson, Simon

    1998   "Postmodernism". In Adam Lent (ed), *New Political Thought: A Introduction*. London: Lawrence & Wishart.

Tong, Rosenmarie

    1989   *Feminist Thought: A Comprehensive Introduction.* Boulder, CO: Westview.

Torfing, Jacob

    1999   *New Theories of Discourse: Laclau, Mouffe and Žižek.* Oxford: Blackwell.

Touraine, Alain

    1995   *Critique of Modernity.* Trans. David Macey. Oxford & Cambridge, MA: Blackwell.

Turkle, Sherry 著，譚天、吳佳真譯

    1998   《虛擬化身——網路世代的身分認同》，台北：遠流。

Turner, Bryan S.

    1990   "Periodization and Politics in the Postmodern". In B. S. Turner (ed), *Theories of Modernity and Postmodernity.* London: Sage.

Walzer, Michael

    1983   *Spheres of Justice.* Oxford: Martin Robertson.

Ward

    1997   *Postmodernism.* London: Hodder Headline Plc.

Watson, Nigel

    1997   "Postmodernism and Lifestyles". In Stuart Sim (ed), *The Icon Dictionary of Postmodern Thought.*

Cambridge: Icon Books.

Waugh, Patricia

1984　*Metafiction: The Theory and Practice of Self-Conscious Fiction.* London and New York: Routledge.

Weber, Max, 錢永祥編譯

1985　《學術與政治：韋伯選集（Ⅰ）》，台北：允晨。

Weeks, Jeffrey

1990　"The Value of Difference". In Jonathan Rutherford (ed), *Identity: Community, Culure, Difference.* London: Lawrence & Wishart.

White, Stephen K.

1996　*Political Theory and Postmodernism.* Cambridge: Cambridge University Press.

Whitford, Margaret

1991　*Luce Irigaray: Philosophy in the Feminine.* London: Routledge.

Wolfe, Susan and Julia Penelope

1993　*Sexual Practice, Textual Theory.* Cambridge: Blackwell.

Young, Iris Marion

1990　*Justice and the Politics of Difference.* Princeton: Princeton University Press.

PLOIS 12

後現代的認同政治

作　者／孟　樊
出　版　者／揚智文化事業股份有限公司
發　行　人／葉忠賢
執行編輯／閻富萍
登　記　證／局版北市業字第 1117 號
地　　　址／台北市新生南路三段 88 號 5 樓之 6
電　　　話／(02)2366-0309　2366-0313
傳　　　真／(02)2366-0310
網　　　址／http://www.ycrc.com.tw
✉ E-mail／tn605547@ms6.tisnet.net.tw
郵政劃撥／14534976　揚智文化事業股份有限公司
印　　　刷／偉勵彩色印刷股份有限公司
法律顧問／北辰著作權事務所　蕭雄淋律師
初版一刷／2001 年 6 月
定　　　價／新台幣 400 元
Ｉ Ｓ Ｂ Ｎ／957-818-265-1

國家圖書館出版品預行編目資料

後現代的認同政治 ＝ Postmodern identity
politics / 孟樊著. -- 初版. -- 台北市：
揚智文化, 2001〔民 90〕
　　面；　公分. -- (Plois；12)
參考書目：面

ISBN　957-818-265-1（平裝）

1. 政治 - 哲學, 原理

570.11　　　　　　　　　　90003507